JN413036

고종과 일진회

고종시대 군주권과 민권의 관계

고종과 일진회

고종시대 군주권과 민권의 관계

김종준 지음

역사
공간

필자가 그간 한국사를 공부하면서 가지게 된 문제의식이 하나 있다. 한국 역사학의 성과물들에서 '합리적인 개인'이 잘 보이지 않는다는 점이다. '민족'과 '국가'라는 표상이 '개인'을 압도하는 현상을 어떻게 보아야 할까? 역사나 현실에서 우리 주변에는 이른바 '애국자'들이 참 많다. 30대까지는 매국노로 비난받던 사람들이 자신을 애국자라고 강변하는 현상을 어떻게 보아야 하는지 그저 의구심이 들었다. 40대가 되니 뉴스 표층에 드러내지 않아도 행간의 의미가 눈에 뻔히 보이는 세상 돌아가는 이치를 조금은 이해하게 되었다. 무슨 말인가 하면 정치인이나 지식인이 민족, 국가, 국민을 운운할 때, 실제로는 스스로를 정당화시키려는 수사법인 경우가 많다는 뜻이다. 거기에 호응하는 일반인 중에도 역시 자신의 이해관계를 충족시키려 하거나, 세상에 대한 불만 또는 실체가 불명확한 열정을 투영시키는 경우가 많다.

그래서 이제는 정치인이나 지식인이 '민족, 국가, 국민을 위해서'라고 말하면 그냥 못 들은 걸로 친다. 혹자는 그 속에서 '진짜'

와 '가짜', 혹은 더 진정성이 있는 쪽을 골라내야 하는 것이 아니냐고 말할지도 모르겠다. 진지하게 '민족'을 고민하는 이들도 대부분 아베 신조의 '잘못된' 민족주의, 그리고 이에 제대로 대응하지 못하는 한국 우파의 '역시 잘못된' 민족주의에 대항하기 위해서 '올바른' 민족주의를 강화해 나가야 한다고들 한다. 그러나 아베의 민족주의와 한국 우파의 민족주의 그리고 이에 저항하는 민족주의 간의 차이는 그저 의미없는 구분이다. 진짜 중요한 내용은 항상 그 다음에 나온다. 그 사람이 진짜 하고 싶은 말과 행동이 무엇인지가 중요하며, 평가는 거기서 하면 된다. 그 부분에서는 보다 뚜렷한 기준을 제시할 수 있다. 그 사람의 정치 행위나 연구결과가 인류 보편의 가치에 충실하고, 사회적 약자를 배려했는지, 공공의 이익을 확대하고, 합리적 사고방식에 입각한 방법인지 등을 보면 된다. 한국사 연구는 민족주의의 폐해가 여전히 극심하다. 민족이라는 담론이 너무 거대해서 정말 고민해야 할 부분들은 정작 소홀히 다루어지고 있다.

이 책에서 다루고 있는 주제는 고종과 일진회이다. 1904년부터 1910년까지 존속했던 일진회가 당대에 구국을 이야기했지만 가짜라든가, 고종(1852~1919, 재위 1863~1907)이 당대에 구국을 이야기하지 않았지만 진짜 '애국자'라고 말하는 이들이 있다. 그러나 이는 고종과 일진회가 단순히 무엇을 내세웠다는 (표면적) 사실에 대한 진술이거나 결과적으로 어떻게 평가되어야 한다는 당위적 입장일 뿐이다. 이 책에서는 그들이 어떠한 생각과 과정을 거쳐 그렇게 되었는가를 세계사적 맥락과 세력 간 상호 관계 속에서 세밀하게 밝혀 보고자 한다.

민족주의(또는 국가주의)든 애국주의든 이러한 '주의'들이 위

힘만 '신싸' 이유는 폭력적이고 비이성적인 집단 이데올로기로서 기능할 가능성이 대단히 높기 때문이다. 자신이 속한 집단을 위해 희생하고 충성을 다하는 행동은 기본적으로 이타적인 마음에서 나온다. 니버(Reinhold Niebuhr)가 『도덕적 인간과 비도덕적 사회(Moral Man and Immoral Society)』에서 말한 것처럼, 문제는 그 이타성이 집단 이기주의로 전환된다는 점을 깨닫지 못할 때 발생한다. 망국의 위기와 국가주의의 팽창 속에서 고종과 일진회는 각각 중요한 행위자이자 세력이었다. 당대 이들이 개인, 권리, 자유, 민족, 국가 등의 표상을 어떻게 인식하고, 어떠한 선택을 했는가는 이 시대를 온전하게 이해하는 데 매우 중요하다. 그러나 아직 우리 학계와 대중들은 단편적이고 도식화된 인식에 머물러 있다. 특히 일진회의 경우가 그러하다. 필자의 단언이 못마땅한 독자도 있겠으나, 본문을 읽고난 후 평가해 주기 바란다.

일진회는 당대 '개인주의의 화신'이었고, 그렇기 때문에 '공공의 적'이었다. 일진회 비판에 앞장섰던 신채호(申采浩, 1880~1936)는 '근대적 애국'의 관점에 서 있었다. 반면 고종을 옹호하는 입장에서는 '전통적 충군'의 관점에서 일진회의 '불충'을 비난했다. 그런데 일진회를 개인의 사적 이익을 위해 매국하는 악의 무리로 형상화하는 데에는 두 입장이 기묘하게 일치했다. 이 같은 인식은 후대에 계승되어 현재까지도 강하게 이어지고 있다. 이는 한국인들의 역사상(歷史象) 형성을 심각하게 왜곡하여 일진회의 '진짜' 문제가 무엇인지 파악하지 못하게 방해했다. 일진회를 개인 대(對) 민족의 관점에서 이항대립적으로만 인식할 때 발생하는 역사상의 오류에 대해 이제 논의해야 할 시점이다.

고종과 일진회의 관계를 다루는 이유

한국 근현대사에서 망국, 식민통치, 분단, 냉전 등 한국인들이 겪어온 위기는 대부분 국가라는 범위에서 일어났다. 한국인들은 필연적으로 민족·국가 단위로 세상을 바라보는 데에 익숙해져 왔다. 근대 이후 세계 역사학의 특징이 대개 그러하지만, 특히 한국인들의 역사의식 속에 민족·국가 이미지가 강력하게 자리잡은 이유이다. 망국과 식민지화로 가는 과정에서 국가의 최고 통치권자로서 중요한 역할을 한 이가 고종이다. 고종에 대한 평가는 망국의 책임이 있는 우유부단한 전제권력자로부터 자주적·근대적 개혁에 앞장선 개명군주까지 다양하다. 과거 부정적 평가가 우위에 있었다면 근래에는 긍정적 평가가 높아지고 있다. 문제는 대립적으로 보이는 평가들의 판단 기준이 크게 다르지 않다는 점이다. 단순화시키면 '민족과 국가에 이익이 되었는가'라는 점이 판단 기준이다. 그런데 후대 연구자가 제시하는 '민족·국가의 이익'이 당대 역사상을 제대로 포괄하지 못하고 있다.

고종과 측근 세력이 갑오개혁 때 사유지로 인정한 역둔토를 다시 황실 소유로 되돌리면서 근대적 개혁을 위해서 그렇게 한 것이라고 변명한다면, 피해를 본 농민은 이를 순순히 받아들였을까? 해당 농민 중 일부는 일진회라는 민권운동 단체에 가입하여 자신의 땅을 되찾으려고 했다. 여기서 그동안 '민족·국가의 이익' 관점에서 '친일매국단체'로 낙인찍혀온 일진회라는 행위 주체를 역사의 무대로 다시 불러들여야 할 이유를 발견하게 된다. 신채호 이래 한국사 연구자들은 일진회가 '개인의 이익'을 위해

'민속·국가의 이익'을 망각했다고 격렬하게 비난해 왔다. 그러나 지금 시점에서 보면 일진회 역시 '개인'보다는 '민족·국가'의 관점을 앞세웠다는 점에서 비판받아야 한다. 오히려 일진회가 내세운 '민족·국가의 관점'을 같이 다루어야 당대인들의 '민족·국가적 관점'이 무엇이었는지 온전하게 복원할 수 있다. 일진회에 호응하면서 군주권의 위상을 재정립하려는 이들이 있었고, 그러한 구상 속에서 군주권은 민권과 일정하게 조응해야만 했다. 따라서 당대 최대의 민권운동 단체인 일진회의 관점과 최고 통치권자인 고종의 관점에서 민권, 군주권, 국권의 관계를 재구성하고자 한다. 이상의 문제의식은 다시 다음과 같이 정리할 수 있다.

첫째, 고종과 일진회의 관계를 살펴보기 전에 한국사에서 군주권과 민권의 관계가 너무 도식적으로 이해되고 있다는 문제의식 아래 동서양의 군주권과 민권의 관계를 폭넓게 조망했다. 그 결과 19세기 이래 서구에서 군주권과 국가주의가 결합하는 경향이 생겨나고, 그러한 흐름이 동아시아 근대 국가 수립 과정에 영향을 끼쳤음을 밝혔다. 한국사학계도 고종의 강력한 군주권 추구와 신채호의 배타적 국수주의, 계몽운동단체들의 민권론 등을 뒤섞어 놓기보다는, 대한제국 군주권 강화가 민권운동과 어떠한 지점에서 맞부딪치게 되는지 맥락적으로 이해할 필요가 있다고 제언했다.

둘째, 고종의 민권 인식을 보여주는 자료들을 정밀하게 살펴 군주권 관련 연구사적 쟁점들의 재인식 필요성을 밝혔다. 고종은 관리 선발 방식과 교육 제도 개혁 등에서 신분 차별을 지양했다. 강력한 군주권을 전제로 한 것이었지만, 독립협회 및 일진회의 민권 인식과 맞닿을 가능성도 인정해야 한다. 단순히 '반일적'이어서 좋다거나 '반동적'이어서 나쁘다고 평가하기보다, 고종의 지향이 어떤 지점에서 민권운동과 결합 또는 대립했는지 짚어 볼 필요가 있다.

셋째, 고종과 일진회의 관계를 새롭게 통찰하기 위해서는 일진회에 대한 재인식이 기본적으로 필요하다. 따라서 민권운동사에서 일진회의 위상, 일진회 활동의 대중적 실체, 일진회 민권론에서 군주권의 의미 등을 사료에 기반하여 재구성했다. 그 결과 적어도 1905~1906년 일진회가 민권운동의 중심에 있었으며, 일진회로 인해 당대 여러 역사 주체(의병, 계몽운동가, 지역민) 사이에서 군주권과 민권의 관계에 대한 다양한 여론이 조성되었음을 밝혔다. 특히 일진회가 황실 존숭을 내세우면서 실제로는 군주권 제한에 일조한 현상이 대표적이다.

넷째, 고종과 일진회의 관계 설정에 일본이 어떠한 영향을 끼쳤는지 살폈다. 애초 고종은 일진회를 탄압하고 활동을 방해하려 했으나, 일본 측 개입으로 쉽지 않았다. 일본의 개입으로 고종과 일진회의 정치적 역학관계는 요동쳤다. 이토 히로부미(伊藤博文)는 대내적 개혁의 측면에서 일진회 활동의 의미를 인정하면서도 고종에 대한 압박용으로 일진회를 이용하기도 했다. 반면 고종은 일진회를 혼란과 무질서의 상징으로 비난했다. 대륙낭인들은 일진회를 동학의 후예로 간주하며, 고종 폐위에 이용했다는 점에서 이토와는 달랐다. 민간 언론인『한성신보』역시 고종과 일진회에 대해 당대 한국의 개화지식인들과 유사하면서도 조금 다른 인식을 보여주었다. 이처럼 다양한 일본 세력들이 고종과 일진회의 관계를 어떻게 보았는지, 반대로 고종과 일진회는 그러한 상황 속에서 상대방과의 관계를 어떻게 설정하려고 했는지 살펴보았다.

　이와 같이 이 책의 1차 목표는 실제 자료에 기반하여 고종과 일진회에 대한 고정관념에서 벗어나는 것이다. 물론 고종과 일진회의 관계에만 집중하다 보니 그 밖의 다른 주체나 요소를 정밀하게 분석하지 못했다. 그러나 고종과 일진회 관계의 재인식 필요성이 충분히 설득력을 갖는다면, 그 파급력은 매우 크다. 그러한 점에서 이 책의 문제제기는 중요한 의미를 갖는다.

책의 구성

이 책은 고종과 일진회를 두 축으로 하고, 군주권과 민권 인식을 양자 공통의 핵심 키워드로 설정한다. 이 같은 설정은 근래 축적된 고종과 일진회에 대한 새로운 연구성과 때문에 가능했다. 고종 대 군주권과 일진회 민권론의 역사적 의미가 각각 재조명되고 있는 것이다. 그러나 양자를 연결시켜 생각해보려는 시도는 거의 없다. 따라서 필자는 다음과 같은 의문을 갖게 되었다. 일진회를 당대 최대 민권운동 단체로 본다면, 군주권 문제를 어떻게 재인식할 수 있을까? 이 책은 이 질문에 답하는 데에서 출발한다.

　먼저, 1부는 도입부로서 서양과 동아시아, 그리고 한국의 군주권과 민권의 관계를 시대별로 정리했다. 2부는 고종시대 군주권과 민권을 바라보는 시각 자체를 문제삼았다. 학계에서 고종시대 군주권을 어떻게 보는지, 고종 스스로는 민권을 어떻게 인식했는지 검토했다. 이어서 역사 교과서를 중심으로 한국 사회의 군주권 및 일진회 인식을 비판적으로 살폈다. 3부에서는 고종시대 실제 군주권과 민권의 관계가 어떠하였을지 재구성해 보았다. 당대 한국 민권운동과 민권론, 자유론의 전체적인 흐름 속에서 일진회의 그것을 검토했고, 고종과 일진회의 충돌 양상을 '엇갈린 근대국가 인식'이라는 측면에서 접근했다. 즉, 세계사적으로 군주권과 민권의 관계를 짚어보고, 한국 근대사에서 양자의 관계를 각각 고종과 일진회의 관점에서 살펴본 것이다.

이러한 구성은 두 가지 큰 특징이 있다. 첫째, 전문 연구자와 대중의 관점을 균형있게 보려고 노력했다. 위에서 이야기한 대로 이 책은 기본적으로 근래의 새로운 연구성과를 바탕으로 한다. 이때 연구사를 단순히 기계적으로 정리하는 것이 아니라, 이 책의 주제 의식과 관련하여 비판적으로 이해하고 구성했다. 그래서 곳곳에 다분히 도전적인 연구사 비판이 등장한다. 특히 일진회에 대한 새로운 연구사를 많이 활용했다. 이 책은 전문 역사가의 새로운 시각을 일반 독자에게 소개한다는 목적도 있다. 그래서 일진회 관련 내용 중 일부는 필자의 이전 연구성과를 쉽게 풀어 재구성한 것이다. 교과서 분석을 예로 제시한 이유도 대중들의 역사 인식에 접근하기 위해서이다.

둘째, 최대한 선입견을 배제하고 역사적 실상에 가까워지기 위해 노력했다. 각종 연대기류와 신문, 학회지, 개인 기록 등은 물론이고, 기존 연구에서 중시되지 않았던 자료들도 많이 이용했다. 『원한국일진회역사(元韓國一進會歷史)』 등 일진회 관련 자료, 『일한외교자료집성』, 『일한합방비사』, 『한성신보』 등 일본측 자료가 그것이다. 이들 자료를 이용할 때 사료 비판은 필수적이다. 『원한국일진회역사』는 당대 공문서와 신문 기사 등과 교차

검증했고, 일본 측 자료 역시 침략적 의도의 발언과 문명론적 관점에서의 관찰 및 평가는 일정하게 구분했다.

2020년 10월
김 종 준

차례

1부

근대 동서양 군주권과 민권의 관계

1

서양의 군주권 비판과 국가주의 문제

'1부 근대 동서양 군주권과 민권의 관계'에서는 고종과 일진회 각각의 민권 인식을 논하기에 앞서 근대 동서양의 군주권과 민권 간의 관계를 두루 살펴보고자 한다. 지금은 어느 정도 인정받고 있지만, 일진회는 당대 대표적인 민권운동 단체였다. 일진회는 군주권[1]을 견제하는 민권운동을 하는 동시에 군주권 약화를 노리는 일제와 손을 잡고 있었기 때문에 고종과 대립각을 세울 수밖에 없었다. 그런데 그 대립 양상은 그리 단순하지 않았다. 표면적으로 일진회는 군주권 존숭을 내세웠기 때문에 일진회에 대한 적대감이 반드시 친일이나 민권운동 때문만은 아니었다. 이 논점에서 필자의 주된 관심은 '민권운동이 망국에 일조했다'거나 '고종이 대외적인 위기 때문에 대내적으로 민권운동을 억압했다'는 명제에 있다. 동전의 양면 같은 두 명제는 결과적으로 고종의

1 　여기서 군주권은 왕권과 황제권을 모두 포괄하는 개념으로 사용했다. 김성혜, 「고종시대 군주권 위협 사건에 대한 일고찰」, 126쪽.

행위에 정당성을 부여해 준다. 이 같은 인식은 당대는 물론 현재까지 이어지고 있다. 그러나 필자가 보기에 이는 '협애한 민족주의'의 틀로 다양한 역사상을 가리는 것이다. 고종과 일진회의 관계를 다시 살펴보면 이 같은 인식틀의 한계를 넘어설 수 있을 것이다.

민권인식을 염두에 두고 군주권 문제를 재검토해야 하는데, 민권 개념 자체가 서구로부터 도입되었다는 점에서 그 경로를 따라 서구–동아시아의 군주권과 민권의 관계를 시기별로 정리했다. 이 책에서 서구–동아시아의 군주권과 민권의 관계를 모두 망라할 수는 없기 때문에 고종 대 군주권과 민권의 문제와 연계되는 지점들을 중심으로 해서 선별적으로 살폈다.

1) 영국·프랑스에서 군주권 비판 사상의 형성

영국, 프랑스, 독일 등에서 군주 정치와 군주권에 대한 인식은 크게 두 가지로 나타난다. 군주권을 제한할 수 있다는 영국·프랑스 사상가들의 주장과 군주의 절대적인 권리를 국민주의적 정서와 연결시키는 독일 사상가들의 주장이 그것이다. 두 흐름을 알아보기 전에 이들 나라에서 군주권 자체는 부정의 대상이 아니었음을 기억해둘 필요가 있다. 민주정치의 선구적 국가인 영국에서도 국왕의 신병 자체는 신성불가침의 특권이라는 인식이 있었다.[2] 반대로 군주권을 강조하는 경우에는 귀족보다는 인민의

2   로크, 『통치론』, 433쪽.

지지기 더 도움이 된나고 보았다. 마키아벨리(Niccolo Machiavelli, 1469~1527)의 다음과 같은 언급이 이를 잘 보여준다.

귀족의 도움으로 군주가 된 사람은 인민의 도움으로 군주가 된 사람보다 권력을 유지하는 것이 훨씬 더 어렵다는 점을 깨닫게 될 것이다. 왜냐하면 스스로를 그와 대등하다고 생각하는 많은 사람이 그 주위에 있어서 그가 원하는 대로 명령을 내리거나 그들을 다룰 수 없기 때문이다. 반면에 인민의 지지를 받아 군주가 된 사람은 홀로서기를 할 수 있는데, 주위에 그에게 반대할 인물들이 없거나, 있어도 소수에 불과하기 때문이다.[3]

군주권을 옹호하는 경우에도 일반 민과의 관계를 중시해야 한다는 사상이 드러난다. 사실 마키아벨리는 기본적으로 공화주의자였고, 전제군주를 옹호하는 듯한 『군주론』은 예외적인 저서로 보는 것이 일반적 견해이다. 당시 강력한 군주권은 신흥 부르주아 계급이 원했던 것이다. 국제무역과 상품 유통에서 이익을 보던 부르주아 계급이 강력한 군주에 의한 큰 규모의 정부를 요구했다.[4]

영국에서 군주 통치에 관해 선구적으로 논한 이는 로크(John Locke, 1632~1704)다. 로크는 군주의 권력이 절대적인 것인가에 의문을 제기했다. 그 권력이 정당하게 사용되었는지 여부를 누가 판단할 것인가를 묻는 것이다. 그에 대한 로크의 답변은 다음과 같다.

---

3   마키아벨리, 『군주론』, 69쪽.
4   강정인, 「니콜로 마키아벨리 - 서양 근대 정치사상의 탄생」, 35~39쪽.

여기에서 "군주나 입법부가 신탁에 위배되는 행동을 하고 있는지 어떤지는 도대체 누가 재판해야 하는가"라는 상식적인 의문이 제기될 것이다. 군주는 단지 그의 정당한 대권을 행사하고 있을 뿐임에도 악의에 찬, 당파심이 강한 사람들이 이러한 의문을 국민 사이에 유포시킬 수도 있다. 이 질문에 대해 나는 국민이 재판관이 되어야 한다고 대답하고 싶다.[5]

권력자가 다스리는 사람들의 복지를 위해서가 아니라 자신의 개인적인 이익을 위해 권력을 이용하는 일은 군주제에서만 볼 수 있는 것이 아니라 다른 통치 형태에서도 나타난다. 이를 통칭해 '전제'라고 한다. 따라서 국민은 권력을 가진 자의 정당성을 판단해야 하며, 이는 '모든 인류에게 속하는 궁극적인 결정권'이라고까지 말한다. 그런데 이때 국민이 그러한 힘을 갖게 되는 것은 소유물을 보전하려는 욕구가 작용하기 때문이다. 사람들이 모여 국가를 만들고 스스로 정부의 지배를 따르고자 하는 크고 주된 목적은 그들의 소유물을 보전하는 데 있고, 정치적 권력 자체가 사람들 스스로 자유롭게 처리할 수 있는 소유물을 가진 경우에 발생한다.[6]

여기에서 소유물은 영어 단어 'property'를 옮긴 것인데 이는 단지 유·무형의 자산을 지칭하는 것이 아니다. 로크는 생명, 자유까지 포괄하는 의미로 이 단어를 사용했다. 따라서 개인의 소유물 보존이 정부의 목적이라고 할 때 그것은 단순히 개인의 자

---

5   로크, 『통치론』, 458쪽.
6   로크, 『통치론』, 374, 412, 429~430쪽.

산 깁혜를 빙지하는 수준을 넘어 개인의 생명과 자유를 보호한다는 의미까지도 포괄한다. 이는 넓은 의미의 재산이라고 할 수 있다. 그러나 넓은 의미의 재산과 좁은 의미의 재산은 대립적인 개념이 아니라, 상호 보완 관계이다. 생명이 보장되어 있지 않은 재산은 무의미하며, 자유가 없는 재산 소유 역시 의미가 없기 때문이다.[7] 1904년 일진회도 생명과 재산의 보호를 강하게 주창했다. 한 사람이 가지고 있는 것을 함부로 빼앗을 수 없다는 인식은 매우 중요하고도 새로운 것이었다. 그러한 측면에서 생명과 재산은 동일한 가치를 지녔다.

로크와 비슷한 시기 스피노자(Benedict De Spinoza, 1632~1677)는 전제군주정이 실제로는 귀족정과 마찬가지라며 일반 다중으로 구성된 의회가 통치권을 갖는 민주정을 높게 평가했다.[8] 스피노자가 활동하던 암스테르담은 종교적 관용과 공화주의, 자유주의가 신구적으로 퍼졌던 곳이다. 로크 역시 이 곳에 정치적인 이유로 은신하면서 정치와 관용에 관한 사상들을 완성시켰다.[9]

소유권에 입각하여 군주권을 제한한다는 로크의 사상은 밀(John Stuart Mill, 1806~1873)에 의해 발전된다. 밀은 『자유론』에서 개성을 파괴하는 정치는 모두 전제정치일 뿐이며, 전제정치가 이루어지는 사회라 해도 개성이 존재하는 한 최악의 결과는 나타나지 않는다고 주장했다. 또한 정체된 중국에 비해 유럽이 진보할 수 있었던 진짜 원인은 유럽인들의 성격과 문화에서 볼

---

7   문지영, 「존 로크-자유주의의 사상적 토대」, 286쪽; 박은빈, 「로크의 소유이론과 지적재산의 이해-이론의 탐구와 현대적 이해의 시도」, 19~21쪽.
8   스피노자, 『정치론』, 53~54, 105쪽.
9   러셀 쇼토, 『세상에서 가장 자유로운 도시, 암스테르담』, 354쪽.

수 있는 '놀라운 다양성' 때문이라고 했다.[10] 개성과 다양성을 진보의 원인으로 두고, 그 반대편에 전제정치를 배치한 것이다. 로크가 주창한 소유권은 밀에 와서는 개성과 다양성을 포함하는 자유권으로 확대되었다. 이 같은 권리들은 모두 전제정치와 대비된다. 군주권 자체를 부정하지는 않지만 군주가 인민의 권리를 인정하지 않을 경우 전제정치가 되며, 이렇게 성립된 전제군주제는 비판의 대상이 된다.

전제군주제에 대한 비판은 프랑스의 학자 몽테스키외(Charles de Secondat Montesquieu, 1689~1755)와 루소(Jean-Jaccques Rousseau, 1712~1778)로 이어진다. 몽테스키외는 정치체제를 세 가지로 정형화하여 각각의 특징을 분석했다.

> 정체에는 세 가지가 있다. 즉 공화정체·군주정체·전제정체가 그것인데, 그 본성을 발견하는 데는 교육 수준이 낮은 사람들이 그것들에 대해 가지고 있는 관념만으로도 충분하다. 나는 세 가지 사실을 머릿속에 떠올린다. 공화정체란 국민 전체 혹은 단순히 국민의 일부가 주권을 갖는 정체이고, 군주정체란 단 한 사람이 통치하지만 제정법에 의거하여 통치하는 정체를 말하며, 이에 반해 전제정체는 통치자 자신의 의지나 자의(字意)에 따라 모든 일을 처리하는 정체를 말한다.[11]

오늘날의 일반적 구분법인 전제군주제, 입헌군주제, 공화제와 비교해 보면 공화제는 그대로이지만, 전제정체와 군주정체를 구

---

10 밀, 『자유론』, 209, 222쪽.
11 몽테스키외, 『법의 정신』, 18쪽.

분해 놓았다. 여기서 몽테스키외는 공화정 안에 귀족정과 민주정을 포함시켰다. 따라서 민주정은 당연히 공화정이지만 공화정이라고 해서 다 민주정은 아니다. 이는 근대 초기 한국의 지식인들이 공화정과 민주정을 구분하지 않고 동일한 것으로 인식했던 것과 대비된다. 서구에서는 군주제를 반대하되 민주제도 꺼려하는 이들이 주로 공화주의를 주장했다.[12]

몽테스키외의 경우 군주정체는 입헌군주제를 의미하는 것이나, 전제정체는 반드시 군주정체인 것은 아니다. 전제정체가 군주정체가 아닐 수도 있다는 진술은 로크도 한 바 있다. 즉, 오늘날의 구분법은 군주제도 존재 여부가 정치체제 구분의 우선 기준인데 비해서 이 시기에는 군주제도의 존재 여부보다는 통치자의 권력이 얼마나 견제받는지가 중요했다. 이때의 통치자는 군주일 수도 있고 아닐 수도 있으며, 1인, 소수 혹은 다수일 수도 있는데, 각각의 경우 생겨날 수 있는 일을 다루었다.

그러한 측면에서 군주정체의 장점도 언급했다. 군주정체는 군주 밑에 이 정체와 결부된 신분층이 있으므로 국가가 더 안정되고 통치자의 일신 또한 안전하다. 신분적 권리 및 지위, 그리고 태생에 의한 귀족 체계가 정치를 안정적으로 유지시킬 수 있다고 본 것이다. 반면 전제정체의 원리는 공포라는 점에서 명예를 중시하는 군주정체에 비해 나쁘다.[13] 여기서 몽테스키외는 일종의 '중간 계급'을 염두에 두었다. 전제정체에서는 독재자와 민 사이에 '중간 계급'이 존재하지 않기 때문에 독재자가 민에게 권력

---

12   최정욱, 「근대 한국에서의 '민주' 개념의 역사적 고찰」, 133쪽; 이나미, 「사민공치(士民共治)로 본 한국 공화주의」, 36쪽.

13   몽테스키외, 『법의 정신』, 64, 66쪽.

을 행사하는 데 아무런 장애물이 없다. 따라서 민이 독재자의 자의적 권력을 벗어나기 위해서는 무엇보다도 독재자의 직접적인 권력 행사를 차단하거나 완충시킬 수 있는 장치가 필요하다. 귀족이 없으면 군주정체가 전제정체로 전락하게 된다고 해석할 수 있다. 17세기 이후 프랑스에서는 절대군주의 지배체제가 확립되면서 귀족은 통제의 대상이 되었다. 일부 귀족은 새로운 관료제에 적응하기도 했다. 관료제 성립과 귀족 권한 약화로 군주권은 강해지고 전제화될 가능성도 높아졌다.[14] 그러나 실제 양상은 국가별로 일정하지 않다.

그런데 민주정체든 군주정체든 부패할 경우 문제가 발생한다. 민주정체는 국민이 원로원·집정관·재판관 등의 기능을 빼앗을 때, 군주정체는 국왕이 점차 여러 단체나 도시의 특권을 빼앗을 때 부패한다. 몽테스키외는 양자 모두 부패하면 전제정체가 된다고 했는데, 민주정체가 부패하면 만인의 전제정체가 되고 군주정체가 부패하면 단 한 사람의 전제정체가 된다.[15] 군주정체는 전제정체가 되지 않는 한 나름의 장점을 갖고 있다. 외형적으로 군주제도가 혁파되거나 입헌정체에 의해 유명무실해져야 된다고 하지 않았음에 주목할 필요가 있다. 중요한 것은 통치자의 정당성은 어디에서 오는지, 통치권의 기반은 무엇인지 등 통치 행위 자체의 본질적인 문제를 해결하려고 했다는 점이다. 이는 후대 독일과 동아시아가 정치체제의 외형에 집착한 것과 대비

14　김용민, 「몽테스키외-삼권 분립과 법치주의의 완성자」, 310, 318쪽; 임승휘, 「프랑스 구체제의 '절대'군주와 엘리트-국왕과 귀족의 역학관계 다시 읽기-」, 34~35쪽.

15　몽테스키외, 『법의 정신』, 124쪽.

된다.

루소의 경우 주권의 소재 여부에 따라 민주정치, 귀족정치, 군주정치를 구분한다. 몽테스키외와 달리 군주정치에 매우 비판적이다. 루소는 군주정치에 대해 다음과 같이 말한다.

왕정에서는 통치하는 군주나 군주를 대신해 통치하는 사람들의 성격에 따라 때로는 이런 계획을 따르고 또 때로는 저런 계획을 따르는 바람에 고정된 목표나 일관성 있는 정책을 오랫동안 추진할 수가 없다. 그리하여 원칙이 바뀌고 계획이 달라지면서 국가는 항상 동요하는데, 이 같은 변동은 군주가 항상 같은 사람인 다른 정부에서는 일어나지 않는다. 바로 이 영속성의 부재로부터 왕정주의자들이 아주 습관적으로 늘어놓는 궤변에 대한 답이 나온다. 나라의 정치를 가족의 정치에, 군주를 가장에 비유할 뿐만 아니라 너그럽게도 이 군주가 그에게 필요한 모든 덕목을 갖추고 있어서 이상적 군주라고 너그러이 믿게 만드는 그 궤변 말이다.[16]

왕은 필연적으로 절대군주가 되기를 원한다는 것이 루소의 생각이다. 군주의 이익은 힘없고 가난한 국민이 자신들에게 전혀 저항할 수 없는 데서 얻어진다고 단정한다.[17] 군주의 이익과 일반 민의 이익을 대조함으로써 군주권과 민권을 대립시켰다. 또한 위의 인용문에서 보듯 왕정은 구조적으로 민주정치에 비하여 적당한 사람을 얻기가 힘들기 때문에 불안정해질 수밖에 없다.

---

16   루소, 『사회계약론』, 102쪽.
17   루소, 『사회계약론』, 97~98쪽.

바스티유 감옥 공격. 인민의 자유를 내세운 루소의 사상은
프랑스대혁명의 바탕이 되었다(장 피에르 우엘, 바스티유의 습격).

군주정체는 신분제적인 귀족제도 안에서 안정성을 획득한다는 몽테스키외의 논리와는 다른 이해다. 그렇기 때문에 루소의 사상이 왕정을 폐지시킨 프랑스대혁명에 더 큰 영향을 끼쳤다.

루소가 근대인들에게 큰 영향을 끼친 또 다른 이유가 있다. 마키아벨리와 몽테스키외는 애국심 고취에 실패한 반면, 루소는 애국심을 고취하는 데 성공적이었다. 몽테스키외에 따르면, 애국심은 자기애나 가족애에서 도출되지 않으므로 국가를 사랑하기 위해서 개인은 자신을 사랑하는 것을 포기해야 한다. 애국심은 자기애와 대립되기 때문에 개인은 공익과 사익 중 하나를 선택해야 한다. 반면 루소는 자기애와 조국애가 양립할 수 있다고 주장한다. 애국심을 불러일으키기 위해서 국가는 시민들의 안전과 자유를 보장하는 헌법을 가져야 한다. 또한 애국심을 지도하여 광신주의로 흐르지 않게 하는 것이 바로 일반의지다. 그러나 일반의지는 보편적이지 않고, 애국심이 그러하듯이 국경을 넘어 적용되기는 힘들다.[18] 전제정체와 군주정체에 대한 비판적 사상을 계승한 루소의 차별성은 이 지점에서 뚜렷해진다. 조국애를 강조하는 루소의 사상은 프랑스대혁명을 직접적으로 촉발시켰을 뿐만 아니라 이후 다양한 지역에서 광범위한 영향을 미친다. 독일에서 군주권 사상이 민족·국가주의와 결합하여 특이하게 변형되는 것도 그 결과 중 하나다.

18 　김용민, 「루소의 정치철학에 있어서 일반의지와 애국심」, 98~100, 103~105쪽.

2) 독일에서 군주권과 국가주의의 결합

19세기 독일의 사상가들은 영국과 프랑스 등에서 전해진 자유, 평등, 민족주의의 바람을 일정하게 받아들이면서도 선별적으로 수용했다. 이를 테면 영국, 프랑스에서 '문명'과 독일에서 '문화'는 그 개념이 다르다. 즉, 독일의 문화 개념은 민족적 차이와 집단의 고유한 정체성을 강조한다. 문명이 식민집단의 지속적인 팽창주의적 경향을 표현해 주는 기능을 가지고 있다면, 문화는 정신적 의미에서뿐만 아니라 정치적인 의미에서의 국경을 늘 새로이 추구·설정하고, "우리의 주체성은 과연 무엇인가"라고 거듭 자문하는 한 민족의 자의식을 반영한다.[19] 독일은 자유와 평등이라는 인민의 권리가 소거된 형태로 민족주의를 받아들였기에 강력한 군주권과 조화가 가능했다. 군주 역시 민족주의적 정서를 일정하게 흡수하고 독일인의 정체성과 주체성을 강조하면서 그에 편승하여 권력을 강화시킬 수 있었다. 군주권과 민족주의 정체성의 결합을 단적으로 보여주는 것이 근대역사학의 탄생이다.

여기에서 '민족국가를 역사 발전의 주체이자 대상으로 한 역사 서술은 사실상 국가권력을 정당화하는 이데올로기적 기제'라는 도전적인 명제가 도출된다.[20] 근래 번역 출간된 랑케(Leopold von Ranke, 1795~1886)의 저서들에서 위 명제는 적나라하게 증명된다. 랑케는 다음과 같이 노골적으로 자연법적 계약 이론을 거

---

19 엘리아스, 『매너의 역사-문명화 과정-』, 36쪽.

20 임지현, 「'국사'의 안과 밖-헤게모니와 '국사'의 대연쇄」, 16쪽.

부하고, 국가는 '고유한 경향성'에 의해 실현된다고 주장한다.

세계에서 언급되고 있는, 무언가 의미 있는 국가들 모두는 그들의 특별한, 그들에게 고유한 경향성들에 의해 실현되었다. 그러한 국가들은 그 실현에 함께 참여했던 개인들을 위한, 그들의 사유재산을 위한 보호 기관들이라고 해석하는 것은 가소로운 일이 될 것이다. 경향성들은 오히려 정신적인 것이며, 이것을 통해 모든 구성원들의 성격이 결정되었으며, 그들에게 지울 수 없이 각인되었다. 여기에서 일어나는 다양성을 통해 공동체적 필요성을 지니고 있는 헌법 체제는 그 형태들에 있어서 곳곳에서 다르게 수정된다. 모든 것은 가장 높은 이념에 달려 있다.[21]

나아가 랑케는 프리드리히 빌헬름 4세와의 친분을 과시하면서 그가 자신의 '자비로운 주군이자 후견인'이라고 밝혔다.[22] 또한 랑케가 국립대학인 베를린대학에서 가르쳤다는 것도 의미심장하다. 랑케의 제자를 초빙하여 사학과를 설치한 일본도 그 중심에는 도쿄제국대학이라는 국립대학이 있었다.[23] 자유와 평등, 인권과 개성 등 인간의 기본권을 경시하고, 민족과 국가를 앞세우며 전체주의로 나아가면서 기존의 군주권 및 국립대학, 근대 역사학 등을 수단으로 이용한 독일과 일본의 행태는 매우 흡사하다. 우리의 경우 타의에 의해 군주제도가 소멸되었지만, 적어도 대한제국이 존속하는 동안 군주권이 지향했던 모델은 독일과

21 랑케, 『강대세력들·정치대담·자서전』, 137쪽.
22 랑케, 『강대세력들·정치대담·자서전』, 289쪽.
23 김종준, 『식민사학과 민족사학의 관학아카데미즘』, 46~48쪽.

프리드리히 빌헬름 4세.
1848년 3월 독일혁명을 좌절시킨 인물이다.

일본의 그것과 유사했다. 바꾸어 말하면 19세기 독일 등에서 유행한 민족주의·국가주의와 결합된 군주권의 전체주의를 비판적으로 이해하는 것은 대한제국기 군주권의 문제를 올바로 이해하는 데 도움이 된다.

1848년 혁명에 실패한 독일은 전 국민이 왕권에 자발적으로 복종하는 정치이론이 필요한 상황이었다. 그러므로 영국의 의회 중심적 통합 양식도, 프랑스의 공화적 정치형태나 미국의 대통령제도 독일의 시대적 요구에 적합하지 않았다. 이러한 시대적 요청에 응한 대표적인 사상가가 블룬츨리(J.K.Bluntschli, 1808~1881)이다. 블룬츨리의 국가유기체설은 일본 메이지 천황제 국가론의 기초가 되었고, 이후 한국 관료와 계몽운동가들에게도 영향을 끼쳤다.[24] 『대한협회회보』에는 "군주는 일개 개인·자연인으로서 통치권을 갖는 것이 아니고 국가의 최고기관으로서 국가의 통치권을 총괄하는 법적인 주체가 되는 것이므로 근대적인 정치형태라고 말할 수 있는 명분을 마련할 수 있다"라고 나온다.

또한 19세기 독일에서 랑케의 역사학이 군주권의 비호 아래 전체주의적 성향을 띠게 된 이유를 찾기 위해서는 같은 시기 활동했던 역사철학자 헤겔(Georg Wilhelm Friedrich Hegel, 1770~1831)의 영향을 고려해야 한다. 헤겔 역시 베를린대학의 교수로 활동했는데, 그의 철학을 비판한 대표적인 학자는 포퍼(Karl Raimund Popper, 1902~1994)다. 포퍼의 '점진적 사회공학'은 파시즘과 마

---

24 우남숙, 「한국 근대 국가론의 이론적 원형에 관한 연구-블룬츨리와 양계초의 유기체 국가론을 중심으로-」; 전성규, 「『대한협회회보』의 국가관과 '복종'」, 131~133쪽.

르크스주의를 싸잡아 비판하고 자유주의와 자본주의만을 옹호한다는 점에서 보수적 사상으로 비판받기도 했다. 또한 카(E.H.Carr)는 랑케 이래 헤겔과 마르크스까지 모두 동일하게 '역사주의'의 대제사장쯤으로 취급한다고 비판했다.[25] 이는 포퍼가 히틀러에 반대해 망명하고 파시즘에 매우 적개적이었다는 점, 그의 저서 『열린사회와 그 적들(Open Society and Its Enemies)』이 제2차 세계대전 종전 해인 1945년 출간되었다는 점과 연관된다. 이처럼 그의 견해는 일부 편향적이라는 지적이 있긴 하지만, 독일의 전체주의가 역사적·사상적으로 어떻게 이어져 왔는지 일관되게 비판한 점에서 주목할 만하다.

물론 포퍼의 헤겔 비판이 거칠고 일방적이어서 학문적으로 대응할 가치가 없다는 주장도 있다. 나종석은 "헤겔은 낭만주의자들의 독일 민족 이상화를 비판했고 근대국가에 대한 상을 가지고 있었으며 독일 국가사회주의와도 연결되지 않는다"고 했다.[26] 장준호 역시 "비스마르크적 권력국가와 히틀러 제3제국에 헤겔의 사유를 연관시키는 것은 그의 사유를 제대로 이해하지 못한 데에서 기인한다"고 본다.[27] 헤겔은 국가의 독재성을 정당화한 철학자가 아니라, 개인의 자유를 실현시키는 근대국가의 모범을 제시한 철학자였고, 고전적 국가경제의 토대 위에 완벽한 수준으로 시민사회를 이론화한 최초의 철학자로 칭송된다. 헤겔의 왕정복고적 입장 역시 아직 논란거리다. 1819년 메테르니히가 중

---

25   카, 『역사란 무엇인가』, 140쪽.
26   나종석, 『차이와 연대-현대 세계와 헤겔의 사회·정치철학』, 36쪽.
27   장준호, 「헤겔의 인륜적 애국심」, 176쪽.

1936년 베를린올림픽에서 연설하는 히틀러.
대중의 정치 참여로 강화된 국가주의의 한 형태가 파시즘이었다.

심이 된 자유주의 헌법 제정 선동자 축출 정책과 검열의 위협에서 살아남기 위해 순응했다고 보거나, '헌법 정신에 맞는 군주의 형식적 결정을 구상'한 것일 뿐 '군주의 신격화'는 아니라는 입장도 있다.[28] 그러나 이러한 견해들은 독일형 국가주의 형성 과정에서 헤겔 사상이 '결과적으로' 수행한 역할을 무시한 것이다. 물론 헤겔의 이성에 대한 신념이 오해된 부분도 있지만, 국가를 통한 절대이성의 실현이라는 그의 막연한 이상론이 그러한 오해의 발단을 제공했다는 점이 중요하다. 필자는 포퍼의 헤겔 비판이 갖는 역사학적 의미를 짚어 보려고 한다.

---

28 장준호, 「헤겔의 인륜적 애국심」, 176쪽; 남기호, 「헤겔 법철학에서의 군주의 역할-헤겔은 과연 왕정복고 철학자인가-」, 113, 136쪽.

포퍼의 파시즘 비판은 크게 플라톤-헤겔-마르크스의 계통과 맞닿아 있다. 먼저 포퍼는 플라톤의 정치강령이 전제주의와 비교해 도덕적으로 우월하기는커녕, 그것과 근본적으로 동일하다고 본다. 계급구분과 계급지배를 유지해 모든 변화를 억제했다는 점에서 그러하고, 특권계급의 착취를 제한하려는 경향도 있지만 이 역시 전체주의의 공통 요소라는 것이다.[29] 이어 포퍼는 헤겔이 헤라클레이토스, 플라톤, 아리스토텔레스의 직접적인 후계자라고 단정한다. 플라톤의 직접적 계승자인 헤겔의 사상은 마르크스 극좌파, 보수주의 중도파, 파시스트 극우파 모두에 영향을 끼쳤다. 극좌파는 헤겔의 역사주의적 틀에 나타나는 국가 간의 전쟁을 계급투쟁으로, 극우파는 그것을 인종 사이의 투쟁으로 대치했다. 이처럼 중요한 역할을 하는 헤겔 사상은 종족주의, 즉 닫힌 사회의 재생이라는 점에서 비판의 대상이 된다.

플라톤이 그러했던 것처럼 헤겔 역시 '이미 존재하는 기준 이외에 다른 기준이 없기 때문에 존재하는 것이 선한 것이라는 윤리적, 법률적 실증주의'에 입각해 있었고, 이는 바로 '힘이 곧 옳은 것'이라는 이론에 불과하다. 헤겔은 민족주의에 있어서 자유주의적 요소를 국가에 대한 플라톤적·프로이센 국가주의적 숭배와, 역사와 역사적 성공에 대한 숭배로 대치했다.[30] 앞서 본 독일의 사상가들은 민족의 정체성을 유지하기 위해 자유주의적 요소를 제거한 채 민족주의를 수용했고, 그러한 민족주의·국가주의는 강력한 군주권과 병존할 수 있었다. 헤겔의 민족·국가 인

---

29 포퍼, 『열린사회와 그 적들 I』, 151~154, 180쪽.
30 포퍼, 『열린사회와 그 적들 II』, 58, 61~62, 74, 92쪽.

식이 강력한 군주권과 어떻게 연결되는지 다음의 인용문들을 살펴보자.

이 모든 것에도 불구하고, 만일 그의 배후에 프로이센 제국의 권위가 있지 않았던들 헤겔이 독일 철학에서 가장 영향력 있는 인물이 되는 것은 불가능했을 것 같다. 사실이 그랬던 바와 같이 그는 나폴레옹 전쟁 이후 봉건적 '복귀'의 시대에 임명된 프로이센 제국의 첫 번째 국가철학자가 되었다. 후에 국가가 그의 제자들을 지원해 주었으며(독일에는 예나 지금이나 국가통제하의 대학들만 있다), 그들은 그대신 서로를 지원해 주었다. 그리고 헤겔의 대부분의 제자들은 공식적으로 헤겔주의를 부인했지만 헤겔적인 철학을 하는 사람들이 철학교육을 주도해 왔으며, 그 결과 간접으로 그 이후의 독일의 중등교육기관을 지배해 왔다.[31]

다음 인용 구절은 헤겔의 극단적인 집단주의가 플라톤의 사상에 의존하고 있는 만큼이나 프랑스혁명 전후 시기에 통치한 프로이센 왕인 프레데릭 윌리엄 3세에 의존하고 있다는 것을 보여준다. 그 교리는 국가가 전부이며 개인은 아무것도 아니라는 것이다. …… '보편은 국가에서 발견될 수 있다. 국가는 땅위에 존재하는 신의 관념이다.' …… 이것은 플라톤주의와 현대 전체주의를 연결시키는 중간항이라는 사실을 더욱 분명히 해준다.[32]

---

31 포퍼, 『열린사회와 그 적들 II』, 60~61쪽.
32 포퍼, 『열린사회와 그 적들 II』, 63쪽.

그는 프로이센 관료와의 연관 아래서 그 개인의 정치적 영향력과 그의 사상이 하나의 관학(官學)으로서 인정을 받게 되었다. …… 헤겔의 정치적 동기의 문제에 다시 돌아가서 말하면, 그의 철학이 그를 고용한 프로이센 정부의 이익에 의해 영향받았다고 생각할 수 있는 이유는 충분하고도 남음이 있다고 나는 생각한다. …… 왜냐하면 저 프로이센의 왕이 얼마나 분명하게 그리고 일관성 있게 모든 학문은 국가이익에 완전히 종속되어야 한다고 강력히 주장했는지를 보여주는 문서들이 최근 수십 년 사이에야 비로소 발간되었기 때문이다.[33]

이처럼 포퍼는 헤겔이 프로이센 군주와 밀접히 연결되어 있다고 보았고, 랑케도 마찬가지다. 포퍼가 랑케와 헤겔의 역사주의를 비판하는 이유는 역사주의가 국가권력과 결합하여 현존하는 체제를 정당화시키고 자유·평등의 가치보다는 민족·국가의 이데올로기 속에 전체주의화 한다고 보았기 때문이다. 이는 자유·평등의 가치 속에 군주권을 제한하고, 그 속에서 국가주의를 팽창시켰던 영국·프랑스의 사례와 대조된다. 즉, 헤겔의 역사철학은 바람직한 선(善)이 무엇인가라는 질문을 던지지 않는다는 점에서 이전 정치학의 실천적 성격을 상실했다. 헤겔은 자기 시대의 역사적 상황을 다음과 같이 특징지었다. "독일 국민은 '세계사의 제3의 보편형태'이며 지금까지의 세계사의 전개 과정을 규정했던 국가 형태들인 전제정과 공화정의 대립을 종합한 '입헌군주정'을 창출해야만 한다"는 것이다.[34] 마르크스의 경우 민족·국가

---

33 포퍼, 『열린사회와 그 적들 II』, 66~67쪽.
34 헬라만트, 『폭정론과 저항권-19세기 독일 정치이론에 관한 연구-』, 240쪽.

의 이데올로기를 비판했다는 점에서는 랑케, 헤겔과 구분되지만, 전체 사회를 급진적으로 변모시키는 계시적 혁명을 꿈꾸고 있었다는 측면에서 문제가 된다.[35] 파시즘은 부분적으로 마르크스주의가 정신적·정치적으로 붕괴함으로써 성장했다는 것이 포퍼의 견해다.[36]

이 지점에서 떠오르는 것이 하나 있다. 한국 사회에서 신성스러운 경구로 대접받는 명제인 '역사를 잊은 민족에게 내일은 없다'라는 구절이다. 대개 일본의 역사 왜곡을 비판할 때 인용되지만, 종종 우리 내부의 과거사 청산에 소극적인 이들을 압박할 때 사용하기도 한다. 문제는 이 명제가 종교 경전처럼 신성시되면서, 발언자가 누구이든지 간에 그러한 종교적 권위에 편승할수 있게 만든다는 데에 있다. 이 명제에 내포된 핵심 메시지는 첫째, 역사를 민족의 단위로 보겠다는 것, 둘째, 그것도 '현재' 민족의 관점에서 보겠다는 것이다. '내일'은 결국 '오늘'의 시점에서 상상하는 것이기 때문에 그러하다. 그렇다면 역사를 현재적·민족적 관점으로만 볼 수 있는가라는 질문이 제기되어야 마땅하다. 그런데 어떠한 주장이 종교 경전처럼 여겨지면, 더 이상의 학문적인 대화가 어려워진다.

이 명제가 신성시되는 이유 중 하나는 신채호가 한 말로 알려져 있기 때문이지만, 엄밀히 말해 많은 역사학자가 유사한 발언을 했다. 신채호의 경우 헤겔의 '국가가 없는 곳에 역사도 없다'는 명제에 대해 '역사 없는 사람들'로 취급받던 비서구 지식인으

---

35   포퍼, 『열린사회와 그 적들 I』, 273쪽.
36   포퍼, 『열린사회와 그 적들 II』, 95쪽.

로서 절박하게 대응한 것으로 볼 수 있다.[37] 헤겔은『역사철학강의』에서 '국가야말로 절대 궁극 목적인 자유를 실현한 자주독립의 존재'이기 때문에, '세계사에서는 국가를 형성한 민족만을 문제삼는다'고 밝힌 바 있다.[38] 신채호를 비롯한 많은 역사학자가 '현재' '민족국가' 관점에서 역사를 보게 된 데에는 헤겔의 영향이 크다. 이 같은 맥락을 고려한다면 신채호의 경구를 단순히 읊조리는 것보다 '자유주의적 규정이 없으면 파시즘과 민족주의가 뚜렷하게 분리되지 않는다'[39]는 성찰이 우리 사회에 좀 더 필요하다.

헤겔의 국가관이 문제가 되는 이유를 다시 정리해 보자. 헤겔은 시민 사회에서 필수적인 개인의 자유와 권리를 인정하지만 이 자유와 권리를 초국가적 보편타당성, 즉 세계주의적 효력을 갖는 보편적 인권으로 파악하지 않았을 뿐더러 자유권이 이런 식으로 이해되는 것에 대해 경계심을 표명했다. 헤겔은 한 인간이 특정 국가의 '시민'이면서 동시에 '세계 시민'으로서 살 수 있는 근대적 인권의 이원적 구조를 명백하게 부정했다. 헤겔이 구상한 국가는 앞서 보아온 영국, 프랑스의 '근대 국민 국가'에 대항하기 위해 급조된 '민족 국가'다. 다만 계약에 기반을 둔 도구적·자유주의적 국가관에 비해 헤겔의 국가론이 정치적 통합과 개인의 정치적 정체성 부분에서 강점이 있다. 독일 나치당이 자본가와 대지주의 이해관계를 대변함에도, 소시민 계층은 가족적 유대를

---

37   구하,『역사 없는 사람들: 헤겔 역사철학 비판』, 28쪽.
38   헤겔,『역사철학강의』, 48쪽.
39   이택광,「다시 파시즘을 생각하자」, 237쪽.

민족주의적 감정으로 승화시키며 국가권력과 자신을 동일시하는 경향을 보였다. 나치 이데올로그들이 헤겔을 '독일 민족의 가장 위대한 철학자'로 꼽는 것은 바로 이러한 이유 때문이다.[40]

그러면 19세기 이래 독일에서 군주정은 실제로 어떠한 형태를 띠었는가? 영국에서 군주주권이 의회주권으로 대체되었다면, 유럽대륙에서 입헌군주정은 의회군주정이 아닌 혁명적 변혁을 거쳐 의회민주정으로 전환되었다. 때문에 입헌군주정은 완결성을 갖지 못한 의회군주정이나 민주정으로 가는 과도기적 체제로 이해된다. 당시 독일에서는 군주가 직접 흠정(欽定)헌법을 만드는데, 이 시기 헌법 제정은 대외적인 주권 선언의 의미가 강했다. 헌법하에 군주의 권력이 일정하게 제한되었지만, 영국·프랑스와는 다른 방식이었다. 입헌군주정에서 절대군주는 더 이상 주권자일 수 없지만, 그렇다고 군주주권을 대체할 의회의 전통이 확립되어 있지 않았고 나아가 국민주권을 관철시킬 시민계급도 성장하지 않았다. 의회도 국민도 주권자가 될 수 있을 만큼 강력하게 성장하지 못한 독일은 '국가주권'을 통해 군주와 국민을 매개하면서 동시에 더 높은 차원에서 이 둘을 통합하고자 했다.[41]

이 같이 '부르주아 없는 부르주아헌법'의 대리 주역으로 등장한 것이 '계몽군주'였다. 여기에서 자유와 재산의 보장은 군주의 관용·자제의 반영이었을 뿐, 헌법적으로 고양된 국가적 정치 권리로서의 기본권 보장은 존재하지 않았다. 독일에서 입헌주의의

---

40   라이히, 『파시즘의 대중심리』, 102, 107, 111쪽; 황태연, 「G.W.F.헤겔-민족 국가의 정치철학」, 540, 545, 560, 567쪽.
41   오향미, 「헌정주의의 조건으로서의 주권과 헌법제정권력: 독일 헌정사를 중심으로」, 297~299, 302쪽.

제1과제는 권력의 분할을 통한 시민적 자유의 보장이 아닌, '국민국가적 통일성'을 준비하고 나아가 이를 정초·결집시키는 데 있었다. 프랑스혁명 이후 100여 년 간 지속된 독일의 입헌군주제 경험은 상당히 특이한 것이다. 이는 우리에게도 남다른 의미를 갖는다. 19세기 중·후반, 동아시아 세계에서 주창되고 성립된 입헌주의의 원형이 대체로 독일의 것과 유사하기 때문이다.[42]

이상 전체주의에 대한 비판들에서 우리가 주목해야 할 것은 군주권의 문제다. 근래 대한제국을 평가하면서 '전제군주제에서 입헌군주제로'라는 도식에서 벗어나야 한다는 주장이 계속되고 있다. 식민지화의 위기 속에서 강력한 군주권이 등장해 '근대적' 개혁을 시도하고 '자주적' 부국강병책을 추진한 것은 오히려 '바람직'한 일이라는 것이다. 그렇다고 앞서의 '전제군주제에서 입헌군주제로'라는 공식이 부정된 것도 아니다. 고종의 강력한 군주권 추구와 신채호의 배타적 국수주의, 계몽운동단체들의 민권론 등을 아무런 이질감 없이 뒤섞어 놓는 것이 여전히 한국사학계의 연구 풍토이다.[43]

위와 같은 인식을 벗어나기 위해서는 대한제국의 군주권 강화를 맥락적으로 이해할 필요가 있다. 우선 세계사적 맥락에서 이를 살펴보았고, 다음과 같이 요약할 수 있다.

근대 민족·국가주의를 받아들였으면서 인민의 권리보다 군주권을 앞세우는 형태는 그 나라의 '후진성'을 반영하는 것이다. 여기서 후진성은 가치 판단을 배제한 상대적인 개념이다. 주변 강

---

42 신우철, 「근대 입헌주의 성립사 연구: 입헌주의의 서구적 원형과 독일적 변용」, 8~9, 14쪽.
43 이에 대해서는 김종준, 「대한제국기 민권운동 연구의 재인식」 참조.

대국들이 직간접으로 압박하는 상황에서 민족·국가의 정체성을 확립하는 일은 자신의 생존과 관련된 문제이며, 그 같은 조급함 속에서 강대국들이 내세우는 인류 보편적 가치를 액면 그대로 받아들이기는 힘들다. 문제는 그 과정에서 군주권 강화는 기득권을 온존시키는 보수적 행태를 띠게 마련이고 국민 대다수의 이해관계를 충족시키는 개혁에는 소극적이게 된다. 군주권과 결합된 민족·국가주의는 이 같은 행태들을 정당화시키는 이데올로기로서 기능한다. 이러한 맥락을 파악하면서 고종 대 군주권과 민권의 관계를 재검토해야 할 것이다.

2

근대 동아시아의 민권론 대두와
군주권 인식

1) 중국의 민권론과 군주권 인식

전통시대 중국 역사에서 군주권은 한마디로 송대 이후 구조적으
로 특수성을 가지면서 강화되어 나갔다. 송·명·청은 황제권력
면에서 볼 때 몇 가지 공통적인 특징이 있다. 왕조 창업 당시의
상황이 황제 독재체제를 강화해야만 유지될 수 있었다. 다시 말
해 송은 당말·오대의 지방분권적 무인체제(절도사 체제)를 청산
하고 거란의 남침을 저지하기 위해 강력한 중앙집권적 전제군주
체제가 필요했다. 마찬가지로 명도 중국 최초의 이민족 왕조인
원의 잔재 청산과 한문화 부흥이라는 사명을 효과적으로 추진하
고 원의 미숙한 지방분권적인 비효율성을 과감하게 청산하기 위
해서 강력한 황제권이 필요했다. 한편 청은 처음부터 강력한 군
사력을 배경으로 출현했으나, 문화수준이 높고 자존심이 강한
한인(漢人)을 통치해야 한다는 부담을 안고 있었기 때문에 중앙
집권적 전제군주체제가 필요했다.[44]

중국에서 군주권과 민권은 공(公)과 사(私)의 문제로 다루어져 왔다. 민권은 민 개개의 사권(私權) 이른바 시민적 권리가 아니라, 국민 내지 민족 전체의 공권(公權)이라는 형태를 취한다. 바꿔 말해 민권이 사(私)라는 주장은 황제 개인의 공(公)을 부정하면서 국민적인 천하공(天下公)을 향해 나간다는 의미다. 성리학적 사회구성에서 사(私)에 대한 부정적 태도가 강화되면서, 마치 공은 사가 없이도 홀로 스스로 존재할 수 있다는 허상을 만들어 냈다. 이를 두고 공에 대한 독존의 허상이 동시에 공의 절대화를 낳았다고도 말한다. 이는 일본의 민권운동과 대비된다. 일본의 민권운동은 메이지유신이라는 신체제 확립 후 체제 내에서 각종 권리의 증강을 요구하는, 체제 속으로의 편입운동이다. 그러나 중국에서 민권은 황제권력에 대항해 황제중앙집권제를 해체시키는 방향으로 발전했다. 조정(朝廷)의 사(私)를 비판하는 일은 중국 전통에서 발견할 수 있다. 한 개인에 지나지 않는 황제가 천하를 농단하는 것은 원리적으로 허용되지 않는다. 청나라 말기 논의의 특징은 황제를 바꾸는 역성(易姓)이 아니라, '조정의 사국(私國)'을 '국민의 공국(公國)'으로 만드는 데 있었다는 점이다. 그렇지만 이때 민권의 내용은 개인의 인권이 아니라 국민이 되기 위한 권리였다. 개인권의 실질은 국민권에 종속되어 있으므로 민권은 공권의 형태를 띨 수밖에 없었다. 여기에서 사리(私利)만을 좇는 대중은 윤리적·정치적으로 주체가 되지 못하고, 자신의 성(性)을 천하까지 확대시킨 천하의 공인(公人)인 사대부의 보호의 대상이 될 뿐이라는 논리가 작동

---

44 신채식, 「송 이후의 황제권」, 67~68쪽.

한다.[45]

근대 이후 중국에서 군주권과 민권의 관계를 상세하게 다룬 이는 량치차오(梁啓超, 1873~1929)다. 일단 그의 공사(公私) 구분은 당대 지식인들의 그것과 크게 다르지 않다. 법률의 보장이라는 사회적 제도가 완성되지 못하고 한 개인에 의해서 통치가 이루어지는 전제정치 상황은 사(私)이며 야만적인 것이라고 보았다. 1898년 무술변법 실패 후 일본으로 망명한 량치차오는 이때부터 정치적으로 의탁했던 광서제(光緖帝)를 부정하며 반만(反滿) 의식을 드러낸다. 이 시기 량치차오는 몽테스키외와 루소의 정치사상을 접하며 민주주의(공화주의)에 심취했다. 그러나 1903년 미국 방문을 전후하여 독일 법학자 블룬츨리의 국가주의 학설을 받아들인 후 사상이 일변한다. 루소의 정치학설이 19세기의 어머니였다면 '루소의 학설과 정반대'인 블룬츨리의 학설은 '20세기의 어머니'라고 언급한 후, '등줄기에 찬물을 끼얹은 것처럼 정신이 번쩍 들었다'고까지 표현하며, 공화정체와의 결별을 공식 선언했다. 그러나 그는 국가주의 입장이 어느 면에서 몽테스키외와 루소보다 상위에 있는지는 구체적으로 설명하지 않았다.[46]

이제 량치차오의 민권론은 국권론의 도구가 되었고 국가주의에 종속되었다. 이는 본래 서구에서 민권이 국가를 비롯한 일체

---

45 박영은, 「한국에서의 근대적 공개념의 형성과 성격」, 84쪽; 미조구치 유조(溝口雄三), 『중국의 공과 사』, 47~48, 214~217, 220쪽; 이혜경, 『천하관과 근대화론: 양계초를 중심으로』, 21쪽.

46 양태근, 「소극적 민권론과 적극적 민권론을 통해 본 양계초 자유주의 사상과 도덕주의」, 360쪽; 이춘복, 「청말 양계초의 정치사상에 대한 인식 변화-민주주의에서 국가주의로의 전환을 중심으로-」, 141, 144, 146~147, 149, 153쪽.

공농제의 범위 밖에 설정된 개인 권리로써 국가 또는 집단으로부터의 불가침성으로 규정되는 것과는 의미가 다른 것이다. 흥미로운 것은 량치차오의 사상을 받아들인 당대 한국 지식인들의 방식이다. 매우 선별적으로 량치차오의 텍스트들을 골라 인용했다는 느낌을 준다. 량치차오의 정치사상이 1903년을 전후해서 민주주의에서 국가주의로, 나아가 '개명전제론(開明專制論)'으로 변모하는데, 유독 한국의 지식인들은 1903년 이후 발표된 '중국혼(中國魂)'으로 대표되는 국가주의적 언설들에만 관심을 가졌다.[47]

2) 일본의 민권론과 군주권 인식

근대 일본의 민권과 군주권의 관계를 살펴보겠다. 전통시대 일본은 중국이나 한국에 비해 군주권의 위상이 그다지 높지 않았다. 그러다가 메이지헌법 제정으로 '만세일계(萬世一系)'의 신성한 '천황'이 광범한 대권을 가진 채 통치하는 국가체제의 틀이 만들어졌고, 언론계와 교육계에서는 이를 지지하는 이데올로기를 전파했다. 그런 점에서 메이지헌법의 기본원리는 민권론의 정신과 대립한 것으로 보인다.[48] 그러나 민권론과 천황제도를 대립적으로만 파악할 수는 없다. 민권의 신장이 곧 황실의 안태(安

---

47 이 책의 배경이 되는 시기에 국가의 명칭은 '조선'과 '대한제국'이다. 두 명칭을 포괄할 때는 '한국'으로 지칭했다. 량치차오의 민권 개념에 대해서는 조병한, 「양계초의 국민국가론과 민권·민족 관념」, 351~353쪽; 전동현, 「대한제국시기 중국 양계초를 통한 근대적 민권개념의 수용」, 128, 135~136쪽.

48 大木基子, 「自由と民權の思想」, 259쪽.

泰)를 가져오며 이로써 국권을 지킬 수 있다는 주장은 당시 제출된 국회개설 청원서, 건백서에서 흔히 볼 수 있는 내용이다. 민권파의 이 같은 존왕론은 단순히 권력층의 공격을 피하기 위한 수단으로 전개되었던 것은 아니다. 민권운동 초기부터 '만세일계'의 천황상을 근거로 한 우월감이 보이며, 민권운동이 확대 또는 쇠퇴되어가는 과정에서 이러한 경향은 더욱더 확대되었다.

다시 말해 유약한 근대국민국가로서 서구에 대한 위기감이 충만된 당시의 시대 상황에서 볼 때, 민권파는 대외적인 위기를 극복할 정신적 지주가 필요했고, 근대천황상은 그들의 욕구를 충족시킬 관념적인 요소를 이미 내포하고 있었다. 민권파의 기본 사상을, 민권의 발전이야말로 국권의 발전을 받쳐준다고 하는 '민권=국권형 내셔널리즘'으로 명명할 수 있다면, 민권론은 국권론에 포섭될 가능성을 이미 그 속에 가지고 있었다.[49] 국권론이 강력한 군주권을 전면에 내세울 때, 민권론 역시 이를 넘어서지 못했다. 독일에서처럼 일본에서도 자유주의 · 민주주의 사상이, 국가주의와 결합된 군주권을 부정하거나 비판하지 못했다.

번역의 관점에서 '권(權)'이라는 단어에는 힘이라는 뜻과 'right'의 번역어로서의 의미가 혼재해 있다. '군주권'에서의 '권'이 주로 전자를 의미한다면, '민권'에서의 '권'은 후자를 의미했다.[50] 군주권이 군주의 힘(權力)과 이를 어떻게 제한할 것인가(權限)의 문제였다면, 민권은 본래 각 개인의 생명, 재산을 어떻게 지킬 것인가, 즉 'right'의 문제였다. 그런데 민권운동가들이 자신들도 군주

---

49 박보우, 「자유민권론에 있어서 天皇像과 대외의식」, 483, 487, 493, 504~504쪽.
50 야나부 아키라, 『번역어 성립 사정』, 163쪽.

나 정부와 마찬가지로 '권'을 갖는다고 항변했을 때, 동일한 '권'이라는 단어를 사용함으로써, 개인들이 갖는 'right'의 차원이 아니라 군주와 정부가 아닌 어떤 세력이 집단적으로 갖는 힘의 차원으로 점차 이해되기 시작했다. 이는 동아시아 3국이 모두 마찬가지인데 군주와 정부의 강력한 권력에 맞서 소극적 의미에서의 권리를 의미했던 '민권'이 적극적인 의미에서 '집단적 권력'을 의미하게 되었다. 더 강력한 권력이라는 지점에서 민권은, 국권은 물론 군주권과도 자발적으로 결합할 수 있게 되었다.

1880년대 일본에서 유행한 '개명전제론'은 1890년대 후반 대한제국에서 유사하게 변주되었다. 메이지헌법을 만드는 과정에서 일본인들은 독일식 입헌군주제의 유용성을 증명하기 위해 부국강병을 이룩한 프리드리히 2세에 높은 관심을 보였다.[51] 1896년 일본에서는 프로이센이 강국으로 부상했던 7년 전쟁(1756~1763)을 다룬 책이 출간되었고, 1908년 유길준(俞吉濬, 1856~1914)이 이를 다시 역술했다. 『서유견문』에서 군민공치제를 선호하던 유길준이 이제 정치체제의 형태보다는 국가의 존립 자체에 더 큰 관심을 갖게 된 것이다. 일본과 한국의 지식인들이 강력한 군주권과 국권의 관계에 대해 고심한 것은 마찬가지였으나, 그 시기별 양상은 달랐다.

근대 이후 한국의 민권론에서 군주권의 문제가 같은 시기 서구, 동아시아에서의 그것과 어떤 점에서 유사하고 달랐는지에 대해서는 '3. 19세기 한국 민권 의식의 성장 과정'에서 본격적

---

51 이예안, 「근대일본의 '개명전제' 개념: 프리드리히대왕론의 전개와 관련하여」, 817쪽.

으로 논할 것이다. 여기서는 루소의 책을 번역하면서 나타난 서구 사상 수용 경로의 복잡함만을 간단히 언급해 두려고 한다. 1909년 『황성신문』은 루소의 『사회계약론』을 번역하여 「노사민약(盧梭民約)」이라는 제목으로 연재했다. 이 번역의 저본은 일본인 나카에 쵸민(中江兆民)의 『민약역해(民約譯解)』였다. 그런데 흥미로운 것은 '노사(盧梭)'라는 표기는 중국에서 유래한 것이라는 점이다. 앞에서 보았듯 량치차오 등 중국의 지식인들도 루소에 많은 관심을 보였다. 당시 루소에 대한 중국과 일본의 평가가 좀 달랐는데, 중국에서는 루소를 평등 사상의 주창자로 비교적 객관적으로 소개한데 비해서 일본에서는 과격한 혁명론자로 언급했다.[52] 중국의 표기법과 일본의 번역본을 뒤섞어 이용한 데서 알 수 있듯이 당대 한국의 지식인들은 중국과 일본이라는 착종된 경로를 통해 서구 정치사상을 받아들였다. 그 과정에서 군주권과 민권의 관계도 본래의 보편적 의미와 각국의 특수한 사정이 얽힌 채 이해되고 변용되었다.

---

52   이예안, 「개화기 루소 『사회계약론』 수용과 번역」, 501, 508, 510쪽.

3

19세기 한국 민권 의식의 성장 과정

1) 실학자들과 개신유학자들의 민권 인식

조선의 성리학자들과 실학자들은 군주권과 민권에 대해 어떠한 인식을 가지고 있었는지 살펴보자. 성리학자들은 법제를 개혁하기보다는 잘못된 폐정을 경장하고, 군주가 심성을 바로 갖추도록 보필하면 좋은 왕정을 이룰 수 있다는 입장이었다. 반면 실학자들은 양란 이후 소농의 몰락과 유망이라는 혼란스러운 현실이 폐정 탓만이 아니라 통치법제가 지닌 구조적인 결함에서 기인하는 것으로 인식했다.[53] 그런데 실학자들이 민의 처지와 권리를 고려하기 시작했다고 해서 군주권에 대한 도전까지 염두에 둔 것은 아니었다. 오히려 원시 유학으로 돌아가자는 구호 아래 '강력한 군주권'을 주창한 점에서 성리학자들과 구분된다. 즉, 성장한 민의 힘에 기반해 강력한 군주권을 지향했다. 이 같은 전통은

53　김태영, 「조선 성리학과 실학의 역사적 연관」, 55~56쪽.

19세기 민권론의 흐름 속에서 일정하게 유지되었다.

특히 다산 정약용의 민권 인식은 주목할 만하다. 그는 '탕론(湯論)'과 '원목(原牧)'에서 '천자는 여러 사람이 추대해서 만들어지고', '황왕(皇王)의 근본은 이정(里正)에서 비롯된다'며 추대의 논리를 정립했다. 즉 정약용은 맹자의 민본주의에서 진일보하여, 민중을 정치의 주체로 인지하고, 저항권, 참정권까지 인정했기 때문에, 근대적 민권사상의 원형, 주권재민적인 민권사상이라고 높이 평가받는다. 그러나 한편으로 추대의 논리가 정치 일반론이 되지 못한 점, 이후 개화사상과 단절되어 있다는 점 등이 지적된다.[54]

19세기 후반 개항 이후 서구의 근대적 민권 개념이 들어오기 시작했다. 이 과정에서 1880년대 유길준과 박영효(朴泳孝, 1861~1939), 1890년대 독립협회가 중요한 역할을 했다. 실학자들의 민권 개념을 계승했다고 말하기는 어렵지만, 서구 민권 인식을 그대로 가져온 것도 아니었다. 나름 우리의 상황에 비추어 받아들이고자 했다. 근래 연구에 따르면 유길준과 박영효 등의 민권론은 전통 유교사상이나 군주권과 배타적이지 않았다.[55] 독립협회의 민권론은 전통 유교사상과는 거리를 두었지만, 국권 함양을 위해 민권을 정치적 동원의 대상으로 본다는 점에서 역시

---

54 조광, 「정약용의 민권의식연구」, 103쪽; 임형택, 「다산의 '民'주체 정치사상의 이론적·현실적 근거」, 64~75쪽; 조종환, 「다산 정약용의 주체의식 고찰」, 24~25쪽; 전정희, 「개화사상에서의 민(民)의 관념」, 91쪽; 김용덕, 「조선후기의 사상-민권사상의 성장-」, 50쪽; 김용헌, 「정약용의 민본의식과 민권의식」, 92~95쪽.

55 장현, 「박영효와 유길준의 개인의 권리(individual rights)와 시민의 권리(civic rights): 유교적 국가관과 서구적 인권 개념 수용」 참조.

1889년 완성하고
1895년 출간한 『서유견문』 표지

군주권과 친화적일 수 있었다.

　먼저 유길준이 '군민공치(君民共治)'를 우리 현실에 가장 적합한 것으로 보았다는 사실은 잘 알려져 있다. 유길준은 영국식의 정치체제가 이상적이지만 우리와 맞지 않는다고 여겼다.

　그러나 인민의 지식이 부족한 국(國)은 졸연(卒然)히 그 인민에게 국정 (國政) 참섭(參涉)하는 권(權)을 허(許)함이 불가(不可)한 자(者)라. 만약 배우지 못한 인민이 학문의 먼저 닦음은 없고 다른 나라의 선미(善美)한 정체(政體)를 본받고자 하면 국중(國中)에 대란(大亂)의 싹을 뿌림과 같은 고로 당로(當路)한 군자(君子)는 그 인민을 교육하여 국정 참여하는 지식이 있은 연후에 이 정체를 의논함이 비로소 가하니.[56]

56　유길준, 『서유견문』, 151~152쪽.

인민은 그 자격을 갖출 때까지 정치 참여를 제한하고, 군주의 권력은 일정하게 유지해야 한다는 논리이다. 이러한 논법은 독립협회 활동기에도 유사하게 반복된다.

무식한 세계에는 군주권이 도로 민주국보다 견고함은 고금사기와 구미 각국 정형을 보아도 알지라. 그런 고로 어느 나라이든지 하의원을 설시하려면 먼저 백성을 흡족히 교육하여 무슨 일이든지 총명하게 의론하며 대소 사무에 나라 일을 자기 일같이 재미를 들이게 하여야 낭패가 없거늘 …… 이러한 백성에게 홀연히 민권을 주어서 하의원을 설시하는 것은 도로 위태함을 속하게 함이라.[57]

흔히 위와 같은 인식을 개화지식인들이 가진 우민관이라고 비판해 왔다.[58] 기본적으로 교육받지 못한 민에게 권력이 주어졌을 때 혼란이 발생한다고 본 것이다. 그런데 이는 독일, 일본 등 근대화 후발 주자들이 공통적으로 고민했던 바다. 영국, 프랑스 등의 국력이 강해진 이유가 민의 정치 참여 때문이라 여기고 이를 따라가고자 했으나, 민의 정치 참여가 혼란으로 이어진다면 결과적으로 국권 강화에도 저해가 된다는 우려가 있었다.

1880년대 입헌정체론이 논의에 그친 데 반해 독립협회의 입헌정체론은 정치적 실천을 동반했다는 점에서 달랐다. 강고한 군주권을 인정하고 하층민의 정치 참여를 제한했다는 점에서 '이상적인' 입헌군주제라고 할 수는 없지만, 주어진 상황 속에서 직

---

57 『독립신문』, 1898년 7월 27일.
58 주진오, 「19세기 후반 개화 개혁론의 구조와 전개-독립협회를 중심으로-」, 216쪽.

겁 먹은 행동에 나섰나. 바로 중추원을 의회로 개편하자는 운동이었다. 애초 중추원은 1895년 2차 갑오개혁기 박영효 내각에서 자문기구로 설정했고, 이는 1888년 건백서의 권력분립론과 주권재민론 등에 바탕한 것이다. 독립협회가 중추원을 선택한 데에는 이러한 역사적 맥락이 있는 것이다. 독립협회는 모든 의안을 중추원에서 심사의정(審査議定)하도록 하고, 구성원도 반수를 독립협회에서 선거[추천으로 수정됨]토록 했다. 의정부와의 합의와 군주의 재가가 필요하지만 군주권을 제한할 수 있는 법적 장치가 마련된 셈이다. 고종도 이 안건을 일단 받아들였으나, 공화제 실시 관련 익명서 사건과 '표선인재(票選人材)' 파동 등으로 독립협회 계열 의관들이 축출되면서 실효성을 상실했다.[59]

19세기 후반부터 20세기 전반까지 언론을 통한 여론 형성을 주도한 것은 개신유학자들이었다. 이들은 민권이라는 새로운 개념을 맹자로 대표되는 전통적 유학 관념과 연결시켰다.[60] 앞서 정약용이 관심을 보였던 맹자의 '민위귀설(民爲貴說)'은 개신유학자 이기(李沂)가 다시 인용했다. 그는 『해학유서(海鶴遺書)』에서 역사적으로 '군권은 점차 중해지고 민권은 점차 쇠퇴했다'고 언급하면서 맹자가 이미 '인민이 중하고 국군(國君)이 다음'이라고 한 바 있다고 했다. 이는 『맹자』 「진심장(盡心章)」의 '민위귀(民爲貴), 사직차지(社稷次之), 군위경(君爲輕)' 구절을 의미한다. 여기서 민이 중하다는 것은 백성의 마음을 얻으면 천자가 된다는 뜻

---

59 이방원, 「한말 정치변동과 중추원의 역할(1894~1910)」, 18~20, 39~42쪽. 독립협회 시기 중추원의 공론장 역할에 대해서는 홍문기, 「1874~1894년 언관 및 언관언론의 변화」 참조.
60 정숭교, 「한말 민권론의 전개와 국수론의 대두」, 93쪽.

으로 민본주의적 사상이라고 할 수 있다. 박은식 역시 「유교구신론(儒敎求新論)」에서 민권을 보편적 유교원리로 해석한다. 박은식은 종래 민권이 약했던 이유를 다음과 같이 설명한다. 본래 '민위중(民爲重)'의 맹자 사상과 '존군권(尊君權)'의 순자(荀子) 사상이 양립했는데 맹자보다 순자의 설이 더 잘 전파되었고 진시황 이래 제왕 측과 야합하여 민권 신장을 막았다는 것이다.

전통 사상에서 민권 관념을 발견하려는 정약용, 이기, 박은식 등 개신유학자들의 노력에도 불구하고, 기본적으로 민권이 right의 번역어로 낯선 서구적 개념이었던 점은 명확하다. 그렇다면 문제는 이 낯선 개념을 이해하기 위해 기존 인식틀을 어떻게 이용했는가이다.

동양 유교전통 기원을 강조하는 쪽이나, 서구 근대정치사상 기원을 강조하는 쪽이나, 민권 개념을 보편적 가치로 상정한 뒤 전유하는 방식이 일반적이다. 예를 들어 '사론(士論)'이 곧 민권이라고 주장하는 유림과, 일반 인민의 권리를 내세우는 계몽단체의 민권 개념은 서로 충돌할 수밖에 없다. 1904년 8월 한 유생은 『황성신문』에 보낸 글에서 우리나라의 '사론'이 서양의 민권과 동일한 개념이므로, 전국의 시비(是非)는 반드시 사론을 따라야 한다고 강조했다. 일본의 황무지 개간권 요구에 반대하여 종로에서 연설을 하다가 일본 경관에게 잡혀간 보안회(輔安會) 대판(代辦) 회장 전 의관(議官) 송수만(宋秀萬)의 주장이다. 이 발언은 '향곡(鄕曲) 섬부인(贍富人) 중 중망(重望)을 가진 자의 론(論)', 즉 '초요인(稍饒人)의 중론(衆論)'이라야 전국의 공론(公論)이 될 수 있다는, 일본 경부(警部) 와타나베(渡邊)의 주장을 반박하는 과정에서 나왔다. 일본인 경찰은 경제적 부를 가진 자가 민의 여론을 대표한다고 본 반면, 한국인 유생은 정치적·사회적 권력의 보유 여부를 기준으로 삼았다는 점에서 흥미롭다.

유생들의 이 같은 사고방식은 그후로도 이어진다. 『황성신문』 1905년 4월 14일자에서 우리나라 '사림의 공론'과 '열국 근래 민권'을 대비하면서 그 이치는 하나라고 주장하며, 정부당국자들에게 이 점을 강조했다. 만인연명(萬人聯名)의 복합(伏閤) 상소가 그런 사론의 예이다. 여기서 '사림의 공론' 강조는 일진회를 염두에 둔 것인데, 1904년 말 설립된 일진회는 일본 경관이 언명하듯 '사론'과는 거리가 먼 중하층민들을 모아 '민권'을 주창하기 시작했다. 자신들이 '중론(衆論)을 대변할 사회 곧 민당(民黨)'이라는 것이다.

사실 '민인들의 이해관계를 대변하는 민권당'에 대한 우려는 19세기 후반 여러 군데에서 발견된다. 일진회가 계승했다고 하는 동학당과 독립협회 모두 그러한 의미에서 경각심의 대상이 되는 '민회(民會)'였다. 1893년 동학도의 보은 집회에 파견된 어윤중은 이들 무리가 '비도(匪徒)'가 아니라 '민당'이며 '태서의 민권'과 같다고 했다.[61] 1898년 독립협회의 만민공동회 규탄 상소에서는 '외국에는 민권당이 있어 아래에서 위를 업신여기는 풍습이 있다'고 지적했다. 유생들이 보기에 민회는 '저잣거리 장사치들이 외국 종교에 젖어' 이익 추구에 몰두하는 행위에 불과했다. 최익현도 '민당' 혁파를 주장하면서 민당은 '시정(市井)의 무식한 무

---

[61] 『매천야록』, 갑오이전. 동학의 민권론에 대해서는 호소력을 가질 정도는 되지 못했고(신복룡, 「동학의 정치사상」, 101쪽), 근대적 의미의 민권 이념이 결여되어 있다(노무지, 「동학·동학운동에서 본 민권·민족사상」, 442쪽)고 지적했으나, 신분 차등 없이 정치 참여를 가능하게 했다는 점에서 '국민주권적인 자유민권의식의 선구'로 보기도 한다(신일철, 「동학과 전통사상」, 19쪽).

리들을 불러 모은 것'에 지나지 않는다고 비난했다. 민인들의 분수를 넘어서는 행동이라는 인식을 엿볼 수 있다.

독립협회의 계승과 민당 표방을 내세운 것은 일진회뿐만이 아니었다. 1900년대 말 양대 정치 세력이라고 할 수 있는 대한협회역시 스스로를 민당이라고 했다. 이처럼 독립협회, 일진회, 대한협회 등은 서구적 민권 개념 아래 정부를 비판하며 정권에 참여하려 했고, 보수유생들은 이를 명분론의 관점에서 격렬하게 성토했다. 양자가 대립하는 상황에서 일부 개신유학자들은 전통유학 사상에 바탕하여 서구 민권 개념을 이해하려고 시도했다.

2) 동아시아 민권론과 공공성

앞에서 본 대로 중국과 일본의 민권론은 국가주의와 강하게 연동되어 있고, 한국도 마찬가지이다. 오늘날 많은 연구자가 지적하는 문제점이기도 하다. 그런데 한국의 민권과 군주권과의 관계를 본격적으로 논하기 전에, 왜 그러한 동아시아적 특성이 나타났는가를 짚어볼 필요가 있다. 이를 동아시아인들이 공유하고 있었던 '공공성'에 대한 인식을 중심으로 살펴보고자 한다.

필자는 대한제국기 민권운동에 대해 '공적 영역의 구성을 선취하려는 투쟁'이라고 묘사한 적이 있다.[62] 전통적 '공-사' 구분을 근대적으로 변용하면서, 민권을 어디에 배치하느냐의 문제가 제기되었다고 본 것이다. 사권(私權)을 언급하는 경우라도 공공성

---

62 김종준, 『한국근대 민권운동과 지역민』, 56쪽.

을 획득하기 위해 안간힘을 쓸 수밖에 없었고, 그 공공성은 윤리적으로도 정당화되어야 했다. 결과적으로 '국가'가 절대적, 윤리적 공공성을 독점하면서, 특정 '민권운동'은 '사리(私利)'를 추구하는 '매국노'의 담론으로 전락했다. 앞서 언급한 바와 같이 이는 국가가 개인보다 절대적으로 우위에 서는 담론 구도가 형성되는 국면에서 매우 중요한 장면이다.

동아시아 지식인들이 공유해온 공공성 인식의 특징을, 서양의 그것과 비교하여 두 가지 들 수 있다. 첫째, 윤리적 판단이 강하게 개입된다는 점이다. 전근대 사회에서 통치권자가 자신의 권위를 내세울 때 종교와 윤리적 정당성에 바탕하는 일은 일반적인 현상이다. 그러나 특히 중국과 한국은 공공성과 도덕성이 구조적으로 강력하게 연결되어 있었다. 동아시아 권역 내에서도 일본의 공사 구분은 주로 영역적 개념이었지, 중국의 '천하의 공'처럼 원리적, 보편적인 공(公)은 아니었다. 중국 역시 처음부터 공(公)과 사(私)가 대립하는 개념은 아니었으나 유교문화의 발달 과정에서 그러한 성격을 띠게 되었다. 지배권력을 의미하는 공(公) 개념에 공평·공정을 의미하는 공(公) 개념과 다수·공동을 의미하는 공(共) 개념이 덧붙여지면서 공공(公共)이라는 복합개념이 탄생한 것이다.[63]

윤리적 기준에서 공(公)을 보기 때문에 사(私)는 대개 부정적으로 파악되었다. 물론 항상 그러한 것은 아니었다. 앞서 본 대로 서양에서는 개인의 자유·재산권에 기반하여 통치권력을 견

---

63   김정현, 「동아시아 公 개념의 전통과 근대 공동체의식」, 50~53쪽; 이승환, 「한국 및 동양의 公私觀과 근대적 변용」, 55쪽.

제하려는 움직임이 나타났다. 개인의 사적인 욕구는 윤리적으로 억제되어야 할 대상이 아니다. 개인 상호 간 상충되는 부분을 조정하면 되는 것이다. 동양 전통 사상에서도 인욕 중시 자체를 이단시하지 않고, 조선 후기 실학자들 역시 서양 민주주의자나 중국 양명학자들과 유사한 사고방식을 갖기도 했다.

19세기 말『독립신문』역시 사리(私利) 추구가 잘못이 아니라는 논리를 만들었다. 『독립신문』은 1897년 5월 27일자 논설을 통해 산업 개발을 강조했다. 바다에서 이익을 벌어들이자고 주장하며 "조선 사람도 외국 사람의 돈도 국중으로 끌어 들여 올 도리가 있고 국중에 부요한 장사가 많이 있어야 기외 국민의 유조한 사업들이 차차 생길 터이니 이런 사람은 정부에서도 특별히 보호하여 아무쪼록 국중에 큰 생재가 되게 하고 또 전국 인민을 벼슬 아니고라도 의식을 넉넉히 버는 길을 열어 주는 것이 나라를 중흥케 하는 기초"라고 했다. 국부(國富)와 개개인의 부(富)에 대한 욕망을 연결시키고 있다. 『독립신문』에서 간간히 나타나는 전당포에 대한 관심 역시 자본주의적 심성을 드러낸다. 왜냐하면 전통시대 일종의 죄악이었던 고리대업이 정당한 직업이 되어가는 과정이야말로 자본주의가 부(富)에 대한 욕망을 어떻게 승화시켜나가는가를 잘 보여주기 때문이다. 그러나 『독립신문』의 개인은 재산권과 관련하여 협소하게 언급될 뿐이었고, 그마저 공적 존재인 국가와 막연하게 연결되어 있었다. 개개인의 사적 이익을 조율하여 어떻게 하면 공공성을 띠게 할 수 있을까에 대한 진지한 고민은 발견되지 않는다. 즉, 19세기 말에서 20세기 초의 한국 사회에서, 인욕의 사(私)와 관련된 여러 범주들이 독립적인 가치와 의의를 지니지 못했다는 점은 분

명하다.[64]

둘째, 공공성을 담지할 주체가 한정되어 있다는 점이다. 루소는 사적 이익에 기반한 특수의지에 공공선을 지향하는 일반의지가 압도되는 경우도 있지만, 일반의지 자체는 파괴될 수 없다고 했다. 이 일반의지를 가지고 있는 이들이 바로 공동체의 구성원인 시민이다. 동아시아에서 사대부(관료와 사림)를 서양의 시민에 비유할 수 있다. 유가 전통에서도 통치 권력에 정당성을 부여하는 원천은 '천명→민심→공론'으로 변화해 왔고, 나름 진전의 과정으로 평가한다.[65] 통치자가 천명이라는 추상적 명제에 민심이라는 요소를 가미시켰다는 점에서 그러하다. 그러나 민에 대한 불신은 쉽사리 줄어들지 않았고, 민에게 통치권력을 견제할 힘도 주어지지 않았다. 따라서 민의 마음을 헤아려 통치권력의 정당성을 논할 세력(사림)을 설정하고, 이 과정을 '공론정치'라고 불렀다.

유학(幼學) 여중룡(呂中龍) 등이 일진회에 반대하며 『황성신문』에 투고한 내용을 보자.

우리나라에는 본래 사림의 공론이 있다. 열국에 근래 민권의 회의가 있다고 하는데, 그 이치를 궁구하면 같은 것이다. …… 위로는 종사를 받들고 아래로는 생령(生靈)을 살펴야 가히 인민의 대표가 될 수 있고, 인민의 공회(公會)라 말할 수 있다. 만약 조금이라도 어긋나 사적

---

64 박주원, 「『독립신문』과 근대적 '개인', '사회' 개념의 탄생」, 151~153쪽; 박영은, 「한국에서 근대적 공개념의 형성과 성격」, 282~285쪽.
65 이상익·강정인, 「동서양 사상에 있어서 政治的 正當性의 비교-儒家의 공론론과 루소의 일반의지론을 중심으로-」, 95~98쪽.

인 것을 용납하게 되면 결국 난잡한 부류가 단결함을 면하지 못할 것
이다.[66]

위 글의 투고자는 서양에서 선거를 통해 국회를 구성한다는
사실을 알고 있었다. 일진회가 그러한 역할을 하겠다고 나선 점
도 알고 있었을 것이다. 그런데 일진회는 국민 대표의 자격이
없다고 주장하면서 그들을 난잡한 부류로 몰아세우고 있다. 당
연히 일진회가 국민 대표 운운하는 것을 그대로 받아들이기는 어
려울 것이다. 다만 일진회의 잘못을 지적하면서 사적인 것을 추
구하는 무리, 의(義)를 버리고 이(利)를 쫓는 자들로 형상화하고
있는 점에 유의할 필요가 있다. 그렇기 때문에 이들이 공공성을
지닐 수 없다는 논리다. 반면 전통적으로 공공성을 담당해온 유
학자들이 서구의 민권과 같은 것이므로, 자신들이 공론 정치를
계속해야 한다고 주장한다. 사림의 공론 역시 선거를 통해 형성
된 것이 아님에도 불구하고, 공과 사, 의(義)와 이(利)의 대비 속
에서 공공성을 독점하려고 한 셈이다. 그 속에서 일반 민은 사적
이익을 쫓는 무리로 묘사되고, 불신의 대상이 되었다. 변혁 운동
이 새로운 공을 만들어 내지 못하면 또 하나의 사(私)로 취급받
고, 기존 지배 체제가 설정한 공 개념의 유효범위 안에서 '다른
사(私)'는 탄압받게 되는 것이다.[67]

같은 시기 개신유학자가 전제 정치를 비판할 때도 공 개념을
사용했다. 앞에서 살펴본 이기(李沂)는 『해학유서(海鶴遺書)』에서

---

66 『황성신문』, 1904년 11월 2일.
67 박영은, 「한국에서 근대적 공개념의 형성과 성격」, 300쪽.

공화, 입헌, 전제가 모두 동양 전통 시대에 존재했다고 보았다. 요순 시대에는 선양(禪讓)이 이루어졌기 때문에 현재 구미의 대통령을 선출하는 것과 다를 바 없으므로 공화라고 할 수 있다. 삼대(三代)에는 군주가 계승되긴 했지만 향촌에서 선비를 뽑아 군주를 비판할 수 있었으므로 입헌이다. 지금 서구인의 상하의원과 유사한 것이다. 그런데 점차 군권이 중해지고 민권이 약해지면서 전제정치가 되었다. 한때 맹자가 나와서 인민이 중하고 국군(國君)이 그 다음이라고 주창했으나 받아들여지지 못했다. 그러면서 전제정치는 군주가 그 나라를 '사유(私有)'하는 것이라고 비판했다. 동서양 역사상 정치체제를 망라하며 민의 정치 참여를 촉구하고 있는 것이다. 그러나 전통시대 정치 형태를 상기시키며 여전히 공론의 주체로서 사림의 역할에 주목한다. 일본인으로 대한자강회 고문을 맡았던 오가키 다케오(大垣丈夫) 역시 맹자 시대 이미 대의정치가 고안되어 있었다는 인식을 보였다.

사실 어떤 것이 공적인 것이고, 어떤 것이 사적인 것인지를 구분하는 일 자체가 권력의 작용이다. 상대적이기 마련인 공과 사의 영역과 범주를 정할 수 있는 힘, 그것이 곧 권력이기 때문이다.[68] 그래서 앞에서 필자가 민권운동을 '공적 영역의 구성을 선취하려는 투쟁'이라고 한 것이다. 이를테면 일진회 역시 자신들의 행위가 사적 이익이 아니라 공적 이익을 위한 것이라고 주장했다. 그러나 다양한 세력으로부터 여러 방면에서 공격과 무시를 당했다.

20세기 초, 공공성을 새롭게 독점한 것은 국민국가였다. 동아

---

68   사이토 준이치, 『민주적 공공성-하버마스와 아렌트를 넘어서-』, 35쪽.

시아 지식인들은 공공성을 점차 근대 국민국가의 이데올로기로 전환시켰다. 량치차오나 신채호가 강조한 공덕(公德)이 이를 잘 보여준다. 유가적 사대부의 덕성에 기반하여 국민국가를 상상하고, 공공성을 그 속에 귀속시켜 버렸다. 그러한 점에서 식민 국가 역시 크게 다르지 않았다. 식민 국가는 공·사 영역을 분리하는 데 적극적이었다. 식민지 시기 '공'은 가히 전방위적으로 등장했고, 적극적으로 공공 영역을 창출해 갔다. 총독부 기관지인 『매일신보』는 '사회'라는 영역을 설정해놓고, '질서'와 '도덕'의 관점에서 들여다 보았다. 1920년대 일본은 미국과 독일식 공민 교육의 영향을 받아 나름 공동체 구성과 시민 육성에 관심을 보였다. 그러나 1930년대 군국주의 경향 속에 '공민' 교육은 '황민' 교육으로 변질되었다. 제대로 된 참정권을 부여받은 바 없는 식민지 조선에서는 더욱더 공익·국익 우선의 이데올로기 교육이 시행되었다.[69]

한편 식민지인들은 지역사회에서 식민당국의 공공성 담론을 다시 전유해 갔다. 취약한 형태이긴 하지만 식민지인들의 공공성에 대한 관심은 시민대회의 형태로 발현되었다. 흥미로운 것은 민족 형성을 위한 저항 담론 역시 공공성을 중요하게 여겼다는 점이다. 즉, 어떠한 부면에서 보더라도 서구식 자유주의와 개인주의는 비판의 대상이 되었고, 이러한 특징은 현재까지도 이어지고 있다. 개인은 국가라는 공동체를 구성하는 수동적인 존재에 불과하며, 공적 영역은 물론 사적 영역에서조차 자신의 사

69　황병주, 「식민지 시기 '공' 개념의 확산과 재구성」, 60~63쪽; 김현주, 『사회의 발견: 식민지기 '사회'에 대한 이론과 상상, 그리고 실천(1910~1925)』, 172~174쪽; 조진, 「근대 일본의 공민교육과 공민교육의 본질」, 306~308쪽.

적 이익에 선행해서 국가 이익, 국가 목표의 실현을 도덕적 의무로 생각하는 관념이 강한 지적·문화적 전통으로 남아 있다. 또한 현실적으로도 국가가 공공성을 독점함으로써 얻게 되는 이득보다는 폐해가 훨씬 더 심하다. 본래 공공성은 공동체와 달리 일원적·배타적인 귀속을 요구하지 않는다. 그러므로 공동체에 대한 헌신을 요구하는 '국민국가'와 그렇지 않은 '공공성'은 다른 것이다.[70]

---

70 허영란, 「일제시기 지역사회와 식민지 공론장-장시갈등을 중심으로-」, 357쪽; 한상구, 「일제시기 지역주민의 집합행동과 '공공성'」, 121쪽; 윤해동, 「식민지 근대와 공공성: 변용하는 공공성의 지평」, 7~8, 28~29, 34쪽; 최장집, 『민중에서 시민으로-한국 민주주의를 이해하는 하나의 방법』, 100쪽; 이승훈, 「근대와 공공성 딜레마-개념과 사상을 중심으로-」, 35쪽; 사이토 준이치, 『민주적 공공성-하버마스와 아렌트를 넘어서-』, 28~29쪽.

2부

고종시대 군주권과
민권을 바라보는
역사적 시각

1
고종시대 군주권의 위상과 민권 인식

'1) 고종시대 군주권 관련 쟁점'과 '2) 한국사 교과서의 대한제국기 입헌군주제 서술', '3) 고종시대 군주권의 위상'에서는 대한제국기 군주권의 문제를 연구사적으로 짚어보고자 한다. 근래 들어 한국사학계는 근대 국민국가 건설을 당위나 과제로 설정하는 것에 대해 꾸준히 문제를 제기했다. 또한 전제군주제 대(對) 입헌군주제라는 이항대립적, 도식적 이해에서 벗어나야 한다는 문제제기도 계속되고 있다. 그래야 역사적 실상에 부합할뿐더러, 당대인들의 관점을 다양한 시각으로 관찰하는 것이 가능해진다는 입장이다. 한국 근대사에서 입헌정체론 논의는 크게 1880년대 유길준, 박영효, 1890년대 독립협회, 1900년대 애국계몽운동 단체들의 세 단계로 나뉜다. 이 중 역사학계의 관심은 독립협회 단계로 몰리는데, 그나마 한국의 근대 국민국가 건설 방향을 결정하는 데 있어 선택의 여지가 있었다고 보기 때문이다. 이 시기 입헌군주제 문제에 대한 학계의 시각을 알아보고, 고등학교 한국사 교과서 서술을 분석하여 대중적인 인식은 어떠할지 추정해

보았다. 기존 연구들은 고종시대 군주권과 민권의 관계를 정확하게 포착하고 있을까? '4) 고종의 민권 인식'에서는 고종의 입장에서 민권이란 실제로 어떠한 수준의 것이었을지 당대 자료를 통해 살펴보았다.

1) 고종시대 군주권 관련 쟁점

한국 근대사에서 입헌군주제에 관한 기존 연구들이 기본적으로 공유하고 있는 인식을 살펴보자. 군주권을 제한할 수 있는 정치체제를 만들어야 하는데 그 추동력을 제공한 것이 민권이다. 이전보다 많은 인민이 정치에 참여하여 의회를 구성하고, 의회에서 만든 헌법으로 군주권을 제한해야 한다. 그래야 애국심에 바탕해 국권도 진정으로 강해질 수 있는 법이다. 즉, 여기서 핵심어는 군주권, 민권, 국권이며, 당대 지식인들이 이들 용어를 어떻게 배치했느냐에 관심을 기울였다. 시기적으로 보면 1880년대 유길준과 박영효는 군주권, 민권, 국권 개념을 수용해서 배치하는 단계에 머물렀고, 1890년대 후반 독립협회 활동기에 가야 입헌정체론 실현을 위해 민권운동이 추진된 것으로 보았다. 1904년 이후 애국계몽운동기에는 국권회복운동의 관점에서 입헌정체론의 의미를 찾으려고 했다. 이 중 독립협회의 정체론에 대해서는 군주는 상징으로 두고 민권에 기초한 영국형 입헌군주제를 실현하려 했다는 견해와 군주관과 민중관, 대외관의 한계를 들어 제한군주제 하의 입헌군주제로 보는 견해가 대립했다.[1] 개화지식인들의 입헌정체론을 이상적인 형태로 보는 견해는 많이 극복되었지만, 여전히 "애국계몽파가 자유민권사상을 바탕으로 하여 전통적인 군주＝국가관을 부정하고, 국민을 위한, 국민에 의한, 국민의 국가 곧 근대 국민국가관을 가지게 되었으며, 헌법의 발포와 국회의 설립을 통한 국민국가 건설의 논리를 폈다"는 시각도 유지되고 있다.[2]

그러나 한편으로 군주권, 민권, 국권 간의 관계 설정을 두고, 새로운 시각들도 등장했다. 크게 세 가지로 나눌 수 있다. 첫째, 군주권과 민권, 국권의 관계가 상호 배타적이지 않았다는 신진 정치학자들의 지적이다. 특히 유길준과 박영효 등에 주목하여 이들에게 민권은 국권 함양을 위한 정치적 동원의 성격을 띤 것이었고, 전통 유교사상이나 군주권과도 배타적이지 않았음에 주목했다.[3] 이는 민권이 개인의 권리와 별개의 차원에서 인식되었다는 사정과도 관련된다.[4]

둘째, 군주권 강화의 의미를 재해석해야 한다는 요구이다. 이는 고종과 대한제국 정부에 대한 재평가이기도 하다. 2000년대

---

1   최덕수, 「독립협회의 정체론 및 외교론연구-독립신문을 중심으로-」, 203~213쪽.
2   유영렬, 『대한제국기의 민족운동』, 317쪽.
3   김신재, 「한국근대의 정치체제개혁론 연구」, 1994; 김봉렬, 「유길준 개화사상에서의 전통인식」; 김현철, 「박영효의 『1888년 상소문』에 나타난 민권론의 연구」; 정용화, 「안과 밖의 정치학: 19세기 후반 개화개혁론에서 국권·민권·군권의 관계」; 장휘, 「박영효와 유길준의 개인의 권리(individual rights)와 시민의 권리(civic rights): 유교적 국가관과 서구적 인권 개념 수용」; 전복희, 「애국계몽기 계몽운동의 특성」; 이하경, 「대한제국 시기 군주권 강화와 민권 확대 논의의 전개: 주권론을 중심으로」; 정상우, 「개화기 군민동치 제도화 과정 및 입헌군주제 수용 유형 연구」 참조.
4   이나미, 「19세기 말 개화파의 자유주의 사상: 『독립신문』을 중심으로」; 박주원, 「『독립신문』과 근대적 '개인', '사회' 개념의 탄생」; 김민석, 「『독립신문』의 '독립'론과 '민권'론」; 박주원, 「『대한매일신보』에 나타난 '개인' 개념의 특성과 의미」 참조.

초중반 고종 개인과 대한제국에 대한 상반된 평가가 학계 내외의 논쟁으로 불거졌다. 여러 가지 논점이 있었지만 군주권의 위상을 둘러싼 문제를 보면, 비판하는 쪽에서는 고종 대 군주권이 '전제적'이라는 점에 초점을 맞추었다. 우선 정치적으로는 사법·행정·군사·재정·외교 등 국가의 모든 권력이 국왕 일신에 집중돼 있었고 '대한국국제'가 이를 잘 보여준다. 다음으로 황실 재정의 팽창은 '전제적 권력구조의 재정적 표현'으로 규정된다. '근대 국가의 기본 조건인 통치자의 재정과 국가 재정의 경계를 명확히 해 통치자의 자의적인 재정 운영을 방지함으로써 통치자의 전제를 방지하고 납세자인 국민의 재산을 보호하는' 일을 하지 못했다.[5]

다시 말해 정치·경제적으로 군주에게 권력이 집중되고, 이에 대한 통제가 이루어지지 못해 국민의 재산권이 지켜지지 않았다. 물론 이때의 재산권은 앞서 로크의 경우에서 보듯 물질적 자산뿐만 아니라 생명 및 권리의 보호까지 의미하는 것이다. 즉 강력해진 군주권 때문에 민권이 약해졌다는 의미를 내포한다. 뒤에서 서술하겠지만 당대 민권운동의 가장 강력한 주창 세력이었던 일진회가 제일 전면에 내세운 구호가 바로 '인민의 생명과 재산 보호'였다. '전제적'인 권력에 바탕한 국가의 횡포 때문에 생겨난 민들의 불만이 일진회 활동을 촉발시켰다. 현 시점에서 고종과 대한제국 정부에 대한 비판의 요지 역시 일진회의 주장과 일맥상통하는 부분이 있다.

그러면 고종과 대한제국 정부를 옹호하는 입장에서는 무슨 이

---

5   김재호, 「대한제국에는 황제만 산다」, 38쪽.

야기를 했을까? 애초 고종 대 군주권을 둘러싼 논쟁은 이태진의
다음과 같은 문제제기로 본격화 되었다.

민권운동의 효시로 알려진 독립협회의 관민공동회·만민공동회가 일본
공사관이 새로 출범한 대한제국 황제권을 교란할 목적으로 협회 지도
부의 일부 친일분자들을 사주하여 일으킨 소요의 성격을 가지고 있다.
나로서도 무척 당황스런 연구결과였지만, 우리의 근대사는 이처럼 왜
곡의 마수가 깊이 박혀있는 실정인 것이다.[6]

'부당한' 전제 군주권에 대한 대항축으로 민권운동을 설정했
고, 여기서는 '친일', '침략', '식민사학'과 직접적으로 연결된다.
그러다 보니 민권운동의 공격 대상이었던 군주권은 자동적으로
'반일', '자주', '민족사학'과 짝이 지워진다. 나아가 고종이 '당시
의 상황에서는 황제 중심의 전제정치가 곧 독립의 기초를 견고하
게 다질 수 있는 유일한 길'이라고 인식했거나 '『형법대전(刑法大
全)』을 통해 민권도 보호'하려 했다고 지적한다.[7] 군주권에 대한
비판이 독립협회·일진회 등 민권운동 세력의 주장에서 쭉 이어
져 온 것이라고 한다면, 군주권 옹호의 논리 역시 전제군주권을
통해 자주독립을 지킬 수 있다는 고종과 측근 세력의 주장을 계
승한 것이라고 말할 수 있다. 1897년 8월의 상소문에서는 군주
가 간섭을 받지 않고 정치적 권한을 행사하는 '전제(專制)'를 '자
주'의 개념과 연결시키는 논법도 발견된다.

---

6   이태진, 『고종시대의 재조명』, 6~7쪽.
7   이태진, 『고종시대의 재조명』, 78, 85쪽.

여기서 다시 문제가 되는 것은 '전제적 권력'의 의미이다. 한 편에서는 당대의 조건이나 상황과 무관하게 '전제적 권력'은 그 자체로 비판의 대상이며, 극복의 대상이다. 다른 한편에서는 이와 달리 '당대의 조건이나 상황'이 '전제적 권력'의 역사적 의미를 좌지우지할만큼 큰 변수라고 여긴다. 그렇다면 여기서 논쟁은 '조건이나 상황', '전제적 권력의 보편적 의미' 중 무엇이 중요한 것인가로 진전되어야 한다. 그러나 양쪽 모두 '조건이나 상황'을 무시하거나 '전제적 권력의 보편적 의미'를 외면하는 편향성을 보인다. 즉, 앞서 살펴본 것처럼 서구와 동아시아 근대사에서 군주권 문제에 비추어 우리의 경우를 정리해 볼 필요가 있다. 서구와 동아시아 근대사에서 군주권 논쟁을 보면 그 속에는 '전제적 권력'의 보편적 의미와 개별 국가마다 갖는 특수한 상황이 모두 들어가 있다.

이처럼 2000년대 초중반 고종 군주권 논쟁은 서구와 동아시아와의 비교가 제대로 이루어지지 않았다는 점에서 이론적인 문제점을 안고 있다. 뿐만 아니라 자료적 측면에서도 아직 미흡한 부분들이 있다. 이를 테면 자료 선택의 과정에서 연구자의 선입견이 작용하거나 자료 취합 자체가 특정 영역에 편중되어 있다. 특히 경제·재정적 결과물에 근거하여 고종의 정치 사상을 역추적한다는 점에서 한계가 드러난다. 물론 역추적 자체가 부적절한 방법론은 아니다. 하지만 경제 영역을 통해 정치 영역을 추정하고, 결과물을 통해 행위자의 의도를 추정해야 하는 만큼 자료 분석에 한층 더 세심해질 필요가 있다.

셋째, 친일 세력의 민권론과 민권운동에 주목한 연구가 등장했다. 친일단체의 국가론이나 계몽운동이, 애국단체의 그것과 유사하다는 지적이 있었다.[8] 친일단체의 대표격인 일진회 활동을 민권운동으로 인정하고 민권론과 국수론(國粹論)의 대립·교체 과정을 살펴보자는 제안도 있었다.[9] 그러한 관점에서 보면 민권운동을 민족운동, 즉 국권회복운동에 종속된 것으로 보는 것은 잘못이다. 일진회가 독립협회를 계승하여 민권운동을 전개했다는 역사적 사실이 누락되기 때문이다. 일진회의 민권론은 『대한매일신보』 등의 '국권 종속형 민권론'과는 달리 '관권 저항형 민권론'으로 규정되었고, 오히려 비기득권 세력의 정치·경제적 이해관계를 충족시켜 주면서 지지 기반을 형성하고 실체를 갖춘 것으로 평가받는다.[10]

위의 세 가지 시각은 이 시기 군주권, 민권, 국권의 위상에 대한 입장이나 역사상 자체가 다르다. 그럼에도 불구하고 이들 연구가 공통적으로 문제삼고 있는 것은 바로 군주권, 민권, 국권의 관계가 생각보다 단순하지 않다는 점이다. 군주권, 민권, 국권의 관계에 대해 독립협회 활동기로 한정하여 살필 때 다음 두 가지 쟁점이 부각된다.

첫째, 대한제국 시기 군주권 강화를 어떻게 볼 것인가의 문제이다. 고종은 나름대로 서구 정치체제를 인지하고, 서양인 고문을 통해 과도기적 절대군주제 실시가 더 효율적이라는 입장이었다. 독립협회 입헌군주제 논의의 한 축을 담당하던 윤치호 역

---

8   김도형, 「일제침략초기(1905~1919) 친일세력의 정치론 연구」, 31~48쪽.
9   정숭교, 「한말 민권론의 전개와 국수론의 대두」, 6쪽.
10 김종준, 「대한제국기 민권운동 연구의 재인식」, 581~582쪽; 김종준, 「한말 '민권' 용례와 분기 양상」, 132쪽; 김종준, 「동아시아 3국 근대 민권운동의 보편성과 특수성」, 394쪽.

시 이러한 생각을 일부 수용하고 있었다. 그렇다면 이 시기 입헌군주제 논의를 좀 더 새롭게 들여다보아야 할 필요가 있다. 즉, 대한제국기 입헌정체 논의에서 고종 역시 하나의 행위 주체로 놓아야 한다. 이 시기 군주권과 민권을 이항대립적인 것으로 설정하고 개화지식인들의 입장을 당위적으로만 파악할 경우, 개화지식인들의 군주권 인식이 일관되지 않았던 이유를 설명하기 어렵다. 이 점은 앞서 첫 번째로 제시한 새로운 시각과도 관련된다. 애초 민권이 개인의 권리보다 국권 강화를 위한 수단으로 여겨졌다면, 군주권과의 관계도 상황에 따라 다르게 설정될 수 있기 때문이다.

둘째, 서구와 동아시아의 입헌정체론이 너무 도식적으로 이해되고 있는 문제이다. 이에 대해서는 이미 살핀 바 있다. 1970년대에 역사학계에서는 이미 독립협회의 입헌군주제 유형을 둘로 나누어 우리가 받아들인 입헌군주제는 독일형이라고 지적했다. 즉, 영국·프랑스형과 독일형은 구분되어 있었다. 그러나 독일형은 그저 상대적으로 '후진적'이라는 선입견이 강했다. 독일에서 보편적 자유·평등의 개념보다 강력한 군주권 하에 애국심 고취를 중시하는 정치체제가 자리잡아 가는 맥락, 그리고 동아시아 개화지식인들이 국권 상실의 위기감 속에서 이 같은 입헌군주제를 수용해 가는 맥락에 대한 고찰이 부족했다.

2) 한국사 교과서의 대한제국기 입헌군주제 서술[11]

고종 대 군주권에 대한 일반인의 인식을 알아보기 위해 고등학교 한국사 교과서 및 동아시아사 교과서에서 대한제국 시기, 그 중에서도 독립협회 단계 입헌군주제 논의를 어떻게 서술하고 있는지 살펴보고자 한다. 학계의 이해 수준과 어느 정도 부합하는지, 교과서 별로 차이가 있는지 검토가 필요하다. 2019년까지 학교 현장에서 사용된 검정교과서 8종을 골랐다. 2014년 3월에 발행된 교과서로, 독립협회가 자주독립, 자유민권을 중시했다고 서술했다. 독립협회의 입헌군주제 관련 부분은 의회 개설 과정에서 나온다. 교과서 별로 정리하면 〈표 1〉과 같다.

8종 교과서가 공통적으로 박정양 내각과의 협의를 통해 중추원 관제 반포에 성공했다고 서술한다. 그러나 역사적 의미 부여에서는 출판사 별로 미묘한 차이를 보인다. 3종 교과서(리베르·미래엔·지학사)는 의미 부여에 적극적이다. '우리나라 역사상 최초로 의회가 설립될 단계에 이르렀다'(미래엔·지학사)거나 '근대적인 상원 형태로 개편되었다'(리베르)고 했다. 이 3종은 '최초'와 '근대'를 강조했다. 다른 3종의 교과서(금성출판사·비상교육·천재교육)는 비교적 담담하게 주요 사안을 서술했는데, 그 중 금성은 입헌군주제와 '유사한' 정치체제를 지향했다고 명기했다. 독립협회의 지향이 '이상적인' 입헌군주제와는 다르다는 점을 은연중에 전제한 것이다. 반면 두산동아는 독립협회가 국민이 직접 참여

---

11 「대한제국기 입헌군주제 논의와 한국사 교과서 서술」(『역사교육 144』, 2017)을 일부 수정·보완한 것임.

표 1   2014년 고등학교 한국사 교과서의 독립협회 활동기 입헌군주제 관련 서술

번호	출판사	내용
1	교학사	당시 독립협회는 박정양 내각과 공조하면서 중추원 관제를 개편하려고 했고, 이후에도 내각과 협조하면서 내정 개혁을 추진했다. 이에 보수 세력과 일본은 독립협회가 황제를 폐위하고 공화국을 세우려고 한다는 거짓 보고를 고종에게 올렸다. 한편, 일본도 대한제국의 성장을 막기 위해서 독립협회의 지도부에 있는 친일 인사를 사주하여 반정부 투쟁을 벌이도록 하였다.
2	금성 출판사	독립협회는 입헌군주제와 유사한 정치체제를 지향했는데, 이를 위해 국정 자문 기관인 중추원이 의회 기능을 일부 수행할 수 있도록 중추원 관제를 개정하려고 하였다.
3	두산 동아	독립협회는 종래 자문 기관이었던 중추원을 의회로 개편하고자 했다. 정부도 독립협회와 협의하여 중추원 관제를 새로 반포했는데, 중추원은 입법권, 조약 비준권, 정부 정책에 대한 심사권과 건의권을 가진 의회와 같은 기능을 갖고 있었다. 그러나 국민이 직접 참여하는 선거 제도나 하의원의 설치에는 반대하였다.
4	리베르	독립협회는 의회 설립에 의한 국민 참정 운동을 본격적으로 전개했다. 독립협회는 이와 같은 활동을 통해 보수적 내각을 퇴진시키고, 진보적인 박정양 내각을 수립하게 하는 데 성공했다. …… 독립협회는 박정양 내각과 협의하여 국왕 자문 기구인 중추원을 근대적인 상원 형태로 개편하기로 하였다.
5	미래엔	헌의 6조는 수구 세력의 방해로 고종의 마음이 변하면서 그 실현이 좌절되었다. 그렇지만 독립협회는 박정양 내각과 협상을 벌인 끝에 새로운 중추원 관제를 반포하게 했다. 그 결과 중추원이 우리나라 역사상 최초로 의회와 같은 기능을 할 수 있는 계기가 마련되었다.
6	비상 교육	독립협회는 박정양 내각과 협의하여 의회 설립과 내정 개혁을 추진했다. 중추원을 개편하여 독립협회 구성원들이 정치에 참여할 수 있는 통로를 마련하고자 했다. 나아가 독립협회는 정부 대신들까지 참석하는 관민공동회를 종로에서 개최했다. 관민공동회에서 독립협회와 정부 대신들은 헌의 6조를 채택했다. 고종은 이를 수락하고 중추원을 새로 구성하도록 하였다.
7	지학사	독립협회는 중추원을 개편하여 의회 기능을 도입하려고 했다. 그리고 정부 대신들까지 참석한 관민 공동회를 개최하고 황제에게 바칠 헌의 6조를 채택했다. 고종은 이를 받아들여 시행할 것을 약속하고 중추원을 의회식으로 개편하는 관제를 반포했다. 이로써 우리나라 역사상 최초로 의회가 설립될 단계에 이르게 되었다.
8	천재 교육	독립협회는 윤치호를 중심으로 민권 운동과 개혁 운동에 치중했다. 여러 차례 만민공동회를 개최하고 정치·사회의 여러 문제에 대한 토론회를 벌여, 의회 설립과 보수 관료의 퇴진을 주장했다. 이후 새로 수립된 개혁 내각의 대신까지 참석한 관민공동회에서는 헌의 6조를 채택하여 고종의 재가를 받았다.

하는 선거 제도니 희의원 일치에 반내했나는 점을 덧붙여 한계를 명확히 했다. 다른 교과서는 독립협회의 한계를 대개 탐구 활동에서 고찰하게 했다. 교학사는 독립협회 반정부 투쟁의 배후에 일본이 있다고 쓴 점이 특이하다. 앞서 새로운 시각에서 보았듯이 독립협회를 친일과 연결시키는 구도 속에는 대한제국을 '반일 자주'와 연결시키려는 의도가 숨겨져 있다.

교과서에서 독립협회와 고종의 관계는 주로 해산 과정에 관한 설명이 주를 이룬다. 대부분 보수 세력의 모함으로 고종이 군대를 동원하여 만민공동회와 독립협회를 강제로 해산시켰다고 기술한다. 그런데 교과서마다 해산의 주체를 미묘하게 다르게 서술했다. 교학사, 금성출판사, 두산동아, 리베르, 미래엔, 비상교육, 지학사, 천재교육은 모두 강제 해산의 주체가 고종임을 밝혔다. 반면 비상교육과 지학사는 해산 명령을 내린 것은 고종이지만, 해산시킨 주체는 '정부'라고 표기했다. 이들 교과서를 보면 독립협회와 대립한 것은 '정부'이며, 고종은 전면에 나서지 않았던 것처럼 보인다. '정부'라는 표기에 별다른 의미가 없을 수도 있지만, 고종과 독립협회, 즉 군주권과 민권이 서로 대립하기만 한 것은 아니라는 연구사를 참조했을 가능성도 있다.

사실 독립협회가 지향했던 입헌군주제에 대한 교과서 필자들의 가치 판단과 개성은 각종 탐구 활동을 통해 더 분명하게 드러난다.

8종의 교과서는 탐구 활동을 통해 독립협회의 의의를 짚고 있다. 관련 사료를 제시하여 독립협회가 지향한 정치체제가 무엇인지 추론하게 한다. 그 정치체제가 대한제국의 그것과는 다르다는 것을 알리기 위해서 대개 헌의 6조와 대한국국제를 함께

표 2 2014년 고등학교 한국사 교과서의 독립협회 입헌군주제 관련 탐구 활동

번호	출판사	내용
1	교학사	〈사료 탐구〉 '독립협회의 한계'에서 '제국주의와 서양 문명에 대한 인식', '민중에 대한 인식', '동학농민군과 의병에 대한 비판'을 들어 백성을 교화의 대상으로 보고, 동학농민군과 항일 의병 운동가들을 '비도'로 보았다고 지적.
2	금성 출판사	〈더 알아보기〉에서 '민회에 대한 두 가지 생각'이라고 해서 윤치호가 민회에서 서구식 의회를 떠올리고 고종이 민란을 떠올렸음을 대조시킴. 특히 "민권이란 측면에서는 고종이 '민란'이라는 부정적인 표현 대신에 '민회'라는 중립적인 표현을 쓴 것만 해도 큰 진전이었다. 1904년에 동학 세력이 재기해서 집회를 열 때도 이를 민회라고 불렀다. 1894년의 민란이 10년 만에 민회로 바뀐 셈이다"라고 서술.
3	두산 동아	〈생각하는 탐구 활동〉에서 '독립협회에서 국제를 만들었다면 어떻게 만들었을지' 생각해보기 제시.
4	리베르	〈탐구 활동〉에서 독립협회 활동을 자주독립, 자유민권, 자강혁신 운동으로 나누어 보라고 제시.
5	미래엔	〈탐구 활동〉에서 '독립협회의 의의와 한계'라는 제목 아래 '윤치호 등의 상소문(1898)'을 제시하여 '국민 참정권 주장'을 독립협회의 의의로 설명.
6	비상 교육	〈탐구 과제〉에서 '독립협회가 추구한 정치체제는 무엇일까'라는 문제 제시하고, 러시아 사관 축출 관련 기사와 헌의 6조 자료 제시.
7	지학사	〈탐구 활동〉에서 '자주 의식의 필요성' 관련 자료로 독립협회가 전개한 활동을 조사하고, '민권 의식의 중요성' 관련 자료로 독립협회가 지향한 정치체제를 말해 보는 활동 제시. 또한 헌의 6조와 대한국 국제를 제시한 후 각각 추구하는 정치체제는 무엇인지, 대한제국이 독립협회를 탄압한 까닭은 무엇인지 추론해 보도록 함.
8	천재 교육	〈자료 읽기〉에서 의회 개설 관련 상소를 소개하여 독립협회가 의회 설립을 통해 국민 참정을 실현하고 정치 형태로 입헌군주제를 구상했다고 설명. 〈활동하기〉에서 헌의 6조와 중추원 신관제를 제시한 후 '자유민권'과 '자주국권'에 해당하는 조항을 나누어 찾게 하고, 독립협회가 추구한 정치 형태가 무엇인지 설명하게 함.

제시했다. 두산동아는 '독립협회에서 국제를 만들었다면 어떻게 달랐을까'라는 질문을 통해 각각을 구분하게 했고, 지학사는 그 차이가 대한제국의 독립협회 탄압으로 이어졌음을 깨닫게 했다.

득, **독립협회**의 입헌정체론을 대한제국과 비교하여 그 역사적 의의를 부여했다. 이 같은 비교를 통해 학생들은 전제군주제와 입헌군주제를 이항대립적으로 파악하게 된다. 표현상으로는 '생각해 보기'이지만 실제로는 정해진 답을 유도하는 질문이다.

그뿐만 아니라 독립협회 사상과 운동 전반에 대한 도식적인 분류가 나타난다. 자주독립, 자유민권, 자강혁신의 구분법이 그러하다(리베르). 이러한 구분법은 1970년대 초기 연구에서 제시한 '자주독립', '자유민권', '자강개혁'의 구분법을 거의 그대로 가져온 것이다.[12] 이는 독립협회의 사회사상이 오늘날에도 찾아보기 힘든 '완벽한 구조'를 지녔다고 전제하는 것으로, 이미 그 연구사적 한계가 지적된 바 있다.[13] 독립협회의 사상이 완벽하다고 전제하는 순간, 이 전제에 반하는 수많은 자료들은 외면당할 수밖에 없다. 그리고 사상의 '이상형' 역시 역사적 연구 대상으로 다루어져야지, 막연하게 가치 판단의 기준이 되어서는 곤란하다.

이에 반해 교학사는 독립협회의 한계를 드러내는 데 적극적이다. 제국주의, 서양 문명, 민중, 동학농민군, 의병 등에 대한 인식에서 각각 문제가 있었다는 것이다. 물론 학계에서 이미 지적된 사항이나, 독립협회 활동이 갖는 역사적 의미는 배제한 채 단편적인 인식들을 모아 '한계'라고 규정짓는 것은 편향적이다.

총체적으로 보면 독립협회의 입헌정체론 및 활동과 관련해

---

12 신용하, 『독립협회연구-독립신문·독립협회·만민공동회의 사상과 운동-』, 144쪽.
13 주진오, 「사회사상사적 독립협회 연구의 확립과 문제점-신용하, 『독립협회 연구』를 중심으로」, 341~342쪽.

서 그 의의와 한계가 도식적으로 제시되고 있다. 그런 점에서 금성출판사의 탐구 활동은 흥미롭다. '민회'라는 단어를 두고 윤치호와 고종이 서로 다른 것을 떠올렸다며, 이를 다시 1894년과 1904년의 동학농민운동과 연계시키고 있다. 개화지식인과 군주에게 각각 민이란 실질적으로 어떠한 존재였는지 생각하게 한다. 군주권와 민권의 관계에 대해서 생각할 여지를 주는 것이다. 이러한 질문에는 답이 정해져 있지 않다. 학계에도 정설이 없기 때문이다. 그렇다고 무책임하거나 막연한 질문도 아니다. 오히려 이상적으로 설정된 입헌군주제나 한계로 지적되는 우민관의 당대적 맥락을 구체적으로 생각해 보게 한다. 감정이입이나 상상의 여지를 남긴다는 점에서 역사적 사고력 함양에도 도움이 된다.[14]

다음으로 과거 고등학교 한국사 교과서 분석을 통해 시계열적 비교를 해보겠다.

먼저 1950년대 교과서에는 독립협회에 대한 서술이 거의 없었다. 1970년에 들어오면서 비로소 독립협회 활동의 의미가 등장했으나, 자주, 민권, 자유 등의 추상적 개념만이 나열될 뿐 구체적인 서술은 보이지 않는다. 독립협회 활동 서술에 큰 변화가 나타나기 시작하는 것은 1970년대 중반 3차 교육과정 때이다. 대외적으로 자주독립, 대내적으로 자유민권을 지향했다고 강조했다. 1975년 중학교『국사』는 명시적으로 민중의 정치 참여를 부각시키고 민족 운동이자 민권 운동, 대중 운동이라는 점에서 종래의 개화 운동과는 다르다고 평가했다. 민의 정치 참여가 언급되면서 입헌군주제 문제가 본격적으로 등장하지만, 민권 운동을 민

14　송상헌,「역사적 사고」, 364쪽.

족 운동에 종속시키는 전형적인 논법이 확립되는 때이기도 하다. 1980년대 4차 교육과정에서는 독립협회의 사상이 자주독립, 자유민권, 자강개혁으로 좀 더 정형화된다. 1970년대 후반의 독립협회 연구성과가 교과서에 반영된 것이다. 이러한 구분법은 '자주독립'이 '자주국권'으로 바뀐 채 7차 교육과정까지 이어졌고, 앞에서 본 대로 현행 일부 검정교과서도 채택하고 있다. '최초의 근대적 의회 민주주의 정치 사상', '민의를 국정에 반영하여 근대 개혁을 추진하려는 국민 참정 운동', '우리나라 역사상 최초의 국회 설립 단계' 등의 긍정적 평가는 1980년대와 1990년대에 절정에 달한다. 5차와 6차 교과서는 독립협회 관련 내용이 거의 동일하다.

이 같은 긍정적 평가는 기본적으로 2000년대 7차 교육과정까지 이어지지만, 한계에 대한 지적이 이전보다 엄밀해지기 시작한다. 7차 교육과정의 『국사』는 시민의식이 성숙하지 못한 상태에서 독립협회가 서구식 입헌군주제의 실현을 목표로 했기 때문에 보수 세력의 지지를 받지 못했다고 서술했다. '서구식' 입헌군주제의 의미를 구체적으로 논하지는 않았으나, 입헌군주제를 단일한 형태로 보지 않았다는 점에 의미가 있다. 같은 시기 검정교과서 『한국 근·현대사』에는 좀 더 학술적인 분석이 제시되었다. 6차 교육과정의 서술을 그대로 따르는 경우도 있었지만(두산), 군주권 제한 여부에 따라 독립협회의 정체론이 둘로 나뉜다는 논리(금성출판사)는 이전 교과서들과 상당히 차별화되는 것이었다. 아울러 초보적인 형태지만 탐구과제가 제시되기 시작했다. '독립협회의 민권 보장책과 현재의 헌법 조항을 비교'한다든가 '독립협회가 주장한 정치 제도가 실현되지 못한 이유를 생각해 보라'

표 3   역대 한국사 계열 교과서의 독립협회 활동기 입헌군주제 관련 서술

번호	교육과정	내용	출처
1	1차	정부 정책을 비난함.	1956년, 이병도 저, 『국사』
2	2차	보다 광범한 자주, 민권, 자유 운동의 전개를 위하여 만민공동회를 주최함. 성숙되어 가던 자주독립과 대의 정치의 태동은 무참하게 꺾였으나, 그 자주 정신은 그 후 오랫동안 우리 민족의 가슴 속에 아로새겨져 빛을 남김.	1970년, 『국사』
3	3차	외세에 의한 이권 착취로부터 국가의 이익과 권리를 지켜 자주독립 국가를 이룩하고, 안으로는 봉건적 압제정치로부터 국민의 자유와 권리를 펴 개화된 사회를 만들려는 것을 이상과 목적으로 함. 자유민권 정신을 우리 땅에 심고자 한 첫 노력이었으며, 또 민족 주체의 자율적 근대화를 위한 최초의 노력.	1977년, 『국사』
4	4차	위기를 극복하고 부국강병을 기약하는 자주독립, 자강 혁신과 자유민권 운동의 중심 조직이 독립협회. 독립협회를 통해 민중의 근대적 정치 의식 고양. 입헌의회 설치를 주장하여 한국 역사에서 최초로 근대적 의회 민주주의 정치 사상을 제창. 정부는 한때 이를 받아들여 실현하려고 했으나, 급진적 개혁 요구와 세력 신장에 놀란 보수적 집권층은 탄압 시작. 독립협회의 사상은 자주독립 사상, 자유민권 사상, 자강개혁 사상으로 구성.	1982년, 『국사』
5	5, 6차	계몽 운동에 의하여 국민의 근대적 정치 의식이 향상되고, 시민들의 호응과 참여도가 높아져서 민중 속에 뿌리 내리게 됨. 자주국권 운동이 전개되는 과정에서, 민중의 힘이 증대되고 민권 의식이 고양되어, 자유민권 운동도 전개. 민의를 국정에 반영하여 근대 개혁을 추진하려는 국민 참정 운동 전개. 정부와 협상을 벌여 관선 의원과 민선 의원을 같은 수로 하는 의회식 중추원 관제를 반포하게 하여, 우리나라 역사상 최초로 국회가 설립될 단계까지 이름. 그러나 보수 세력의 모함으로 해산. 자주국권 사상, 자유민권 사상, 자강개혁 사상으로 구성.	1990년, 『국사』; 1996년, 『국사』

번호	교육과정	내용	출처
6	7차	자주국권 운동, 자유민권 운동, 국민 참정권 운동 전개. 중추원을 개편하여 의회를 만들려고 함. 그러나 시민의식이 아직 성숙하지 못한 상태에서 서구식 입헌군주제의 실현을 목표로 했기 때문에 보수 세력의 지지를 얻지 못함. 대한제국의 개혁 정책은 집권층의 보수적 성향과 열강의 간섭으로 큰 성과를 거두지는 못함.	2005년, 『국사』
7	7차	독립협회 내에는 정국 운영을 둘러싸고 두 의견. 하나는 서재필을 따르는 인사들로 정부의 전제 군주정안을 거부하고 군주의 권한을 제한하려 함. 또 하나는 윤치호, 남궁억 등을 따르는 인사들로, 정부에 협조하여 국권을 수호하고 민권을 신장하는 데 노력. 전제 황권을 굳게 다져 대내 개혁을 추진하면서 국권을 강화하고자 했던 것. 자주국권, 자유민권, 자강개혁을 내세우며 국권 강화를 위해 노력한 독립협회 활동에 대해 알아보는 활동.	2003년, 『한국근·현대사』, 금성출판사
8	7차	자주국권 운동이 성공적으로 전개되는 과정에서 자유민권 운동도 전개. 민의를 국정에 반영하려는 국민 참정 운동 전개 독립협회의 민권 보장책의 내용을 현재의 우리나라 헌법 조항과 비교하는 탐구과제. 당시 사람들은 독립협회 활동을 어떻게 보았는지 읽기자료. 독립협회의 자유민권 운동은 입헌군주제의 실현을 위한 의회 설립 운동으로 진전. 우리나라 최초의 민주주의 정치 운동, 근대적 민족주의 운동. 보수적 집권 세력의 탄압, 급진 소장파의 과격한 투쟁, 지도력 부족, 시민 세력의 미성숙 등으로 한계.	2003년, 『한국근·현대사』, 두산
9	7차	의회 설립을 통하여 근대 개혁을 추진하고 민의를 국정에 반영하려는 국민 참정 운동과 국정 개혁 운동을 본격적으로 전개. 우리 민족의 힘으로 국권을 지켜 자주 독립 국가를 이루려는 근대적 민족주의 운동, 국민에게 민권 의식을 고취시켜 국민의 자유와 평등 및 국민 주권을 확보하려는 민주주의 정치 운동, 개혁을 통해 국력을 배양하여 부강한 나라를 이루려는 자주적 근대화 운동. 독립협회가 주장한 정치 제도의 내용은 무엇이며, 이것이 실현되지 못한 이유를 설명해 보라는 탐구 활동.	2004년, 『한국근·현대사』, 천재교육

는 항목 등이 발견된다.

　이전 교과서에서 또 한 가지 흥미로운 부분은 군주권에 대한 평가다. 3차 교육과정(1975년 중학교『국사』)을 보면 고종이 민중의 자주독립 운동에 힘입어 자주독립, 근대 민주 국가에 필요한 사업을 추진하려고 했으나 외세에 의존하는 무리들이 정부의 요직을 차지하여 '황제의 뜻과는 달리' 성공적이지 못했다고 평가했다. 근래 대한제국 재평가를 요구하는 취지와 매우 유사하다. 이후로는 고종의 '선한' 의도를 부각시키지는 않지만 독립협회 해산의 책임을 지우지도 않았다. 오히려 집권층이나 보수 세력에게 책임을 묻고 있다. 1905년 이후 을사늑약과 항일 의병, 헤이그 밀사 파견 등의 사안에서 고종을 저항의 중심으로 설정한 것과 일관성을 맞추기 위한 것이다. 학계에서는 강력한 군주권에 대한 부정적 평가가 일반적이다가 근래 반론이 제기된 데 반해, 교과서 상으로는 오히려 예전 교과서보다 현행 교과서가 군주권에 더 비판적이다.

　마지막으로 고등학교 동아시아사 교과서에서 대한제국기 입헌군주제 부분을 어떻게 다루는지 살펴보고자 한다. 2009년 개정 동아시아사 교과서는 교학사, 비상교육, 천재교육이 발행한 3종이다. 대체로 독립협회의 입헌군주제 요구에 대해 평이하게 서술했다. '독립협회의 서구식 의회를 통한 입헌군주제 수립이 시도되었다'(비상교육), '문명 개화와 자주 국가 수립을 위한 개혁 운동에 나섰고, 정부에 의회 설치를 요구했다'(천재교육)는 서술이 보인다. 교학사는 의회 설립 문제는 넣지 않은 대신 '독립협회의 주장이 황제권을 강화하려는 대한제국의 의도와 달랐다', '독립협회는 보수파 관료와 충돌하면서 해산당했다', '민중이 직접 참여했나는 데 의미가 있다 능의 평가를 덧붙였다. 대한제국과 독립협회의 대립에 대한 가치평가가 좀 더 들어간 셈이다.

한편 3종 교과서는 한국사 교과서들에 비해 근대화의 주체로 대한제국을 강조한다는 공통점이 있다. 절의 제목이 각각 〈대한제국, 근대 국가 수립을 지향하다〉(교학사), 〈조선의 근대화 운동〉(비상교육), 〈대한제국의 수립과 독립협회 운동〉(천재교육)으로, 조선 및 대한제국 정부의 근대 국가 수립 과정이라는 큰 틀 안에서 독립협회 운동을 다루고 있다. 한국사 교과서도 대한제국 역시 근대화의 주체라는 점을 부정하지 않으나, 서술의 순서에서 차이를 보인다. 한국사 교과서들은 독립협회의 근대화 운동을 먼저 다루고, 이 운동의 좌절로 전제군주제가 강화되었음을 전제한 상태에서 광무개혁이 나름의 근대성을 띠었다고 서술하는 방식이다. 반면 동아시아사 교과서들은 분량의 제한상 시간적 순서를 고려하지 않은 것으로 볼 수도 있으나, 상대적으로 정부 측의 근대화 노력을 중시하는 듯한 인상을 준다.

〈탐구활동〉으로는 비상교육의 〈생각 키우기〉 '대일본 제국 헌법과 대한국 국제의 성격'이 눈에 띈다. 자료 설명에서 일본 헌법은 의회 설립 내용이 있어 입헌군주제임을 알 수 있으나, 대한국 국제는 황제가 초법적인 존재임이 나타나 있다고 구분한다. 그러나 실제로는 일본 천황도 초법적 권한을 가진 존재였다고 덧붙인다. 한국과 일본의 근대적 정체 수립 과정이 어떤 점에서 같고 어떤 점에서 다른지 생각해 보게 하는 활동이다. 그런데 이왕이면 양국의 정체론이 왜 강력한 군주권으로 귀결되었는지까지 질문을 던지면 좋을 것이다. 근래의 새로운 연구성과들을 반영한다면 국권의 위기 속에서 동아시아 3국이 강고한 국가주의를 확립시켜 간 과정의 유사성과 국가별 특수성에 대한 생각거리를 제공할 수 있다.

최근 검정교과서를 보면 학계의 연구성과가 상당히 반영되어 있다. 물론 여전히 1970년대 연구사 수준에서 독립협회의 입헌군주제를 '이상형'으로 규정하는 경우도 있다. 그러나 대부분의 교과서는 독립협회가 근대적 정치체제를 추구했지만, 민중관에서 한계를 드러냈다면서 중립적 입장을 취했다. 특히 각종 탐구 활동을 통해 독립협회가 지향한 정치체제와 대한제국이 지향한 정치체제의 차이점을 부각시켰다. 그러나 이 경우 입헌군주제와 절대군주제를 이항대립적으로 이해할 가능성이 높다. 이는 근래의 새로운 연구시각과도 어긋나고, 역사적 사고력 향상에도 도움이 되지 않는다. 시계열적으로 보면 1970년대부터 1990년대까지 독립협회의 입헌군주제 지향을 일방적으로 칭송하는 경향은 2000년대 들어 줄어들었다. 그런데 고종에 대한 평가는 1970년대에 더 후했던 점이 특이하다.

3) 고종시대 군주권의 위상

그러면 고종시대 군주권의 위상에 대한 역사학적 성과들을 본격적으로 살펴보자. 근래 다양한 자료에 바탕하여 고종 대 군주권의 위상을 정밀하게 분석한 연구들이 등장하기 시작했다. 셋으로 나누어 볼 수 있다.

첫째, 고종 대 정치권력의 문제를 종합적으로 정리한 연구가 있다. 기존 논의는 대한제국의 역사적 성격을 보수회귀로 볼 것인가 아니면 절대왕정 단계를 거쳐 근대 국민국가로 가는 도정(道程)에 있는 것으로 볼 것인가로 귀결되었다. 이런 전제 하에 결과적으로 '책임 소재나 성공 여부로 평가하기보다는 당시의 객관적 조건과 실상을 가능한 구체적으로 보여주겠다'는 것이다. 사실 이론적 측면에서 대한제국의 국가 성격 논쟁은 모호하게 '과도기적인 것'으로 정리되어 왔다. 대한제국을 절대왕정 단계로 볼 것인지도 여전히 논란이지만, 애초 서구 학계의 절대왕정에 대한 정의도 명확하지 않다. 특히 절대왕정을 근대국가로 볼 것인가의 문제가 그러하다.[15] 달리 말하면 '근대국가'와 '절대왕정'이라는 이념틀 자체가 세계사적으로 다양하게 변주되는 바, 우리의 경우 그 변주가 어떻게 이루어졌는지 살펴보면 된다. 현재는 '보수회귀'보다는 '과도기적 절대왕정' 단계로 보는 시각이 상대적으로 우세하다. 그런데 절대왕정이 근대국가로 인정받기 위해서 중요한 전제가 '국민주권의 실현 정도'에 있는 만큼, 대한제국기 군주권과 민권의 관계를 같은 시기 세계사에서의 그것과 비교해 보는 것은 큰 의미가 있다.

둘째, 정치사상의 측면에서 고종을 살펴본 장영숙의 연구가 있다. 연구 대상 시기가 대한제국기로 한정되지 않는 점, 고종 자신의 사상과 의도를 좀 더 깊게 들여다 본 점에서 앞의 연구와 차별성이 있다. 사실 고종은 정책의 의도를 파악할 수 있을 정도의 발언을 거의 남기지 않았다. 이 때문에 고종에 대한 평가가

15 　서영희, 『대한제국정치사연구』, 11, 20쪽; 김신재, 「국가형태로 본 대한제국의 국가 성격」, 78~83쪽; 서영희, 「국가론적 측면에서 본 대한제국의 성격」, 84~85쪽; 김동택, 「'국가론적 측면에서 본 대한제국의 성격'에 대한 토론문」, 88쪽.

엇갈린다. 고종시대 이루어진 많은 정책을 고종 한 개인에게 덧씌움으로써 긍정과 부정이라는 양극단의 평가가 이루어졌다. 그러나 고종의 속내를 전혀 알 수 없는 것은 아니다. 분량도 적고 우회적이긴 하지만, 고종은 나름대로 자신의 생각을 표출했다. 발언이 행해진 전후 맥락을 총체적으로 파악하는 것이 중요한 이유이다.

그런 점에서 장영숙은 비교적 객관적인 접근을 하고 있다. 장영숙은 고종의 재위기간을 크게 네 시기로 구분했다. 1863년부터 1873년까지의 강학기(講學期), 1874년부터 1884년까지의 집권 1기, 1885년부터 1896년까지의 집권 2기, 1897년부터 1907년까지의 집권 3기가 그것이다. 이러한 구분법 자체는 기존 연구와 크게 다르지 않으나, 집권 3기의 정치개혁론을 '동교서법(東教西法)'으로 규정해 이전 시기 '동도서기(東道西器)'와 구별한 점이 주목된다. 즉 대한제국기는 동도로의 구심점을 강조하기보다 서기의 변화와 수용에 더 큰 비중이 있었다. 동도 가운데서도 꼭 지켜야 할 강상윤리로서의 동교, 즉 종교로서의 유교는 존중하면서 서양의 학문, 제도, 법률을 참작하며 절충하는 단계로 나아갔다는 것이다. 때문에 개혁을 논의하던 집권 초기 고종의 동도서기론과 대한제국기의 동교서법적 정치이념이 같은 선상에 있다고 보기는 어렵다고 말한다.[16]

고종 집권 초기부터 대한제국기까지 서양 문물에 대한 고종의 인식 변화를 세밀하게 관찰하는 가운데 역사적 해석까지 덧붙인 점에서 의의가 있다. 표면적으로는 '서양 문물에 대한 인식 변화'

16   장영숙, 『고종의 정치사상과 정치개혁론』, 268~269쪽.

이지만 그 속에서 대내저으로 군주권의 위상와 민에 대한 인식, 즉 군주권과 민권의 관계를 고종이 어떻게 인식하고 있었는지 엿볼 수 있는 단서들도 발견된다.

셋째, 고종 대 군주권 문제를 시기별로 집중적으로 다룬 김성혜의 연구를 들 수 있다. 여기서 김성혜는 몇 가지 흥미로운 가설을 제시한다. 첫째, 고종은 군주권 유지의 강박관념을 가지고 있었다. 고종 재위 기간 동안 31건에 달하는 군주권 위협 사건이 발생했다. 이는 고종이 제거 대상이 될 정도로 권력을 지니고 있었다는 반증이기도 하다. 명성황후와 흥선대원군 사망 후 군주권에 대한 도전은 더 심해지지만 고종 역시 권력 강화의 기회로 삼았다. 이처럼 고종이 권력에 대한 강박관념을 가지고 있었던 이유로, 섭정 하에서 어린 시절을 보냈다는 점, 서구의 정치사상에 입각한 군주권 제한 시도에 대응하기 위해서라는 점 등을 꼽고 있다.[17]

둘째, 고종은 어린 시절부터 일관되게 군부론(君父論)의 입장을 가지고 있었고, 1890년대 들어서는 군사론(君師論)도 내세우기 시작했다. 백성의 부모임과 동시에 신하들의 스승임을 스스로 천명할 정도로 자신감을 갖게 된 것이다. 본래 관료들은 일반 민과 자신들은 같지 않다는 논리 위에서 군주권과 신권 간의 균형을 도모했다.[18] 그런데 1890년대 이후 고종은 자신을 백성의 부모이자 스승으로 위치지움으로써 신과 민을 같은 범주로 포함

---

17 김성혜, 「고종시대 군주권 위협 사건에 대한 일고찰」, 138, 141, 154, 159쪽; 김성혜, 「고종 즉위 초기 군주관 형성과 그 내용」, 130쪽.
18 김성혜, 「고종 즉위 초기 군주관 형성과 그 내용」, 171쪽; 김성혜, 「1890년대 고종의 통치권력 강화 논리에 대한 일고찰-君父論과 君師論을 중심으로-」, 296쪽.

시켰다. 이는 일군만민의 논리와도 일맥상통하며, 서양과 일본에서 군주권의 강화가 국민국가의 창출과 연계되고 있었던 상황과도 유사하다. 물론 그럴 가능성도 존재했다는 뜻이다. 실제 고종이 그 정도의 정치체제 개편을 위한 구상을 가지고 있었는가는 좀 더 검토가 필요하다. 그런데 고종의 진짜 의도가 무엇이었는지, 구상의 실효성이 있었는지 살핀다면 일단 부정적이다. 다음 절에서 더 자세하게 보겠지만, 군주와 민의 관계에 대한 고종의 입장은 매우 경직되어 있을뿐더러 철저하게 이중적이었기 때문이다.

셋째, 고종은 민과 외세를 군주권 강화의 관점에서 인식했다. 고종을 폐위·암살하려는 움직임은 1902년 일본이 영일동맹을 체결하면서 사라졌다. 이는 군주권에 대한 위협이 외세와 연결되어 있었음을 의미한다. 달리 해석하면 군주권을 공고히 하는 것이 외세로부터의 자주성 확립과 연결된다고 볼 여지가 있는 셈이다. 자주독립을 위해 군주권 강화가 어쩔 수 없이 필요하다는 논지가 당대에도 있었음을 추정할 수 있다. 그런데 고종의 군부론은 군주의 일방적인 보호와 시혜 및 그에 대한 적자(赤子)들의 절대적 복종을 의미했다. 실제 민의 정치 활동은 곧 군주권 침해로 판단되어 규탄의 대상이 되었다. 그런데 여기서 민에 대한 입장이 이중적이라고 보는 이유는, 필요에 따라 (외세에 의해 군주권이 위기에 처했을 때는) 민의 정치적 개입을 요구하거나 밀지를 통해 봉기를 촉구하기도 했기 때문이다.[19]

---

19 김성혜, 「고종시대 군주권 위협 사건에 대한 일고찰」, 157쪽; 김성혜, 「1890년
    대 고종의 통치권력 강화 논리에 대한 일고찰-君父論과 君師論을 중심으로-」,
    301쪽; 오영섭, 『고종황제와 한말의병』 참조.

이 부분에서 우리가 잊어서는 안 되는 사실이 있다. 고종이 민란을 진압하기 위해 외세를 끌어들였다는 점이다. 애초 진압을 위해 청에 군사를 요청하자는 말을 꺼낸 것은 고종 자신이었다. 일본군이 동학농민운동 진압에 나섰을 때 무장해제 상태의 조선 정부는 어쩔 수 없었다고 하지만, 적극적으로 거부하지도 않았다. 또한 1900년 전후 기독교인의 '교안' 사건이 전국에서 일어나 지역사회가 큰 혼란에 빠졌음에도 불구하고 적극적으로 대응을 하지 않았던 것은 프랑스와 러시아의 협력을 얻기 위해서였다.[20] 즉, 고종은 민이나 외세를 철저하게 군주권 유지의 방편으로 이용했다. 어떤 경우에는 외세를 불러들여 군주권에 도전하는 민을 탄압했고, 또 다른 경우에는 민을 끌어들여 군주권에 위협이 되는 외세에 저항하게 했다.

물론 고종이 국민 창출이라는 개화파들의 요구를 완전히 무시한 것은 아니다. 청으로부터의 독립 표명을 통해 나라의 자주성을 드높이고, 신교육을 통해 민을 계몽시키려 했다는 점에서는 당대 독립협회 인사들과 공통된 인식을 가지고 있었다. 그러나 그 정도가 고종이 허용할 수 있는 최대치였다. 우선 순위는 군주권 유지·강화에 있었기 때문에, 다른 사항들은 항상 뒤로 밀릴 수밖에 없었다. 군주권 강화에 도움이 된다면 외국인 고문의 의견도 적극 받아들였고, 외세의 전횡도 묵인했다. 반면 군주권의 약화를 가져올 수 있는 대내적 세력은 결국 해체시켰다. 군주권

20 신영우, 「1894년 왕조정부의 동학농민군 인식과 대응」, 26쪽; 신영우, 「1894년 일본군의 동학농민군 학살」, 122~123쪽; 박찬식, 「한말 천주교회와 향촌사회-'敎案'의 사례 분석을 중심으로-」; 김태웅, 「한국 근대개혁기 정부의 프랑스 정책과 천주교-왕실과 뮈텔의 관계를 중심으로-」 참조.

강화를 위해서는 황실 재정 확대와 친위 병력 증가가 필요했다. 그 때문에 신식학교 설립이 직접적 피해를 입었다. 황실의 재정 기관인 내장원은 지역의 학교 설립 자금원을 가져가 버렸고 민의 불만은 묵살되었다. 어쩌면 이후 민권운동 세력이 외세와 결탁하여 군주권 약화를 시도한 것은 고종이 자초한 일인지도 모른다. 더 큰 문제는 이 같은 군주권 유지·강화 시도들이 외형상 자주독립의 움직임과 맞물려 있다는 점이다. 1904년 이후 군주권에 대한 도전은 민권운동으로 정형화되고, 여기에 외세 개입 문제가 더해져 한층 복잡한 양상을 띠게 된다.

4) 고종의 민권 인식

고종의 민권 인식이란 궁극적으로 고종이 민의 정치 참여를 어떻게 인식하고 있었는가를 말한다. 그런데 민의 정치 참여를 이야기하기에 앞서 두 가지 검토가 필요하다. 하나는 민 자체에 대한 고종의 인식과 그러한 인식이 고종 이전 군주와 어떠한 차별성이 있는지 살피는 것이다. 또 다른 하나는 서구 정치체제에 대한 이해다. 이에 대해서는 당대 지식인들의 일반적인 서구 정치체제 인식을 정리하고, 고종의 인식과 대비해보겠다.

첫째, 고종은 민 자체를 어떻게 인식하고 있었을까? 어린 시절 고종은 강관(講官)과의 대화 중 다음과 같이 말했다.

민은 먹는 것을 하늘로 삼고, 임금은 백성을 하늘로 삼는다. 단지 백성이 임금을 공경할 뿐만 아니라 임금도 역시 백성을 공경해야 한다.

······ 내 백성의 힘이 아니면 어찌 이 비단 옷과 맛있는 음식(錦玉)을 얻을 수 있겠는가?[21]

민을 하늘처럼 섬겨야 하고, 민이 없으면 군주도 존재할 수 없다는 인식이다. 확대 해석하면 '군주권의 기반은 민이다' 또는 '군주의 권이 민에게서 나온다'라고까지 할 수 있다. 1873년 친정을 앞두고 개성에 갔다가 '백성은 나라의 근본(民惟邦本)'이라는 영조의 어필을 본 적 있다고 상기했다. 흥선대원군의 권력 독점을 물리치면서 '민의 뜻'을 되새긴 셈이다. 그런데 사실 민이 나라의 근본이라는 민본주의는 조선 개국 이래 계속 이어져 오던 사상이다. 민을 위한 정치이지, 민에 의한 정치는 아니다. 민은 정치의 객체이자 대상일 뿐, 주체는 될 수 없다. 이른바 '민의 뜻(민심)'이라는 것도 권력자들이 통치의 정당성을 '천명(天命)'으로부터 끌어오기 위해 '민심＝천심'의 논리를 이용했을 뿐이다. 천명(←천심←민심)을 어떻게 해석하는가는 권력자들 마음에 달려 있다. 과연 고종의 민 인식이 이전 군주들과 어떻게 다른지는 따져보아야 할 문제이다.

이와 관련하여 주목되는 것은 고종이 정조와 다산 정약용을 흠모했다는 진술이다. 고종이 정치적으로 정조를 모델로 삼았다는 사실은 여러 자료에서 확인된다. 정조는 민국(民國)이란 용어를 사용했는데, 이는 이전의 민본(民本) 의식을 뛰어넘은 것이었다. 고종은 민국이란 용어를 군신 간에 자주 사용했다고

21 『승정원일기』, 1868년 10월 10일.

경복궁 내 집옥재(集玉齋)의 현재 모습.
1890년대 집옥재는 고종의 서재와 집무실, 외국사신 접견소로 사용된 곳이다.
정조의 규장각을 염두에 두고 만들었을 것으로 생각된다.
(문화재청 국가문화유산포털)

한다.[22] 혹자는 이를 더 확대 해석하여 고종이 정조와 정약용의 '일군만민' 사상을 계승했다고 평가한다. 일군만민 사상은 동학 농민군 등에 의해 아래로부터도 고양되었다. 1905년 고종이 을사늑약 체결을 거부하면서 이토에게 '일반 민의 뜻을 살피는 것이 필요하다'고 한 것도 민에 대한 인식이 변모했음을 보여주는 증거이다.[23] 황현 역시 고종이 『여유당집(與猶堂集)』을 올리라고 하면서 정약용과 같은 시대에 살지 못한 것을 탄식했고, 13부제의 실시도 정약용의 뜻을 이어받은 것이라고 했다.

민국 인식이 민본 인식을 뛰어넘었다는 것은 정확하게 어떤 의미일까? 고종이 일군만민 사상 때문에 동학농민군 진압을 망설였다고 추정하기도 하는데 설득력이 있는 주장인가? 고종의 민에 대한 인식은 이전 군주들과 분명히 다른가?

일단 민본과 민국 인식의 차이를 살펴보자. 조선 초기의 민본 의식에서 민은 도구적·수사적 차원의 의미로, 보호 받아야 하는 소민, 적자(赤子)일 뿐이다. 그러나 조선 후기 민국 단계로 가면서 국가 공공성을 떠받치는, 민의 '실체적' 역할이 인정받게 된다. 이는 본래 통치의 파트너였던 사림의 붕당이 공공성을 상실하고 그 폐해에 대한 민의 압력이 증대하는 과정 속에서 불가피하게 선택된 측면도 있었다.[24]

그러나 고종 대에도 여전히 소민 보호의 논리가 주로 작동할 뿐 민이 정치에 참여할 여지는 없었기 때문에, 이 같은 구분법은

---

22   이태진, 『고종시대의 재조명』, 258~261쪽.
23   하라 다케시, 『직소와 왕권-한국과 일본의 민본주의 사상사 비교-』, 210, 221쪽.
24   이영재, 「조선시대 정치적 공공성의 성격 변화: '民'을 중심으로」, 59, 66~69쪽.

무의미하다. 다만 군주는 관인층뿐만 아니라 일반 민을, 상대적으로 이전보다 좀 더 염두에 둔 채 정책을 마련하고 집행했다고 보는 것이 사실에 가깝다. 특히 근대적인 신문이 등장한 이후로는 이른바 일반 민인의 여론이 더욱 중요해진다. 1897년 고종은 갑오개혁 관련자 탄핵상소나 명성황후 장례 문제를 둘러싸고 군권(君權) 회복 여론을 불러일으켰다. 1898년 만민공동회 개최를 일정 기간 용납한 것도 당시 고종이 의회제도와 민선의관, 관료 추천권 등을 모두 수용할거라는 여론이 존재했기 때문이다.[25]

둘째, 고종은 서구 정치체제를 어떻게 인식했을까? 그에 앞서 당대 지식인들의 일반적인 이해는 어떠했는가? 1884년 1월 30일자 『한성순보』를 보면 서구 정치체제를 자세하게 소개하고 있다. 입헌정체에는 크게 두 가지가 있는데 '군민동치(君民同治)'와 '합중공화(合衆共和)'가 그것이다. 양자는 세습군주의 존재 여부로 구분되는데, 이 기사는 군주권 제한의 경우들을 여러 가지 제시하고 있다. 예를 들어 군주가 재상을 임용하지만 실제로는 양원(兩院) 추천에 따르는 것이고, 헌법에 위배되지 않으면 아무리 군주라도 사법관의 일에 관여할 수 없으며, 양원에서 결정된 사안에 반해서 군주가 독자적으로 행동할 수 없다. 또한 민선(民選)을 근본으로 삼는 입헌정체는 현명한 자들이 관직에 오르기 때문에 정치가 더 잘된다.

이러한 진술은 루소의 명제를 떠올리게 한다. 루소는 '공화정치에서는 여론이 현명하고 능력 있는 사람이 아니면 절대 최고

---

25 왕현종, 「대한제국기 입헌논의와 근대국가론: 황제권과 권력구조의 변화를 중심으로」, 260, 281쪽.

직위에 앉혀주지 않는 반면, 군주정치에서 그런 자리에 오르는 사람들은 거의 대부분 멍청하고 교활하며 음모를 잘 꾸미는 보잘것없는 인간들이라는 점이 항상 군주정치를 공화정치보다 못하게 만드는 근본적이고 불가피한 결함'이라고 말한 바 있다.[26]

같은 일자 『한성순보』는 유럽 각국의 정치를 중국의 그것과 대비했다. 유럽 각국이 발달하여 중국을 앞질렀는데, 그 이유로 군(君)과 민이 한 마음이라는 점을 꼽았다. 반면 중국은 상(上)과 하(下)의 격차가 하늘과 땅 같고, 신(臣)은 군(君)과 더불어 일하지 못하며 민(民)은 관(官)과 더불어 일하지 못해서 정치의 효력이 떨어진다는 것이다. 『한성순보』에서 우리나라 정치 실상을 직접적으로 언급하지는 않았지만, 서구와 중국 정치체제의 대비가 우리나라의 현실과 관련된다는 점은 쉽게 짐작할 수 있다. 따라서 고종 역시 신문의 이 같은 논조에 대해 나름의 고심을 했을 것으로 추정된다.

비슷한 시기 고종은 보빙사(報聘使)로 미국에 갔다가 돌아온 홍영식(洪英植)의 보고를 받는 자리에서 다음과 같은 문답을 나눈다.

상(上) 왈(曰) 미국의 관제는 유럽과 다른가.

영식(英植) 왈 영국, 독일[德國] 같은 나라에는 세작제도(世爵制度, 세습제)가 있고, 그 나머지 직사(職事) 인원[관료]도 (자주 교체되지 않고) 흔히 구임(久任)시켜 치적(治績)을 올린다고 합니다. 이런 점에서 아마도 군주와 민주의 정치제도는 그 법이 다른 듯 합니다.

---

26 루소, 『사회계약론』, 99쪽.

상 왈 민주제도는 등위(等威)의 차별이 현격[載然]하지 아니해서, 우리 나라처럼 이른바 존위(尊位)와 제민(齊民) 간에 그다지 심한 계급차별이 현절(懸絶)하지 않다는 말이 되겠구나.[27]

이 자료를 통해 우리는 고종이 서구 정치체제에 관심을 갖는 이유를 추정해 볼 수 있다. 일단 고종은 정치체제의 변화로 서구 국가들이 강해졌다는 점은 인지하고 있었다. 그렇기 때문에 일련의 개화 정책을 펴고 서구와 일본, 중국으로 사신을 보내 배워 오게 한 것이다. 하지만 민은 보호와 복종의 대상일 뿐이고 군주권을 국권과 동일시하는 고종의 입장에서 군주권의 위상 문제는 의구심을 불러 일으켰다. 위의 인용문만 가지고는 고종이 서구의 민주제도하에서 계층 간 차별이 적다는 점을 어떻게 이해했는지 판단하기 어렵다. 다만 확인되는 것은 고종이 관심을 가지고 있었고, 더 알고 싶어했다는 점이다. 서구 정치체제하에서 군주와 관인, 민의 위상은 어떠한지, 우리의 경우와 어떤 차이가 있는지 궁금해 하고 있었다. 당대 박영효, 유길준 등 개화파 인사들은 서구 국가들의 강대함이 새로운 정치체제로 인한 것이었다고 주장했다. 고종도 그 같은 연결고리를 염두에 두고 있었지만, 그저 질문만 던졌을 뿐이다.

1894년 6월 갑오개혁이 시작되자 고종은 김홍집(金弘集)에게 유사한 질문을 한다. '각국이 의회를 열 때, 임금이 가서 볼 수 있느냐'는 것이다.[28] 갑오개혁으로 내각 성립과 군주권 제한이 예

27   「遣美使節 洪英植復命問答記」, 218쪽.
28   『승정원일기』, 1894년 6월 27일.

상되는 시점에 고종은 내각이 설립되어도 군주권이 유지될 수 있는지 염려하고 있었다. 이 같은 상황에서 고종의 궁금증과 염려를 해소해준 사람이 바로 프랑스인 궁내부고문 러젠드르(C.W. LeGendre)였다.

군주제 옹호론자인 러젠드르는 의회제가 군주제나 귀족제보다 나은 형태의 정치체제라는 주장은 무지에서 비롯된 말이라고 설명했다. 의회에서 잘못된 법을 수정한다는 것은 거의 불가능한데 비해, 군주제의 경우 왕의 명령 한마디로 쉽게 정정될 수 있는 효율적인 정치조직이라는 것이다. 사실 집행권은 거의 언제나 순간적인 행동을 필요로 하므로, 많은 사람보다 한 사람에 의해서 보다 더 잘 처리되기 때문에 군주의 권한에 속해야 한다고 이미 18세기 중반 몽테스키외가 주장했다.[29] 즉, 군주제는 의회제에 비해 강력하고 효율적인 중앙정부로, 국민을 통치하고 자유를 신장시키며 사회의 모든 자원을 적절하게 배분하여 상업과 산업을 성장시킬 수 있는 정치체제라고 역설했다. 그가 보기에 대한제국은 전통적인 군주국가로 돌아갈 수 없으나 근대적인 대의정체 실시는 시기상조다. 따라서 절대군주제와 대의정체를 절충한 과도기적 정부형태가 적절한데 이 과도정부 내에 의회 기능을 대신할 자문 내지 감독기구를 상설한다는 것이다. 1898년 10월 정부가 자문기관으로서 제시한 중추원관제 개정안은 러젠드르가 제안한 의회 기능을 대신하는 자문기관안과 거의 흡사하다.[30]

---

29 몽테스키외, 『법의 정신』, 164쪽.
30 김현숙, 『근대한국의 서양인 고문관들』, 239~241쪽.

러젠드르의 이 같은 발언들에서 우리는 고종과 독립협회의 관계 변화라는 방정식을 풀 단서를 얻을 수 있다. 고종은 강력한 국가를 만들고 싶어했고, 서구 정치체제의 역할에 대해서도 어느 정도 알고 있었다. 하지만 군주권 약화를 전제로 한 정치체제의 변화는 도저히 받아들일 수 없었다. 고종은 즉위부터 즉위 후 명성황후와 흥선대원군 간의 권력 투쟁을 지켜보면서 수많은 군주권 도전을 물리쳤고, 외세를 적절히 이용하는 등 군주권을 지키는 데 탁월한 능력을 보였다. 즉 고종은 강력한 군주권 유지를 위한 신념만 있었던 것이 아니라 그에 걸맞는 정치적 능력 또한 보유하고 있었다. 갑오개혁과 명성황후 시해 사건, 아관파천을 거친 후 대한제국을 선포하는 시점에 이르러 고종의 그러한 신념과 능력은 절정에 달했다. 앞서 보았던 대로 군부론에 군사론을 결합시킬 수 있었던 데에는 이 같은 자신감이 한몫 했을 것이다. 이미 갑오개혁기 내각제 성립으로 군주권은 심각한 손상을 입었으나,[31] 이후 고종은 정부대신들을 불신하면서 소수의 친위 측근 세력을 육성하기 시작했다.[32] 권력의 유지를 위해 어떠한 대립 구도가 필요한지 알고 있었던 것이다.

이때 새로이 등장한 것이 독립협회였다. 강력한 자주독립 국가를 목표로 한다는 점에서 고종은 독립협회의 주장들을 수용할 수 있었다. 그러나 1898년 독립협회 활동이 급진·과격해지자 고종에게 해법을 제시한 이가 바로 러젠드르였다. 서구를 배우자고는 하지만 서구인이 될 수 없는 개화지식인들에게, 바로 서구

31   왕현종, 『한국 근대국가의 형성과 갑오개혁』, 244쪽.
32   서영희, 『대한제국 정치사 연구』, 34쪽.

인의 관점을 동원하여 대안을 제시한 것이다. 고종은 독립협회 역시 자신의 권력 강화에 이용하려 했고, 러젠드르는 명분을 제공했다. 하지만 독립협회가 이를 받아들이지 않자, 고종은 독립협회의 도전을 물리치고, 〈대한국국제(大韓國國制)〉를 제정하는 등 보다 강력한 전제군주제 형태로 나아갔다. 국제(國制)는 국체와 정체를 수립함으로써 군권을 중심으로 '중세 번봉(藩封)국가에서 근대 주권국가로 나아가려 했던 것'으로 평가한다. 그러나 역시 군주 주권을 천명한 일본의 천황제와 비교하더라도 입헌정치적 요소가 결여되어 있음은 명백한 한계다. 대내외적으로 처했던 정치적 위기 상황을 중시할 것인지, 입헌군주정을 매개로 한 광무정권과 독립협회의 타협을 이상적 정국 방향으로 설정할 것인지에 따라 국제에 대한 평가는 엇갈린다.[33]

셋째, 마지막으로 고종은 민의 정치 참여를 어떻게 생각했을까? 이는 곧 고종의 민권 인식이기도 하다. 1898년 만민공동회가 성행하던 시기를 중점적으로 살펴보겠다. 이 시기 만민공동회의 행동에 대해 상반된 상소들이 올라왔다. 실록의 기록을 보면 고종은 직접적으로 견해를 표명하지 않았다. 하지만 고종의 조치를 보면 그가 어떠한 주장을 받아들였는지 쉽게 짐작할 수 있다. 즉 상반된 두 견해 중 한쪽은 고종의 심중을 어느 정도 반영한 것이었다.

앞에서 본 것처럼 고종은 이전의 왕들보다 민의 위상을 높이 두었다. 노비제 철폐, 과거제 폐지 등 일련의 상황 역시 고

33　김태웅, 「대한제국기의 법규 교정과 國制 제정」, 205쪽; 장영숙, 「메이지유신 이후 천황제와 대한국국제의 비교-전제군주권적 측면에서-」, 89쪽; 김태웅, 「〈대한국국제〉의 역사적 맥락과 근대 주권국가 건설 문제」, 212쪽.

종의 대민(對民) 의식이 일정하게 진전되고 있었음을 증명한다. 1882년 고종은 농(農)·공(工)·상고(商賈)의 자식도 학교에 들어 가는 것을 허락하고 출신의 귀천을 따지지 말아야 한다고 했다.[34] 1886년 고종은 사노비 중 본래 노비가 아닌데 생존을 위해 노비 가 된 자나 스스로 돈을 받고 노비가 된 자들의 세습을 금했다.[35] 현존 노비를 모두 해방시키는 조치는 아니었지만, 1894년 신분 제 폐지 정책에 영향을 주었다. 1894년 신분제 폐지 법령에는 문 벌과 반상(班常)의 등급을 혁파하여, 귀천에 관계없이 인재를 뽑 아 쓴다는 조항이 있다. 물론 모두 고종의 공적으로 돌릴 수는 없지만, 고종에게 민 상호 간 차별을 없애야 한다는 인식이 있 었다고 추정해 볼 수 있다. 당대 민중들에게 '일군만민(一君萬民)' 의 환상이 있었다는 지적[36]과 관련지어 보면, 개혁적 지식인들과 중하층민들은 '강력한 군주권'에 기대하는 바가 있었다.

또한 고종이 각종 서적, 언론 기사, 개화파 대신, 외국인 고문 관 등의 정보원을 통해 서구 입헌군주제의 장점을 인지하고 있 었다고 충분히 생각할 수 있다. 그러한 시점에서 독립협회의 의 회 개설 요구는 결국 고종의 대민 의식이 정치 참여 허용까지 나 아갈 수 있는지 시험하는 계기가 되었다. 독립협회 역시 이 같은 고종의 입장을 감안하며, 민권을 논했다. 만민공동회를 옹호하 는 윤치호의 입장을 보자.

34   『고종실록』, 1882년 12월 28일.
35   『고종실록』, 1886년 3월 11일.
36   趙景達, 『異端の民衆反亂-東學と甲午農民戰爭』, 332쪽.

외국의 실례로 말한다면 현재 허다한 민회(民會)가 있는데 정부의 대신(大臣)들이 정사를 하는 데서 잘못하는 일이 있으면 전국에 알려 민중을 모아서 질문하고 논핵(論覈)합니다. 그런데 백성들이 승복하지 않으면 감히 물러가지 않을 수 없으니, 이것은 외국의 민회가 어찌 강담(講談)에 그친다고 할 수 있습니까? 돌아보건대 우리나라 협회(協會)는 독립을 기초로 하고 있으며 임금에게 충성하고 나라를 사랑하는 것을 목적으로 하고 있습니다. 그래서 황태자 폐하는 대궐 창고의 재물을 내려주어 돕고 현판을 내려 주어서 그것을 내걸고 있으니 이것은 사설(私設)이 아니고 진실로 공인(公認)된 것입니다. 그런데도 아! 저 신하의 무리들은 영화를 탐내어 벼슬자리만 차지하고 일도 하지 않으면서 또 묵묵히 침묵을 지키는 것을 능사로 여기면서 더러 한두 마디 바른말을 하는 사람이 그 사이에 끼면 기회를 틈타서 암암리에 공격하여 쫓아내고야 마니, 종묘(宗廟)와 사직(社稷)을 누란의 위험에 처하게 했습니다. 신 등은 바른 말을 해서 죄를 얻게 되더라도 한 사람이 죽으면 10인이 계속하고 10인이 죽으면 백 명, 천 명이 계속 말을 해서 살아서는 종묘 사직과 함께 번영하고 죽어서는 돌아가서 하늘에 있는 선대 임금의 신령을 모심으로써 영원히 천하 만대에 할 말이 있게 할 것입니다. 이것이 오늘 신 등의 의무이며 무쇠처럼 굳은 바꾸지 않을 뜻인 것입니다. 권한을 가지고 논할 것 같으면 천자(天子)로부터 서인에 이르기까지 각각 정해진 것이 있는 것이니 6대륙과 동등(同等)히 하고 만국(萬國)과 평행(平行)히 함은 폐하의 권한입니다. 폐하의 백성이 되어 폐하의 땅을 지키는 데에 정사를 잘못하고 법을 문란시킨 신하가 나라에 해를 끼친다면 이를 탄핵하고 성토하는 것은 신 등의 권한입니다. 사람들이 말하기를 민권(民權)이 커지면 군권(君權)이 적어진다고 하는데 이보다 더 무식한 말이 어디 있겠습니까? 이 민의(民議)가 없다면 오늘 정사와 법률은 그에 따라 허물어져 어떤 재앙의 기미가 어느 곳에서 일어날지 알 수 없을 것인데 유독 폐하만은 어째서 이에 대하여 생각이 미치지 못하는 것입니까?[37]

먼저 만민공동회를 옹호하는 입장에서 윤치호는 몇 가지 주장을 폈다. 첫째, 외국의 사례에서 보듯 정부 대신이 정치를 잘못하면 민중이 모여 질문하고 논핵(論覈)하는 일은 잘못된 것이 아니다. 오히려 이는 충군애국의 심정에서 나온 것이다. 둘째, 잘못한 정부 대신을 탄핵, 성토하는 것은 신하의 권한이다. 셋째, 민권이 커지면 군권(君權)이 적어진다는 주장은 오해다. 넷째, 황태자의 재물과 현판을 받았으니 이 모임은 사적으로 개설된 것이 아니고, 공적으로 인정받은 것이다.

여기서 논란이 되는 바는 단순히 민이 모였다는 데에 있는 것이 아니라, 민이 모여 정부 대신을 탄핵하는 등 정치에 참여하려 한다는 데에 있다. 결국 윤치호는 민의 정치 참여를 몇 가지 근거를 들어 정당화했다. 그 근거로써 민 역시 충군애국에 기반하며, 외국과 전통 시대에도 그런 사례가 있고, 공적인 일이며, 군권을 약화시키려는 것이 아니라는 것을 제시했다. 전통 시대 정부 대신을 탄핵하는 지방 유생들의 상소 운동과 비슷한 것이면서 동시에 외국에서 새롭게 들어온 것이기도 하다는 주장이다. 더욱이 그러한 행동이 임금과 나라에도 도움이 되고, 사적인 이익을 위한 일이 아니라 공공의 이익을 위한 것임을 강조했다. 입헌정체나 민권운동 등이 기본적으로 외부에서 들어온 낯선 것이었

---

37 『고종실록』, 1898년 10월 23일. 밑줄은 필자가 표시함. 이하 같음.

지만, 이를 우리에게 익숙한 개념들을 이용하여 설득의 근거로 삼고 있다. 여기서 개화파들이 단순히 설득하기 위해 이러한 논리들을 만들어낸 것은 아닐 것이다. 개화파들 스스로 낯선 것을 이해하기 위해 익숙한 개념들을 동원한 것으로 보아야 한다.[38]

또한 윤치호가 1898년 4월 러젠드르와의 대화 후 입헌군주제에 대한 입장을 바꾸었다는 주장이 제기되어 주목된다.[39] 윤치호는 1898년 5월 2일자 일기에서 마포 도적떼에 무기력한 사람들을 보며 대의적 의회 설립 가능성을 포기한다고 고백했다. 공공정신이 이렇게 부족한 사람들이 어떻게 국가의 중대 사안을 다룰 수 있겠느냐는 것이다. 윤치호와 러젠드르는 민의 미성숙 때문에 개혁을 점진적으로 해야 한다는 점에 서로 공감했다. 물론 윤치호는 러젠드르의 자문기구안을 받아들이지 않았고 법률제정권을 갖는 의회 구상 역시 포기하지 않았다. 다만 「하의원은 급하지 않다」는 논설에서 알 수 있듯이 상원만 설립하는 것으로 선회했고, 군주권에 대한 제한도 최소화하려고 했다. 이 시기 독립협회의 입장 변화에 대해 다음과 같은 해석도 있다. 1898년 3월 만민공동회 과정에서 독립협회는 '민'의 지지를 받지 못했고, 애초 '애국'에 종속되어 있던 '충군'이 더 우위에 서게 되었다는 것이다. 즉 안경수(安駉壽) 모반 음모와 조병식(趙秉式) 입각 등으로 정치적 수세에 몰린 독립협회가 고종에게 승인받음으로써 공적

---

38 다음과 같이 필자와 유사한 분석이 나온 바 있다. 군주권에 도전한다는 인식을 줄이기 위해 개화파가 충군애국을 주장했고, 공론정치라는 기존 유교적 정치 관행을 끌어들였으며, 그러면서도 유교적 충성과는 다른 정치적 충성의 논리를 만들어내야 했다는 것이다(조계원, 「근대 전환기의 맥락에서 본 정치적 충성: 대한제국기의 정치·사회적 사건을 중심으로」, 32, 42, 85쪽).

39 김현숙, 「문명담론과 독립협회의 정치체제, 그리고 러젠드르의 전제론」, 215쪽.

인 가치를 얻으려고 했다는 것이다.[40]

고종은 일단 중추원을 의회로 개편하는 데 동의했으나 독립협회 해산으로 중추원의 기능은 제약을 받게 되었다. 민의 정치 참여에 대한 고종의 입장은 만민공동회 활동 반대 상소에서 드러난다. 상소를 올린 이들은 만민공동회 활동이 무질서하고 혼란스러움을 강조하는데, 군주 역시 그 혼란으로 인한 피해를 볼 것이라는 논리를 내세운다. 곧 군주권의 침해로 이어질 것이므로 군주가 이를 통제해야 한다는 주장이다. 몇몇 상소들에서 발견되는 논거들을 정리하면 다음과 같다.

① 전 주사(主事) 김익로(金益魯)의 상소. 외국에는 민권당(民權黨)이 있어 하부로서 상부를 업신여기는 풍습이 있다. 계속 이렇게 나가다간 반드시 임금이 없고 신하도 없는, 백성을 위한 독립의 나라가 될 것이다.[41]

② 전 참서관(參書官) 안태원(安泰遠)의 상소. 군권(君權)과 민권(民權)이라는 명칭에 대해서는 비록 분명하게 드러내지 않았지만, 군권과 민권의 실제를 은연중에 분리시켜서 두 갈래로 만들고 전자를 약화시키고 후자를 신장시키고 있다. 그러니 오늘날 이 무리들은 권력이 백성들에게 있다고 여겨 백성들을 쫓아가기를 마치 옛날에 벼슬을 못하면 벼슬을 얻지 못해서 근심하고 벼슬을 얻은 뒤에는 벼슬을 잃을까봐 근심하는 자들이 외척에게 붙고 환관과 결탁하며 다른 나라와 내통하고 외

---

40 곽금선, 「1898년 독립협회의 정치기획과 '충군애국'」, 21~22쪽.
41 『고종실록』, 1898년 10월 4일.

적과 연계를 맺는 것치럼 하는 것이다. 가령 한 군(郡)의 인구가 1만 명이라고 하면 뭇사람들이 이의 없이 모두 복종하는 사람 1, 2명을 뽑고 한 도(道)의 인구가 100만 명이라고 하면 뭇사람들이 따라 복종하는 사람 100명, 200명을 뽑아서 모두 서울에 모여 조정의 정사를 의논하게 한다면, 이는 또한 나무꾼에게 묻고 풍속을 담은 노래에서 채용하여 정치에 일조가 되게 하는 데에 나쁘지 않을 것이다. 그런데 오늘의 이른바 민회라는 것은 그렇지 않다. 직임을 맡은 자들은 저잣거리 장사치의 자식들에 지나지 않는데, 더러는 외국의 종교에 젖고 더러는 권세가의 집에 드나드는 자들로서 서로 모여 당(黨)을 결성한 것이다.[42]

③ 찬정(贊政) 최익현(崔益鉉)의 상소. '민당(民黨)'을 혁파하여 변란의 발판을 막아야 한다. 옛날에는 비방하는 것을 써놓는 나무와 진언(進言)할 때 치는 북이 있었으며, 본조(本朝)에 이르러서도 또한 유생들이 대궐문에 엎드리고 싱균관 유생들이 시위(示威)의 표시로 성균관을 비우고 나가버린 일이 있었으니, 진실로 백성들로 하여금 말을 하지 못하게 한 적은 없었다. 그러나 모두 한계가 있고 절제가 있어서, 차라리 정사에 대해 비방은 할지언정 대신을 협박해서 내쫓는 일은 없었으며, 차라리 소장을 올려 호소는 했을지언정 임금을 위협하는 일은 없었다. 오늘 이른바 '민당'이라는 것은 시정(市井)의 무식한 무리들을 불러 모은 것으로서, 구차하게 패거리를 규합하고 임금에게 충성하고 나라를 사랑한다는 명분을 빌려서 대신(大臣)들을 멋대로 명하여 오라가라 하고 임금을 지적하여 탓하며 나라의 정승을 능욕했다. 이로부터 정사에 관한 권한과 권세가 모두 백성들에게 옮겨가 앞으로 조정에서는 한 마디

---

42 『고종실록』, 1898년 12월 9일.

의 말과 한 가지의 일도 나올 수 없을 것이다. 외국에는 이른바 자유의 원(自由議員)과 민권(民權)을 주장하는 당(黨)이 있고, 심지어는 직접 선거하는 민주(民主)의 제도가 있다고 한다. 오늘 이 무리들이 이미 대신을 협박해서 쫓아낸 것이 여러 번 되는 만큼, 비록 여기서 한층 더한 일인들 또한 무엇이 두려워서 못하겠는가? 설령 이 무리들이 진심으로 임금에게 충성하고 나라를 사랑한다고 하더라도 도리를 놓고 생각해 볼 때, 그런 징조를 자라게 할 수는 없다.[43]

위 내용에서 민의 정치 참여에 반대하는 논거를 몇 가지로 나누어 볼 수 있다. 첫째, 질서가 없어진다는 점이다. 아랫사람이 윗사람을 업신여기는 풍조가 곧 무질서의 징표인데, 그렇게 되면 신하도 없고 임금도 없게 된다. 임금도 그 피해를 보게 된다는 뜻이다. ②번 상소는 아예 민권 신장이 군권(君權) 약화를 초래한다고 명시적으로 밝혔다. 윤치호의 반박과 정면으로 충돌하는 논리다.

둘째, 민회에 참여하는 민이라고 하는 사람들이 대개 '저잣거리 장사치의 자식들(②)'이거나 '시정(市井)의 무식한 무리들(③)'에 불과하다는 것이다. '저잣거리 장사치'와 '시정잡배'라는 단어는 이들이 사적 이해를 추구하는 무리임을 보이기 위해 이데올로기적으로 고안한 것이다. 윤치호가 자신들이 사익이 아니라 공익을 추구한다고 주장한 것도 결국 권력을 두고 벌이는 싸움에서 공공성 확보가 중요함을 보여준다. 사실 개화파도 민을 정치 주체로 인정하지는 않았다. 민의 권리 보호를 내세우며 동원하

---

43 『고종실록』, 1898년 12월 10일.

기도 했지만, 계몽되지 않은 민이 정치 주체로 전면에 나설 수는 없는 노릇이었다. 계몽되지 않은 민에게 권력이 주어지는 것에 대한 두려움은 양쪽 다 가지고 있었다. 다만 개화파는 적극적으로 동원하여 계몽하려 했고, 민권 반대론자들은 전통 시대 순종적인 민의 모습으로 돌아갈 것을 촉구했다는 차이가 있다.

셋째, 윤치호의 이야기처럼 민이 정치에 대해 발언하는 것 자체는 잘못된 일이 아니다. 예전에도 물론 그런 일이 있었다. ③을 보면 민으로 하여금 말을 하지 못하게 한 적은 없다고 단언한다. 하지만 차이점이 있다면, 지금의 민회는 대신을 협박하고 임금을 위협하고 있다는 것이다. 결국 민의 정치 참여는 정해진 한계 내에서 이루어져야 하며, 그 분수를 넘으면 위험하다는 논리다.

넷째, 충군애국은 내세우는 명목일 뿐으로 믿을 수 없다. 외국의 사례에서도 그 잘잘못을 가릴 수는 없지만, 지금의 민회는 그러한 경우도 아니다.

이들은 외국의 의회와 민권, 민주 제도에 대해 직접적으로 논의하지는 않는다. 주된 강조점은 이들 민회 세력이 주창하는 내용이 아닌 자신들의 주장을 펼치는 방식에 있다. 방식이 천박하기 때문에 신뢰할 수 없다는 것이다. 또한 민권 신장이 군주권 약화를 가져온다는 것은 민권의 내용보다 더 중요한 결과이자 영향력이다. 이전 고종의 민에 대한 인식과 서양 정치체제에 대한 관심 정도에 비추어 볼 때, 대체로 이 상소문들은 고종의 의중에 부합하는 것이었다. 서양 정치체제의 의의를 완전히 부정하지는 않으며, 순종적이고 선량한 민을 별도로 상정하고 있다는 점에서 그러하다. 정교(鄭喬)가 쓴 『대한계년사(大韓季年史)』에는 고종의 발언이 좀 더 상세하게 수록되어 있다. 협회는 사적인 것이므로 국회와 같은 공적인 기구가 될 수 없고, 만민공동회의 백성들은 자식이고 자신은 부모이며, 충군애국이라 하면서 거리낌이 없는데 생업으로 돌아가라는 내용 등이 확인된다.

1898년 10월 20일 고종은 결국 다음과 같은 조령(詔令)을 내렸다.

> 듣건대 외국의 예에는 '협회(協會)'라는 것이 있고 '국회(國會)'라는 것이 있다고 한다. '협회'라는 것은 백성들이 사적으로 설치한 것으로서 하는 일은 공동으로 토론하는 일을 하는 것에 불과한 모임을 말하며, '국회'라는 것은 나라에서 공적으로 세운 것으로서 바로 국민들의 이해관계에 대해서 의논하고 결정하는 곳이다.
>
> 우리나라에도 백성들이 사적으로 설치한 협회라는 것이 있는데, 처음에 개명과 진보를 이룩하는 데 일조를 하지 않는 것은 아니다. 그러나 정령(政令)을 평론하고 출척(黜陟)하는 데 참여하는 것은 원래 협회의 규정이 아니다. 심지어는 자리를 떠나 모임을 열며 상소를 올리고 난 후에도 대궐을 지키며 대신(大臣)을 협박하는 등 전혀 제한을 받음이 없는 듯이 하니, 비록 국회(國會)라고 하더라도 이런 권한이 없는 것인데, 더구나 협회의 경우야 더 말할 것이 있겠는가? 생각이 이에 미치니 한심하기 그지없다.[44]

협회는 사적인 것이고, 국회는 공적인 것이라고 구별하여 규정했다. 그러면서 정부의 명령에 대해 평하고 정부 대신의 진퇴에 대해 논하는 일, 즉 정치에 관여하는 것은 허용하지 않는다고

---

44 『고종실록』, 1898년 10월 20일.

밝혔다. 규회에도 그런 권한이 없는데 협회는 더욱 그렇다는 것이다. 외국 국민들이 공적으로 모여 이해관계를 따지는 경우가 있음은 알지만, 군주의 권한을 침해하지 않는 범위 안에서만 가능하다는 인식을 보여 준다.

2

한국 사회의 일진회 인식 비판 [45]

1) 역사교육의 목적과 역사의식의 문제

역사교육의 목적 논의

역사교육 개설서에서는 역사교육의 목적을 크게 다섯 가지로 들고 있다. 그 중 교훈적인 성격이나 교양인의 자질을 갖추는 것은 역사교육의 부수적인 목적이고, 핵심은 역사인식, 민족의식, 역사의식 함양 세 가지다.[46] 그 중에서 역사인식을 역사교육이 갖고 있는 '내재적 가치'라고 표현하는 것으로 보아, 민족의식과 역사의식 함양에는 '외부적 목적'이 개입되어 있다. 그런데 사실 '역사인식(historical perceptive)'과 '역사의식(historical consciousness)'이 어떻게 다른 것인지 잘 이해되지 않는다.

역사교육 이론 전문가들조차 두 개념을 엄밀하게 정의하는 데

---

45   「역사수업에서 일진회 다루기-역사적 사고력과 역사의식의 측면에서-」(『역사교육논집』 73, 2020)를 수정·보완한 것임.

46   양호환, 「역사교육의 개념과 연구 영역」, 31쪽.

에 어려움을 겪는다. 여기에 '역사적 사고', '역사관' 등의 용어까지 더해지면서 개념 상의 혼란은 더 커진다.[47] 그래도 연구자들이 대체로 동의할 수 있는 선까지 정리해 보면 다음과 같다. 먼저 '역사적 사고'는 곧 역사가들의 역사 연구 과정을 따라하는 것이다. 이때 학생들이 가져야 할 기능을 '역사적 사고력'이라고 규정하고 이를 다시 연대기 파악력, 역사적 탐구력, 역사적 판단력, 역사적 상상력 등으로 세분화했다. 이처럼 '역사인식'은 과거의 사실들에 대해 이해하는 과정과 그 결과로 만들어진 지식을 모두 포괄한다. 이 과정에서 필연적으로 관찰자의 관점이 들어간다는 점에서 '역사관'과도 상통한다. '역사인식'은 학생들이 역사를 배우는 과정에서 얻게 되는 사고력과 그 결과물인 역사 지식을 지칭한다는 점에서 역사교육 자체에 내재된 가치라고 말할 수 있다.

문제는 '역사의식'이다. 일단 '역사의식'에는 '현재'의 '나'라는 존재가 강하게 '의식'된다는 점을 전제해야 한다. 즉, '현재의식'과 '자아의식'이 중요한 키워드로 설정된다. '역사의식'은 '자아의식'이나 '존재의식'의 연장선 위에 있는 것으로 파악되기도 한다.[48] 물론 '역사인식'에도 현재 관찰자의 관점이 작동한다. 그러나 '역사인식'이 특정한 대상에 대한 파악과 그로부터 생겨나는 개별적 지식에 한정된다면, '역사의식'은 그러한 방식으로 역사적 대상을 인식하도록 만드는 보다 근원적인 그 무엇이다. 이 지점에서 양자는 서로 연관된다. 이미 형성되어 있는 '역사의식'

47 김한종, 「역사교육 개념어의 용례 검토-역사적 사고, 역사해석, 역사인식, 역사의식-」, 32쪽.
48 최상훈, 「역사교육의 목표」, 23쪽.

이 특정 대상에 대한 '역사인식'을 만들어 내고, 반대로 개별적으로 축적된 '역사인식'이 넓은 차원의 '역사의식'에 영향을 주게 된다. 그래서 역사의식이 과잉이면 역사인식은 황폐해지고, 꾸준하게 역사인식이 쌓이다 보면 새로운 역사의식이 도출된다.[49] 양자는 밀접히 관련되고 개념적으로 혼용되기도 하지만, 역사교육의 목적과 관련해서는 일정하게 구분할 필요가 있다. 특히 역사교육의 목적을 살피기 위해서는 역사의식이 교육 현장에서 어떻게 이해되고 있는지 알아야 한다. 이 책에서는 역사 과목 중에서도 주로 한국사를 다루고 있다. 원칙적으로 한국사 과목의 교육 목표는 역사교육의 목적에 포함되어야 한다. 그러나 일제 시기 이래 '국사' 교육의 위상은 종종 역사교육 일반의 그것을 뛰어넘었고,[50] 현재도 그 잔재가 남아 있다. '현재적 의의'를 지녔다는 점에서 '자국사' 교육이 중시되는 것이다.

2015년 교육과정 고등학교『한국사』교육목표를 보면 '한국사에 대한 이해를 바탕으로 현대 사회를 역사적으로 인식한다', '한국인으로서의 정체성을 인식한다', '탐구 활동을 통해 역사적 사고력을 키운다', '현대 사회 발전에 능동적으로 참여한다' 등의 구절이 나온다. '역사적 사고', '역사인식'에 해당하는 부분을 제외하면, '한국인으로서의 정체성에 바탕하여 현대 사회에 참여'하는 것이 '역사의식'에 해당한다. '현재의 나'에 대한 의식을 가져야한다는 주문으로 볼 수 있다. 그런데 이 교육과정에서 이야기하는 역사의식은 곧 민족의식과 시민의식으로 구성된다. '한

49   허수, 「새로운 식민지 연구의 현주소-'식민지 근대'와 '민중사'를 중심으로-」, 99쪽.

50   김종준, 「일제 시기 '(일본)국사'의 '조선사' 포섭 논리」, 390~396쪽.

구인으로서의 징체성'은 민족의식, '현대 사회에 참여'는 시민의식에 해당된다. 1977년 3차 교육과정 국사과의 교육목표에 '문화 민족의 후예', '민족사의 특색', '우수한 민족 문화', '우리 민족의 역량', '민족적 가치관' 등의 구절이 나오는 것에 비하면 민족의식 강조는 상당히 줄어들었다. 역사교육이 민족주의 고양이라는 명분 아래 군사 독재 정권에 이용되었다는 반성이 일어났고, 1990년대 이후 사회과와의 통합이 강조되면서 민주시민으로의 자질 함양이 역사교육의 목표로 설정되었다.[51]

하지만 현재 교육과정에서 민족의식 고취가 배제된 것은 아니다. 현행 국가 교육과정에서 역사교육의 일관된 방향성을 찾는 것이 쉽지 않지만, 동아시아 역사 분쟁 대응 등의 명목으로 역사교육의 중요성이 다시 강조되고 있다. 포스트모던 시대에도 세계적으로 애국주의 역사교육의 효용성은 끊임없이 유지되고 있다. 자국사 중심에 대한 반성이 일었던 유럽에서 정치인들이 애국심 교육을 주문하는 일이 있었고, 중국의 중화민족 애국주의 역사교육과 일본의 극우 내셔널리즘 역사교육 역시 시간이 갈수록 그 정도를 더하고 있다.[52]

앞의 역사교육 개설서에서는 민족의식과 역사의식을 구분했

---

51 이신철, 「국사 교과서 정치도구화의 역사-이승만·박정희 독재정권을 중심으로-」, 197~206쪽; 조미영, 「해방 후 국사교과의 사회과화와 '국사과'의 置廢」, 58~59쪽.
52 백은진, 「무엇을 위한 역사교육이어야 하는가?: 국가 교육과정, 정부의 역사교육정책, '국가주의' 비판 담론에 대한 분석」, 297쪽; 이용재, 「역사의 정치적 이용-사르코지 대통령과 '역사 만들기'-」; 박장배, 「근현대 중국의 역사교육과 중화민족 정체성 2-중화인민공화국 시대의 민족 통합문제를 중심으로-」, 78, 111쪽; 김성보, 「한국·일본 역사교과서의 현대사 서술 비교-냉전체제 인식과 내셔널리즘을 중심으로-」, 39~41쪽.

고, 교육과정에는 민족의식, 시민의식에 관한 내용이 나온다. 필자(김종준)는 민족의식과 시민의식이 역사의식에 포함된다고 말했다. 실제 초·중·고등학교 역사 교사들은 세 용어를 엄밀하게 구분해서 사용하고 있을까? 아마도 대다수 교사들이 한국 근대사에서 독립운동이 중요하다고 가르치고, 한국 현대사에서 민주화 운동을 강조하는 것은, 각각 민족의식, 시민의식 함양에 해당되며, 그것이 곧 역사의식이라고 보기 때문이다. '올바른 역사의식'과 '민족에 대한 자긍심'을 동일시 한 것이다. 2010년 역사 교사들에 대한 심층인터뷰 연구를 보면, 교사들은 단일민족의 순수혈통을 강조하는 것과 관제 이데올로기로서의 민족주의에 문제가 있다고 여기면서도, 민족(국민)적 동질성을 중시하는 한국사 교과서에 큰 거부감을 느끼지는 않는 것으로 나타났다. 다른 한편으로 지난 한국사 교과서 국정화 반대 여론이 거셀 때, 역사교육 종사자들은 대부분 역사학의 관점은 다양하며 역사교육에서도 다양성을 존중해야 한다고 말했다. 그러나 자신들이 당연시하는 역사의식 자체가 현재의 특정한 관점으로부터 만들어졌다는 점을 실질적으로 고려했는지는 의문이다.[53]

이처럼 교육을 담당하는 두 주체인 국가(교육과정 마련)와 교사(수업 담당) 모두 역사교육이 왜 필요한지 근본적인 성찰을 해야 한다. 고식적인 역사교육 목적만 정해 놓고, 각종 자료 수집이나 학생 참여에만 몰두하는 것은 본말이 전도된 것이다. 역사교육의 목적이 실제 수업 현장과 무관하게 결정되어도 안 되겠

---

53 방지원, 「역사교육에서 '역사의식' 연구의 추이와 전망」, 256~257쪽; 김경애, 「민족주의와 다문화주의의 만남-한국사 교사의 민족의식과 다문화의식을 중심으로-」, 36~42쪽; 김종준, 「역사교육의 정치적 성격과 다양성 논의」, 81~83쪽.

지만, '왜' 가르치는가에 대한 고민 없이 '어떻게' 가르치는가에만 치중하는 것 역시 매우 공허한 일이다.[54]

역사교육에서 역사의식의 문제

역사의식 문제가 역사교육의 목적 논의와 밀접히 관련된다고 보는 이유는 무엇인가? 근대 역사학의 계보에서 역사의식의 현재성은 어떠한 의미를 갖을까? 일찍이 크로체(B.Croce)는 '역사철학의 초월성'을 내세워 문헌학적 역사학과 실증주의적 역사학을 비판한 바 있다. 이는 '모든 역사는 당대사'라는 현재주의적 역사주의로 정식화되었다.[55] 얼핏 근대 역사학은 현재적 관점을 매우 중시하는 것으로 보인다.

한편 서양의 헤로도토스, 동양의 사마천 이래 거의 모든 역사가들은 자신의 연구가 이전의 그것보다 '역사적 사실'을 밝히는 데에 더 충실하다고 주장해 왔다. 19세기 실증주의 역사학의 성립은 '역사적 사실'을 밝히는 행위가 과학의 수준에까지 올라야 한다는 요구에 부응한 것이다. 학문의 왕이 된 자연과학의 방법론이 인간 사회에도 적용되어야 한다는 흐름의 산물인 것이다.[56]

하지만 아무리 근사한 과학적 방법론을 도입하더라도 과거 사실의 단순 나열에 특별한 의미를 부여할 수 없다는 반론도 끊이지 않았다. 20세기 전세계 진보 운동에 이론적 근거를 제시한 것

---

54 양호환, 「역사교육의 목적을 다시 묻는다」, 25쪽; 키쓰 바튼·린다 렙스틱, 『역사는 왜 가르쳐야 하는가-민주시민을 키우는 새로운 역사교육-』, 64~66쪽.
55 크로체, 『역사의 이론과 역사』, 254쪽; 김기봉, 「우리시대 역사주의란 무엇인가」, 386쪽.
56 신승환, 『지금, 여기의 인문학』, 63~64쪽.

은 보편적·과학적 역사학으로서 마르크스의 역사적 유물론이었다. 그런데 역설적이게도 마르크스의 유물론이 강력한 힘을 발휘할 수 있었던 것은 진보에 대한 형이상학적 철학을 그 안에 품고 있었기 때문이다.[57] 애초에 철학과 과학 사이에서 역사학을 독립된 분과 학문으로 성립시킨 랑케의 이론에도 실증론과 관념론의 양면성이 존재했다.[58] 크로체가 과거 사실의 단순한 나열을 비판했다고 해서 현재적 관점의 상대주의적 해석을 무제한 허용한 것은 아니며, 그러한 점에서 랑케 이래 근대 역사주의의 계보에서 벗어났다고 볼 수 있다. 잘 알려져 있듯이 과거의 사실과 현재의 해석, 실증과 관념, 객관과 주관 사이에서 방황하는 역사가들의 처지를 그럴싸하게 포장해준 것이 카(E.H.Carr)다. '역사란 현재와 과거의 끊임없는 대화'라는 정의가 오늘날까지 거의 도전받지 않고 있는 이유는 그 절묘한 줄타기식 수사법에 있다. 이와 같은 카의 균형감이 환상에 불과할 수 있다는 점은 이미 지적된 바 있다.[59]

발표회장에서 역사가가, 역사 수업 시간에 교사가, '역사란 현재와 과거의 대화'라고 말할 때, 그는 무슨 말을 하고 싶어하는 걸까? '현재의 관점으로 과거의 사실을 본다'는 말의 의미를 자각하고 있을까? 여전히 줄타기식 수사법에 매달리고 있는 것은 아닐까? 이를테면 '관점의 차이'를 봐야할 지점에서는 '사실에 기반하고 있기 때문에 옳다'고 주장하고, '역사적 실상'을 봐야할 지점

---

57 뤼디거 자프란스키, 『니체, 그의 사상의 전기』, 142쪽.
58 김현모, 「랑케사관의 성격과 위치」, 42, 57, 67쪽; 김종준, 「랑케 역사주의 흐름으로 본 한국사학계 실증사학의 방법론」, 112쪽.
59 김현식, 『포스트모던 시대의 '역사란 무엇인가'』, 30쪽.

에서는 '올바른 관점에 기반하고 있기 때문에 옳다'고 주장하는 방식이 그러하다. 근본적인 문제는 '사실'과 '관점'의 관계에 대해 깊게 고민하지 않는다는 점이다.

얼핏 보면 현행 역사 교과서는 무수한 역사적 사실들의 나열처럼 보인다. 정치적 시비를 막기 위해서인지 노골적으로 관점을 드러내는 경우는 드물다. 그런데 당연하게도 그렇게 압축적으로 나열된 사실들도 특정 관점에서 의도적으로 선택되어진 것이다. 또한 가만히 보면 사실들은 단순하게 나열되는 것이 아니라 일정한 내러티브로 정교하게 배열되어 있다. 역사 내러티브는 대개 '행위자, 행위, 목적 및 의도, 배경, 도구' 등의 요소로 구성되는데, 흥미로운 것은 이 중 어떠한 요소가 빠져 있을 경우 수용자가 기존에 가지고 있던 내러티브를 활용해 채워 버린다는 점이다.[60] 즉, 교육과정 작성자, 교사, 학생이 모두 공유하고 있는 내러티브가 역사 수업 현장에서 활용될 가능성이 매우 높다. 이 내러티브가 한정적인데 역사적 사실 몇 가지가 추가되거나 교체된다고 해서 역사교육의 다양성이 확보될 리는 없다. 수업 현장에서 역사적 사실들을 역사 내러티브로 구성하는 과정에 역사인식과 역사의식이 개입한다. 막연하게 역사의식을 키우기 위해 역사교육을 한다고 말하기 보다, 우리 사회가 지향하는 역사의식의 내용을 구체화할 때 다양한 역사 내러티브의 구성과 실질적인 역사교육의 다양성이 보장될 수 있다. 역사적 사실과 역사 내러티브, 역사인식과 역사의식이 구현되는 과정을 도식화하면

---

60 키쓰 바튼·린다 렙스틱, 『역사는 왜 가르쳐야 하는가-민주시민을 키우는 새로운 역사교육-』, 233, 240쪽.

도식 1 역사적 사실, 역사 내러티브, 역사인식, 역사의식의 관계

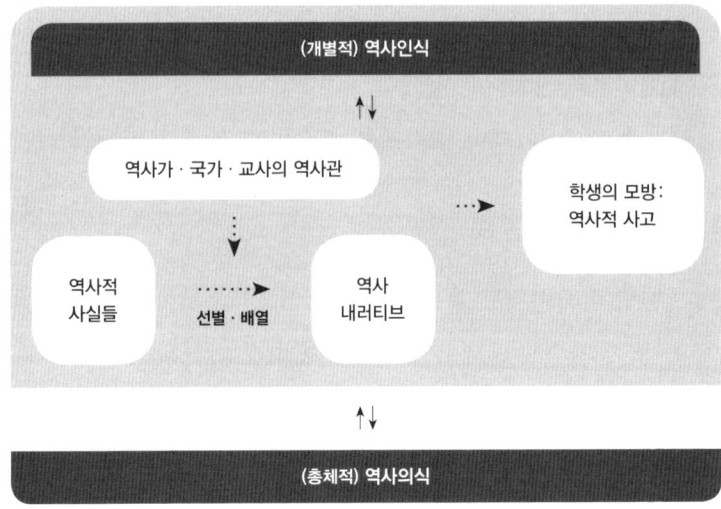

〈도식 1〉과 같다.

역사적 사실들을 역사 내러티브로 선별·배열하는 데에는 역사가와 국가의 역사관이 기본적으로 관여한다. 이 과정에서 역사학습의 필요성에 대한 교사 나름의 신념이 표면적 또는 암묵적으로 작동된다. 역사를 가르치는 교사들은 역사 전공 지식과 구별되는 학교 역사지식을 구성해 내는 생산자인 것이다.[61] 학생도 그러한 내러티브를 맹목적으로 수용하는 것은 아니다. 아무튼 학생이 이를 모방하는 학습 형태를 역사적 사고라고 부르고, 역사교육은 그 과정을 주축으로 이루어진다. 그런데 역사적 사고가 이루어지는 과정에서 교육 주체들의 관점이 반영되고, 학생

---

61   조지선, 「교실 수업에 반영된 교사의 역사교육관과 학생의 수용」, 14쪽; 이미미, 「교사가 파악하는 역사적 중요성과 교수·학습적 중요성」, 2쪽.

틀은 그 영향을 받을 수밖에 없다. 아울러 관점이 개입되는 과정에 역사인식과 역사의식이 작용한다. 앞서 본대로 개별 사안에 대해 인식 주체는 역사인식을 형성하고, 이러한 역사인식이 '현재의 나'에 대한 총체적인 의식으로 확장되었을 때 역사의식이라고 지칭할 수 있다. 또한 양자는 상호 작용한다.

따라서 역사교육의 목표로 어떠한 역사의식을 설정하느냐는 역사 내러티브가 어떻게 구성되느냐에 큰 영향을 끼친다. 편향적인 내러티브는 역사적 실상을 이해하기 어렵게 만들고, 그렇게 되면 역사적 대상에 대한 역사인식에도 왜곡이 생기게 마련이다. 그런데 민족의식이나 시민의식이 자동적으로 역사의식으로 귀결되는 것은 아니다. 기존 역사교육이 편향적 역사의식에 바탕하여 역사적 사실을 왜곡하고 역사인식에 장애를 준 대표적 사례로 일진회를 꼽을 수 있다.

오해를 막기 위해 미리 언급하자면 필자는 막연하게 역사교육에서 일진회 비중을 늘리자고 주장하는 것이 결코 아니다. 특정한 역사 국면에서 어떠한 역사의식을 중시하느냐에 따라 개별 사안에 대한 접근 방식이 크게 달라진다는 것을 논증하는 것이 1차 목적이다. 해당 시기를 어떠한 역사의식을 가지고 볼 것인가는 우리 사회가 합의하기 나름이다. 문제는 그동안 사회적 합의에 이르는 논의 과정이 편향적이고 경직되어 있었다는 점이다. 다음에서는 일진회 사례를 중심으로 이 문제를 구체적으로 논해보고자 한다.

2) 한국사 교과서의 일진회 인식

수업은 교사가 교과서를 가지고 진행한다. 국가는 교육과정이라는 수단을 통해 교사의 현장 수업을 통제한다. 국가의 개입은교과서가 국정이 아니라 검정일 경우에도 검정 기준 제시를 통해 이루어진다. 더군다나 국가와 교사, 학계의 내러티브가 유사한 부분에 있어서는 국정교과서와 검정교과서 간 차이가 더 줄어든다. 일진회가 바로 그러한 경우다. 1904년 만들어져 1910년까지 존속했던 일진회라는 단체는 역사수업에서 그간 어떻게 다루어져 왔을까? 먼저 국가 교육과정에서 일진회를 어떻게 인식하고 있었는지 1차부터 7차 교육과정까지의 교과서와 이후의 검정교과서로 나누어 살펴보겠다. 교과서는 대중 교육 중 가장 상급이라고 할 수 있는 고등학교 한국사 교과서를 대상으로 했다.

〈표 4〉에서 확인되는 것은 일진회가 애국 계몽 운동의 타자로서만 의미를 갖는다는 점이다. 특히 1960년대 1, 2차 교과서는그러한 대비가 아주 노골적으로 드러난다. 한편에는 자주독립을위해 애쓰는 선각자와 애국 단체 그리고 항일적인 고종이 있고,다른 한편에는 매국 운동을 벌이는 이들이 있는데 이들은 그저'소탕'의 대상일 뿐이다. 뒤에서 보겠지만 이 시기는 일진회에 관한 기초적인 사실 관계조차 연구되지 않았을 때이다. 일진회를연구한 박사학위논문이 처음 나온 때가 1984년이다. 기본적인역사적 사실이 규명되지 않았으므로 제대로 된 역사인식이 형성될 수도 없었다. 그럼에도 교과서는 일진회에 대해 매우 확신에찬 역사인식을 보여준다. 그 배후에 어떠한 역사의식이 깔려 있을지는 쉽게 짐작할 수 있다. 몇몇 '선각자 그룹'의 민족적 선명

표 4   역대 교육과정에서 고등학교 한국사 교과서의 일진회 관련 서술

교육과정 (발행 연도)	내용
1차(1957)	- 망국적인 매국노 송병준 등의 무리는 일본의 보호를 주장하여, 갖은 흉악한 짓을 다 할 때, 우리들의 선각자들은 힘써 자주독립하기 위하여 새로운 문화 운동을 일으켰다. - 민영환 등이 죽음으로써 조국의 운명을 바로 잡으려 했으나, 송병준 등은 일진회를 만들고 매국 운동에 분주했다.
2차(1968)	- 일제는 항일적인 고종을 몰아내고자 매국노를 앞세워 고종의 퇴위를 강요했다. - 대한자강회, 대한 구락부, 국민 교육회, 동우회 등 애국 단체의 영도하 에 항일 운동과 매국노 소탕 운동은 한층 격렬하게 일어났다.
3차(1979)	- 독립협회…… 보안회…… 애국 계몽 운동자들은 공진회, 헌정 연구회 등의 정치 사회 단체를 조직했고, 대한자강회, 대한협회 등으로 발전 시켜 가면서, 정치, 경제, 문화 등 각 방면에서 전국적 규모의 구국 항 쟁을 폈다. - 통감부는 주구 단체로 일진회를 만들어 애국 계몽 운동을 교란시켰다.
4차(1982)	3차와 동일.
5차(1990)	헌정연구회는 일진회의 반민족적인 행위를 규탄하다가 해산되었다.
6차(1996)	5차와 동일.
7차(2002)	일진회 언급 없음.

성을 부각시키기 위해 만만한 일진회 죽이기에 나선 것이다. 일진회에 '매국' 단체라는 꼬리표를 붙여 나머지 '애국' 단체를 빛나게 하려는 내러티브는 이처럼 초창기부터 존재했다. 애초에 역사적 근거가 약한 정치적 명제였기 때문에 이후에 수정·보완을 거치지만, 애국–매국의 기본적인 틀은 현재까지도 강고하게 유지되고 있다.

1970년대 3차 교과서부터는 앞의 내러티브가 좀 더 정교해진다. 2차 교과서까지는 애국 계몽 단체들이 그저 나열되었는데, 이제 그 계통성을 분명히 한 것이다. '독립협회→보안회→

하였다. 즉 고종 22 년(1885)에 아젠셀러(H.G. Appenzeller) 목
사는 한국 정부의 후원을 얻어, 배재학당(培材學堂)을 세우니,
이 학교는 신 교육의 학교로는 처음이요, 서양식 교육을 통하여
새로운 학문을 전하여 끼친바 있다. 5 년 뒤늦어 고종 27 년에는
또한 아펜셀러 목사의 힘으로 이화학당(梨花學堂)이 설립되니,
이 학교는 우리 나라 최초의 여자 교육의 새로운 기관으로 크게
활동하게 되었다. 또 기독교 계통의 학교로는 평양의 숭실(崇
實)전문학교(The Union Chrisitan College, 1906)와 서울의 연희
(延禧)전문학교(The Chosun Christian College, 1915)와 세브
란스 의학전문학교(Severance Union Medical College, 1917) 등
이 일본에 합방되던 전후에 우리들의 최고 교육 기관으로 활
동하였다. 이에 따라 한국 사람들의 손으로 새로이 허다한 학
교가 설립되었으나, 서울에는 보성학원(普成學園, 1905)·양정
의숙(養正義塾, 1905)·휘문의숙(徽文義塾, 1906) 등이 설립되
고, 특히 평양의 안창호(安昌浩)의 대성학교(大成學校)는 서북
인(西北人)의 각성을 촉진시키며, 민족운동의 근거를 이루었다.
일본인은 통감부를 통하여 착착 조선을 병합할 계획을 추진
하여, 모든 기관을 자기네의 관리하에 두도록 개편할 때, 우리
들의 문화 개척에는 두 가지 길이 있었다. 하나는 서양 선교사
들의 기독교 선교에 따른 새로운 문화 수립의 운동이었다. 자
기네의 선교를 위하여서 조선 교구(敎區)의 프랑스인 선교사들
은 우리말을 연구하여 한불자전(韓佛字典, 1880)이나 조선어문
전(朝鮮語文典, 1881) 등을 편찬 간행하여, 내외의 학인들에게
큰 자극을 주었다. 1905년 통감부가 설치된 후로 1910 년 사

이에 남궁석인 매국노(賣國奴) 송병준(宋秉畯) 등의 무리는 일
본의 보호를 주장하여, 잦은 흉악한 짓을 다 할 때, 우리들의
선각자들은 힘써 자주독립(自主獨立)하기 위하여 새로운 문화
운동을 일으키었다. 당시 서울은 물론, 각 지방에도 다수의
신 교육과 정치운동의 단체가 생기었다. 그 중 자강회(自强會)
·기독교청년회(基督教青年會)·흥사단(興士團) 등이 유명하며
후일 우리 사회에 크게 영향을 끼치었다. 밖으로 미국 본토와
하와이(Hawaii), 로시아의 우라더오스토크(Vladivostok), 일본
의 도쿄(東京 Tokio), 중국의 상해(上海, Changhai) 등지에 갔
은 단체가 조직되어 활동하였다.
일반 사람들의 각성을 촉구하며 신 문화의 수입을 위하여 출
판·신문의 운동이 일어났으니, 고종 20 년(1883)에 정부 기관
으로 박문국(博文局)을 두고, 관보(官報)의 성질을 띤 한성순보
(漢城旬報, 2 년 후 週報라 고침)를 내었다. 민간에서는 고종
33 년(1896) 서재필(徐載弼, Dr. Jeason)이 독립 신문을 국문으
로 간행함을 위시하여, 1898 년 남궁억(南宮檍)이 황성 신문(皇
城新聞)을 발간하여, 민족 정신을 고취하며, 을사보호조약
(乙巳保護條約, 1905)을 반대하다가, 일본인의 탄압으로 폐간
되었다. 그 때 영국인 베델(Bothell)은 양기탁(梁起鐸)과 대한
매일신보(大韓每日申報)를 발간하여 배일 운동을 하였다. 이
에 전후하여 서울과 지방 각처에서 다수한 신문과 잡지가 간행
되었으니, 최남선(崔南善, 六堂)이 신문관(新文館)을 세우고,
발행하던 월간 잡지 소년(少年)은 근세 문화에 크게 끼친바
있었다. 또 같은 때에 미국인 헐버트(H.B. Hulbert)는 코리

1957년 발행된
고등학교 국사 교과서의
일진회 서술 부분

공진회 → 헌정연구회 → 대한자강회 → 대한협회'로 이어지는 계보를 밝히고 이들의 운동을 애국 계몽 운동으로 보다 명확히 규정했다. 일진회는 여전히 이들 애국 계몽 운동을 교란시키기 위해 만들어진 일제의 앞잡이 단체로만 위치지워졌다. 일진회가 대한자강회는 물론 공진회, 헌정연구회보다 먼저 세워졌고, 독립협회를 계승했으며, 다른 어떠한 단체보다 많은 회원이 일진회 운동에 '자발적으로' 참여했다는 역사적 사실들은 완전히 무시되었다. 일진회를 애국 계몽 운동의 형상화를 위해 타자로 활용하는 방식은 1960년대보다 세련되어졌고, 이 구도는 1980년대까지 그대로 이어졌다.

1990년대 5차 교과서부터는 위의 내러티브에 약간의 교정이 가해진다. '헌정연구회가 일진회의 반민족적인 행위를 규탄하다가 해산되었다'는 서술에서만 일진회가 등장한다. 일진회를 노골적으로 매국 단체라거나 일제의 주구 단체라고 말하지 않는다. 물론 '반민족적'이라는 평가를 내리고 있는데, 그마저 교과서 집필자가 아니라 '헌정연구회'의 목소리를 대신 전달하는데 그쳐 객관성을 지키려는 듯한 인상을 준다. 이처럼 일진회에 대한 부정적 평가의 강도가 약해진 이유는 무엇일까? 이때는 일진회에 대한 기초적인 연구가 이루어지긴 했으나 역시 편향적 민족의식이 반영됐기 때문에 일진회에 대한 연구자들의 관점이 크게 달라지지 않았다. 그보다는 매국 단체 일진회를 통해 부각시키고자 했던 애국 계몽 단체들에 대한 환상이 무너지고 있다. 실제로 5차 교과서 뒷부분에서는 '일제의 한국 지배권이 더욱 강화됨에 따라 대한협회의 국권 회복에 대한 의지가 크게 약화됨으로써 국권 회복 운동의 큰 흐름은 신민회로 이어졌다'는 서술이 나온다.

일진회와 대한협회의 정치적 지향이나 입장이 크게 다르지 않았고, 통합 직전까지 갔다는 명백한 역사적 사실이 이제서야 '인식'되기 시작한 것이다.

2000년대 7차 교육과정에서는 애국 계몽 운동의 의의와 한계가 동시에 언급되면서 일진회는 아예 누락되었다.『한국 근·현대사』교과서가 별도로 발행되면서 분량이 줄어든 것도 원인이다. 그런데 2003년 금성출판사에서 나온『한국 근·현대사』에도 일진회는 한 번 언급된다. 대한협회가 병합 때 일진회와 공로를 다툴 정도로 친일적이었다고 밝힌 부분이다. 그러면서 별도로 애국 계몽 운동의 성격에 대해 상반된 주장이 있다고 소개한다. 개화 자강론이 국권 회복 운동의 논리적 바탕이었다는 주장과 사회 진화론에 기반해 제국주의 침략을 긍정했다는 주장 두 가지가 그것이다. 사실 이 논쟁은 역사적 사고력을 함양시키는 탐구활동에 매우 적합한 주제다. 또한 여기에서 일진회를 같이 다룬다면, 학생들이 처음에는 고정 관념으로 인해 당혹스러움을 느끼겠지만 결국 과거 사람들의 선택에 대해 역사적으로 고찰해 볼 수 있는 좋은 기회를 제공할 수 있을 것이다.

그러나 이후 발행된 검정교과서들을 보면 애국 계몽 운동의 한계는, 생각할꺼리라기 보다는 이미 답이 정해져 있는 역사 지식으로 한정되고 만다. 일진회에 대한 서술 역시 대부분 이전의 것들을 답습하고 있다. 하지만 일부 교과서는 2000년대 중후반 이후 나온 일진회에 관한 새로운 연구를 반영하여 일진회의 역사적 실체와 의의에 주목했고, 전체적으로 일진회 관련 언급도 늘어났다. 초창기 국정교과서는 일진회를 노골적으로 매국 단체로 규정했으나, 이후 애국 계몽 운동의 한계가 드러나면서 일진회

표 5   2009년 교육과정 한국사 교과서의 일진회 관련 서술

출판사	내용
두산동아	애국 계몽 운동 부분에서 일진회에 대한 언급 없음.
미래엔	애국 계몽 운동 부분에서 일진회에 대한 언급 없음.
천재교육	애국 계몽 운동 부분에서 일진회에 대한 언급 없음.
교학사	헌정연구회는 친일 단체인 일진회에 대항했다.
리베르	헌정연구회는 일진회와 대립하다가 통감부가 설치된 직후 해체됐다.
금성출판사	일진회: 1904년에 조직된 친일 단체로, 송병준, 이용구 등이 활동을 주도했다. 이토 히로부미가 사살되자 이를 빌미로 합방 청원서를 제출했다.
비상교육	1904년에 조직된 일진회*가 초기에는 민권 운동에 나섰다가 이후 친일적 성향을 보이자, 이들에 비판적인 이준·윤효정 등은 헌정연구회를 조직했다. ＊일진회: 1904년 송병준과 독립협회 계열 인물, 이용구를 중심으로 한 동학 교도들은 일진회를 결성했다. 이들은 독립협회와 유사한 강령을 내거는 등 민권 운동에 나섰다. 그러나 이들은 일본군의 보호를 받으며 각지에서 구타, 감금, 살상 등의 행위를 했다. 게다가 을사조약 체결 지지 선언서까지 발표하여 1905년 이후에는 '친일당', '매국 단체'라는 비난을 받았다. 이로 인해 동학 교주 손병희는 동학을 천도교로 개칭하고 이용구 등 일진회에 참여한 교도들을 축출했다.
지학사	친일 단체의 필요성을 절감한 일제는 친일 세력을 매수하여 일진회*를 조직하게 했다. ＊일진회(1904~1910): 송병준과 이용구가 만든 대표적인 친일 매국 단체이다. 1905년 일본에 외교권을 넘길 것을 주장했고, 1909년에 한·일 병합 청원서를 제출하기도 했다.

서술이 줄어들고 새롭게 다루어지기 시작한 것이다.

2009년 교육과정 개정을 반영한 2014년 발행 8종의 한국사 교과서에서 일진회 관련 서술을 모아보면 〈표 5〉와 같다. 일단 8종의 교과서는 모두 최소 한 번씩은 일진회를 언급했다. 〈표 5〉는 '애국 계몽 운동' 부분만 정리한 것이고, 일제 강제 병합을 다루는 항목에서 일제가 '친일 단체인 일진회를 부추겨 합병 여론을 조성했다'는 서술이 모든 교과서에 들어있다. 추정컨대 일본 극

우 정치인들의 망언 중 '조선인들이 원해서 병합한 것'이라는 주장에 대응하기 위한 것으로 여겨진다.

'애국 계몽 운동' 부분의 일진회 서술을 놓고 보면, 8종 교과서는 다시 세 부류로 나뉜다. 두산동아, 미래엔, 천재교육 3종은 아예 언급하지 않아 2000년대 7차 교과서와 동일하다. 교학사, 리베르는 헌정연구회 해산 과정에서만 일진회를 언급한다는 점에서 1990년대 5차 교과서의 역사인식으로 회귀했다. 그 외에 금성출판사, 비상교육, 지학사 3종은 일진회를 별도의 항목으로 설명한 점이 다른 교과서들과 구분된다. 그런데 이 3종 교과서는 또 각각의 특징이 있다. 지학사는 애국 계몽 운동 부분에서 일진회를 별도 항목으로 뽑아 냈지만, 그 내용을 보면 일제에 매수된 친일 세력일 뿐이다. 이는 오히려 1970년대 3차 교육과정의 역사인식으로 돌아간 것이다. '매국' 단체라는 사라진 고어를 되살려내기도 했다. 금성출판사와 두산동아는 일진회를 애국 계몽 운동 항목이 아닌 강제 병합 부분에서 다룬다. 다만 금성출판사는 만민공동회 부분에서 1894년 민란을 일으킨 동학 세력이 1904년 재기한 집회를 '민회'라고 불렀다며 이를 '민권'의 차원에서 논하고 있다. 당대 '민'이 어떠한 존재였는지 생각해 보게 만드는 탐구활동이다.[62] 그러면서도 이 1904년의 민회가 일진회가 된다는 사실은 기술하지 않아, 일진회의 실체를 밝히는 데에 조심스러워 하는 인상을 준다.

반면 비상교육은 다른 7종의 교과서들과는 달리 일진회의 역사적 실체와 의미를 적극적으로 드러냈다. 민권 운동에 나선 사

62　김종준, 「대한제국기 입헌군주제 논의와 한국사 교과서 서술」, 38쪽.

실, 독립협회 계열과 동학 교도들이 참여한 사실, 매국 단체로 비난받은 사실 등 근래의 연구성과를 과감하게 반영했다. 특히 '일진회가 민권 운동에 나섰다가 친일적 성향을 보이자, 이들에 비판적인 이들이 헌정연구회를 조직했다'는 서술 방식이 매우 흥미롭다. 일반인들은 물론이고 역사 연구자나 역사 교사들에게도 이러한 서술 방식은 매우 낯설다. 헌정연구회와 일진회가 대립했다는 사실 자체는 같지만, 헌정연구회가 주체인 내러티브에 익숙한 이들에게 일진회를 주체로 삼는 내러티브는 일종의 패러다임 전환이다. 그동안은 왜 일진회를 행위의 주체로 삼는 내러티브를 감히 '상상'도 하지 못했을까? 역사적 실상 파악을 어렵게 하여 올바른 역사인식 형성을 저해하는 역사의식은 무엇인지 뒤에 다루기로 한다.

국정화 시도가 좌절되고 새롭게 만들어진 검정교과서를 2020년부터 사용하고 있다. 비상교육 1종의 교과서가 시도해본 새로운 내러티브가 확산될 가능성은 있을까? 전망은 밝지 않다. 현재 한국사 교과서는 교육부에서 만든 성취기준과 해설, 학습 요소 등을 고려하여 만들어진다. 새로운 성취기준 해설을 보면 '러일전쟁에서 승리한 일제가 한반도의 식민지화를 본격적으로 추진하여 대한제국에 대한 침략을 용이하게 하기 위해 군사권, 재정권, 사법권 등을 침탈했음을 파악한다. 이러한 국권 침탈에 맞서 애국 계몽 운동과 의병 운동을 중심으로 하는 국권 회복 운동이 일어나고 황무지 개간권 요구 반대 운동과 국채 보상 운동의 경제적 구국 운동이 전개되었음을 파악한다'라고 되어 있다. 1904년부터 1910년까지의 역사는 침탈과 저항이라는 이항대립적 구도로만 보아야 한다는 입장은 1950년대 1차 교육과정부터 국가의 일관된 태도다. 물론 그 앞 시기로 범위를 넓히면 '근대 국가 수립 노력', '근대 문물 수용에 따른 사회 변화'도 다루어져야 한다. 그러나 1904년부터 1910년까지의 주된 내러티브는 반드시 민족적 구도가 되어야 한다는 것이다.

물론 교육과정이 이전보다 '대강화'되는 추세이기 때문에, 교과서별 자율성은 확대되고 있다. 그러나 민족의식을 중시하는 내러티브는 국가만이 아니라 연구자, 교사, 학생 모두에게 너무나 익숙하기 때문에 쉽게 바뀌지 않을 것이다. 근래 '민주주의'를 내세우며 대안교과서를 펴내는 교사들이 생겨나고 있다. 대안교과서는 기존 교과서의 인식이 문제가 있다고 여겨 쓰는 것이다. 따라서 대안교과서는 일진회를 어떻게 다루는지 확인해볼 필요가 있다. 교사들이 쓴 대안교과서의 일진회 서술 방식이 기존 교과서와 차이가 없다면, 대안교과서 집필자들 역시 기존 교과서의 일진회 관련 내러티브에 문제를 못 느끼는 것이다.

'근·현대사의 시기 구분을 민주주의란 일관된 흐름으로 파악'한 대안교과서를 A,[63] '정치, 경제, 사회, 문화의 실질적인 민주화를 추구'한 대안교과서를 B[64]라고 하자. 먼저 A를 보면 두산동아 등의 교과서와 동일하게 애국 계몽 운동에서는 언급하지 않고, 강제 병합 부분에서 '일진회 같은 친일 단체가 강제 병합을 지지했'고 했다. 아울러 애국 계몽 운동 부분에 제시된 표에서 『국민신보』가 '친일 단체 일진회의 기관지'라고 표기했다. 그런데 직접적으로 일진회라고 밝히지는 않았지만 '동학교도들 가운

---

63   김육훈, 『살아있는 한국 근현대사 교과서』, 2011.
64   한상철·이영복, 『내가 쓰는 한국 근현대사』, 2011.

데 서구 문물 수용이 불가피하다고 여긴 이들은 단체를 조직하고, 언론·출판·교육 운동을 벌였다'고 하고, 옆에 '자강 계몽 운동'이라고 명명했다. 즉, 저자는 일진회가 계몽 운동을 벌였다는 역사적 사실을 나름 인지하고 있었지만, 친일 – 반일, 매국 – 애국의 내러티브에 조금이라도 균열을 일으킬 만한 서술은 피한 것이다. 아울러 집필 의도에 맞게 독립협회와 대한제국, 병합의 과정을 민주주의, 공화주의의 관점에서 돌아보았다. 그러면서 한편으로 독립운동을 민주주의에, 민족주의를 공화주의에 대입하려고 애썼다. 이는 '정부가 신민으로 규정한 인민들은 목숨을 걸고 항일 투쟁에 나섰으나, 친일 매국노로 가득 찬 정부는 황제의 명령이란 형식을 빌려 항일 운동을 탄압했으며, 결국 강제 병합을 받아들였다'는 식으로 도식화된다. 이와 같은 도식 안에서 항일 투쟁에 나서지 않은 인민들, 항일 운동에 나선 황제 측근들은 시야에서 사라진다. 교과서 집필자가 정말 민주주의라는 역사의식에 바탕해 다수 민중의 지향점에 대한 역사적 인식을 학생들에게 가르치고자 한다면, 고정관념적 내러티브에서 벗어나 역사적 실상을 성찰할 수 있도록 해야 한다.

이어 B의 경우도 2000년대 7차 교육과정의 역사인식에 머물러 있다. '애국 계몽 운동'에서 '애국'을 빼버리고 '계몽 운동'이라고 표기하며 한계를 지적했으나, 일진회에 대한 언급은 전혀 없다. 마치 지식인들의 한계를 지적하면 역사에서 민중이 자동적으로 부각되고, 그렇게 하면 곧 민주주의적 역사 서술이 된다고 보는 듯하다. 그러나 역동적인 민중의 움직임들을 민족운동이나 계급투쟁, 민주화 운동 등으로 코드화하는 것 역시 역설적이게도 지식인의 역할이다. 반복하지만 문제는 그렇게 코드화된

역사 내러티브가 역사적 실상에 대한 파악을 어렵게 한다는 점
이다. 부정확한 역사적 사실에 기반한 역사인식은 당연히 '현재
의 우리가 어떠한 역사의식을 가져야 할 것인가'라는 문제에 성
찰적인 해법을 제시해주지 못한다. 그러면 도대체 일진회에 관
해 제대로 된 역사적 사실은 무엇인가?

3) 일진회에 관한 '통설'과 '이설'

앞에서 언급한 국정, 검정 한국사 교과서 및 대안교과서의 저
자들은 일진회에 관한 학계의 '정설'이 그렇지 않느냐고 항변할
지 모른다. 정설이 무엇인지 따지기 전에 각종 한국사 개설서의
내용을 보면 틀린 말은 아니다. 1960년대 이래 발간된 주요 한
국사 개설서들을 찾아 보면 일진회는 '친일 단체'라고 단편적으
로 언급될 뿐이고, 그마저도 없는 경우도 있다.[65] 이는 개설서
저자의 정치적 성향, 현재적 문제 의식이 어떠한지와 별 상관이
없다. 이른 시기부터 민족주의 역사학의 국수주의적 경향을 우
려했던 이기백[66]의 『한국사신론』이나 주류 민족주의 역사학의
관점에서 한국사를 바라보는 『한국근현대사 강의』, 그리고 과학

---

65 참고한 개설서 목록은 다음과 같다. 이기백, 『한국사신론』新修版, 일조각, 1990;
한국역사연구회, 『한국역사』, 역사비평사, 1992; 한영우, 『전면개정판, 다시찾
는 우리역사』, 경세원, 2003; 역사학연구소, 『함께 보는 한국근현대사』, 서해문
집, 2004; 한국사특강편찬위원회, 『개정신판 한국사특강』, 서울대학교출판문화
원, 2008; 한국근현대사학회, 『한국근현대사 강의』, 한울아카데미, 2013; 김태
웅, 『뿌리깊은 한국사 샘이 깊은 이야기 ⑥ 근대』, 가람기획, 2013.

66 김종준, 「한국사학계 반식민 역사학 정립 과정에서 실증사학의 위상 변화」, 60쪽.

적·실천적 역사학을 표방한『한국역사』와 거기에 대중성을 추가한『함께 보는 한국근현대사』모두 마찬가지다. 애국 계몽 운동과 일진회를 바라보는 시각이 교과서와 거의 흡사하다. 민족성, 계급성, 과학성에 대한 관점은 조금씩 다르지만 '내재적 발전론'이라는 큰 틀에서 한국사를 침략과 저항의 이항대립적 구도로 보는 주류 학자들의 역사인식이 교과서 서술에도 직·간접적으로 영향을 미쳤기 때문일 것이다.

대학생들의 교양 한국사 교재를 표방한『한국사특강』이나 현직 역사 교사들이 많이 참고한다는『뿌리깊은 한국사 샘이 깊은 이야기』역시 비슷하다. 이와 달리 일진회를 비교적 비중있게 다룬 개설서로는『다시찾는 우리역사』를 꼽을 수 있다. 조선왕조의 문민전통을 재평가하겠다는 저자(한영우)는 근대 시기 계몽운동에 대해서도 약간 독특한 관점을 드러낸다. 구국계몽운동의 한 갈래로 독립보다 실력양성을 앞세운 이들을 들고, 이들이 서양의 자유, 평등, 민권사상을 선호하며 서양식 근대 시민국가를 수립하고자 했으며, 통감정치가 우리나라를 문명국으로 발전시킬 수 있는 좋은 기회라고 보았다. 결과적으로 친일파로 전락했지만 일진회가 그 대표적 단체라고 밝혔다. 일진회에 관한 새로운 연구가 본격적으로 등장하기 이전에, 이른바 정설과 구분되는 일진회 인식을 보여준 것이다. 한정된 시기만을 다루고 있지만, 민족주의와 민중주의의 편향성을 극복하고 일관되게 민주주의의 틀로 역사를 들여다보려는 책에서 일진회 민권론의 의의와 한계가 자세하게 다루어진 사례도 있다.[67]

67   김정인,『민주주의를 향한 역사: 시대의 건널목, 19세기 한국사의 재발견』, 309~

흔히 교과서에 실린 내용은 '정설'이라고 생각하는데, 그렇다면 수록되지 않은 내용은 '이설'이 된다. 그러나 논리적으로 따져보면 '정설'이 교과서에 반영될 수는 있지만, 교과서에 실려 있다고 해서 다 '정설'은 아니다. 예를 들어 1910년대 일제가 전 국토(나중에는 전 농지)의 40%를 수탈했다는 내용이 별다른 근거 제시 없이 오랜 동안 국정 한국사 교과서에 실려 있었다. 한 연구자는 그러한 현상을 권력화한 대중의 집단기억과 상업화된 민족주의 학계의 결합이라고 문제제기 한다.[68] 국가 권력과 대중 권력이 공유하는 내러티브에 학계가 편승할 때, 교과서 내용은 손쉽게 반복 재생산된다. 교과서와 개설서에 실린 내용이 정설이 맞는지 의문을 품지 않으면, 수록 자체만으로 정설의 근거가 되어버린다. 근래 한국사학계 내부에서도 침탈과 저항이라는 이항 대립적 구도로 구성되는 민족사학이 역설적으로 식민사학과 닮은 꼴이라는 반발이 강하게 일어나고 있다.[69]

이처럼 논란의 여지가 있는 '정설'이라는 용어 대신 '주류설', '다수설'이라는 용어를 사용하면 합리적 접근이 가능해진다. 교과서에 실려 있는 '주류설', '다수설'과 그렇지 않은 '비주류설', '소수설'을 비교해 보려는 문제의식이 생길 수 있기 때문이다. 그런데 일진회를 연구하는 연구자가 많지 않기 때문에 그 속에

316쪽.

68 이영훈, 『'해방전후사의 재인식' 강의, 대한민국 이야기』, 77쪽.

69 김종준, 『식민사학과 민족사학의 관학아카데미즘』; 한양대 비교역사문화연구소, 『식민주의 역사학과 제국: 탈식민주의 역사학 연구를 위하여』; 한양대 비교역사문화연구소, 『제국 일본의 역사학과 '조선': 식민주의 역사학과 제국 2』; 김종준, 「식민주의 역사학, 극복의 대상인가, 성찰의 대상인가?-『제국 일본의 역사학과 '조선'』 서평-」 참조.

서 '다수설'과 '소수설'을 구분하기는 어렵다. 그보다는 다수 연구자에게 받아들여지는 '통설'과 그렇지 않은 '이설'의 구분이 가능하다. 1984년 나온 조항래의 박사학위논문 「일진회 연구」, 2008년 나온 김종준의 박사학위논문 「대한제국 말기 일진회 연구」를 각각 대표적인 통설과 이설로 볼 수 있다. 이설이 통설을 어떠한 지점에서 비판하고 있는지, 그러한 비판에도 불구하고 통설이 학계와 교과서에서 유지되고 있는 이유는 무엇인지 검토해 보려고 한다.

일진회에 관한 최초의 종합적 연구를 한 학자는 조항래이다. 그는 자신의 논문에서 일진회는 '일인들의 조종과 고문의 농간에 의한 일제의 한국 침략의 앞잡이 단체'라고 규정했다. 이 연구는 이른바 일진회 '유령단체설'을 극복하고, 실체에 관심을 보였다는 점에서는 의의가 있다. 일진회의 조직 과정, 주변 단체, 재정 관계 등을 자료에 입각하여 정리했다. 그러나 그 '전모'를 온전히 밝히지는 못했다. 조항래는 이 시기 사회단체를 '독립주권수호단체'와 '매국단체'로 구분하고 전자에는 독립협회, 헌정연구회, 대한자강회가 있고, 후자에는 일진회가 있다고 했다.[70] 일진회가 '정치단체'임을 인정했지만 그에 앞서 '매국단체'라는 규정이 워낙 강하다 보니, 일진회의 정치 행위 중 친일 행위만 부각되는 결과를 낳았다.

한편 일진회와 연결되는 동학 계열 진보회의 개혁적 성격에 관심이 쏟아진 적이 있다.[71] 이후 외국에서 통설과 다른 주장들

---

[70] 조항래, 「일진회 연구」, 6, 11쪽.
[71] 이은희, 「동학교단의 '갑진개화운동'(1904~1906)에 대한 연구」; 김경택, 「한말 동학교문의 정치개혁사상 연구」 참조.

이 제기되었다. 일본에서는 일진회와 민중들이 다양한 경로로
접촉했다는 주장이 나왔다.[72] 미국의 한 연구자는 일진회를 '인
민주의자(populist)'로 재평가했다.[73] 그러나 미국과 일본의 연구
는 당시 일진회가 처한 상황들과 일진회에 대한 한국인들의 정서
등을 충분히 고려하지 않았다는 한계가 있다.[74] 그러한 한계를
극복하기 위해 통설에서 인용된 바 없는 수백 건의 신문기사, 정
부 문서, 일본 및 일진회 측 기록을 이용한 연구가 등장하여 일
진회에 대한 새로운 상을 정립했다.[75]

그 결과 일진회 활동은 구래의 비기득권층이 정치·경제적 욕
구를 채우기 위해 정치 운동에 나섰다가 식민지화 과정에서 '매
국' 단체로 전락한 것으로 이해되었다. 일진회의 성격을 새롭게
규정하면서, 이 시기 정치 운동의 구도 역시 이전과 다르게 접
근할 필요성이 생겼다. 민권론과 민권운동을 적절하게 구분하지
않고, 독립협회와 일진회의 계승성을 숨긴 상태에서, 민족운동
아래 종속시키는 형태로 얼버무려 왔기 때문이다. 이상의 새로
운 연구성과를 바탕으로 재구성해 보면, 독립협회, 일진회, 대한
협회 등 주요 정치단체는 '관권 저항형 민권론'을 가지고 있었고,
『대한매일신보』 등은 '국권 종속형 민권론'의 입장에서 민권운동

---

72 林雄介, 「一進會の前半期に關する基礎的研究-1906年8月まで-」; 林雄介, 「一進會
    の後半期に關する基礎的研究-1906年8月~解散-」; 林雄介, 「運動團體としての一
    進會-民衆との接觸樣相を中心に-」 참조.

73 Yumi Moon, "The Populist Contest: The Ilchinhoe Movement and the Japanese
    Colonization of Korea, 1896~1910"; Yumi Moon, *Populist Collaborators: The
    Ilchinhoe and the Japanese Colonization of Korea, 1896~1910* 참조.

74 Kim Jong-Jun, "Book Review. Populist Collaborators: The Ilchinhoe and the
    Japanese Colonization of Korea, 1896~1910" 참조.

75 김종준, 「대한제국 말기(1904~1910) 일진회 연구」; 김종준, 『일진회의 문명화론
    과 친일활동』; 김종준, 「고종과 일진회의 엇갈린 근대국가 인식」 참조.

의 실체를 부성했다.[76] 외형적으로 '민권'을 이야기하는 것은 동일하지만, 그 용어 속에 내포되어 있는 의도와 정치적 지향은 달랐다는 뜻이다. 특히 일진회의 민권운동은 일정하게 지역민들의 지지를 받았다는 점에서 실체를 지니고 있었다.

그러면 일진회에 대한 새로운 연구성과는 얼마나 인정받고 있을까? 일진회의 정치 운동을 인정하고 그들의 논리를 추적하는 연구가 등장했다는 점은 이전과 달라진 점이다.[77] 하나의 '정치 사회집단'으로 인식하고 그들이 왜 그러한 선택을 하게 되었는가를 따져 보려고 한다. 이 시기를 다루는 일반 논문들도 더 이상 일진회에 '친일매국단체'라는 단순 꼬리표를 붙여 묘사하지는 않는다. 하지만 그 이상의 진전은 없었다. 일진회에 대한 서술에 조금 더 주의할 뿐, 일진회를 통해 당대 정치사나 사회사를 새롭게 쓰려는 시도는 나타나지 않았다. 더 큰 문제는 긍정적인 쪽이든 부정적인 쪽이든 반응을 보이지 않는다는 점이다. 분명 기존 역사상에 균열이 일어날 만한 문제제기를 했음에도 불구하고, 일종의 '무시'로 일관하고 있다.

역사교육에서 민족의식과 시민의식의 관계

역사적 주제를 다룰 때는 민족의식, 시민의식, 역사적 사고력을 함께 고려해야 한다. 이 때 세가지 측면이 상충되는 경우 어느 것을 더 우선할 것인가 판단해야 한다. 즉, 일진회를 민족의식으로만 다루고 시민의식과 역사적 사고력을 배제하면 제대로 된 역

---

76 김종준, 『한국 근대 민권운동과 지역민』 참조.
77 예를 들어 이태훈, 「일진회의 '보호통치' 인식과 '합방'의 논리」와 같은 논문을 들 수 있다.

사교육이 이루어지지 못한다. 그런데 현행 교육과정은 일진회를 민족의식 측면에서도 제대로 다루지 않는다. 의식적이든 무의식적이든 그저 숨기는데 급급하여 허울뿐인 '민족의식 고취'에 매달리고 있다.

그러면 일진회를 시민의식의 측면에서 다루는 것은 어떠할까? 근래 시민교육의 관점에서 역사교육을 중시하는 제안서가 출간되었다. 제안 이유를 '민족' 대신에 '민주'를 중심에 두는 역사교육으로의 전환이 모색되고 있기 때문이라고 밝혔다. 그러면서도 '민주시민을 기르는 역사교육'보다는 '시민적 관점의 역사교육'이 중요하다고 보았다. '시민적 관점의 역사교육'에서 민주시민 육성은 교육의 결과이지 목적은 아니라는 것이다. 역사교육이 시민교육의 도구과목으로 전락하고 학교 교육에서 입지가 약화될 우려가 있다는 현실적 이유 때문이다. 따라서 시민교육을 역사교육의 본질과 목적으로 보아야 할지도 미해결의 과제이다.[78]

이처럼 그 책에서도 여전히 시민의식과 민족의식, 역사의식의 관계 설정은 명확하지 않다. 몇몇 대안적 사례를 제시하고 있지만, 기존 한국사 교과서와 어떠한 지점에서 차별화되는지가 뚜렷하게 드러나지 않는다. 그나마 현재로부터 시간적으로 멀리 떨어진 삼별초의 경우 백성의 입장에서 '민족적 항쟁'인지 문제제기가 가능하지만, 3·1운동의 경우 '보편적 인권'의 관점에서 새롭게 접근하려 해도 활용 가능한 텍스트의 민족주의적 성향과 학생들의 강고한 고정관념적 내러티브가 이를 막았다. 학생들은 수업 후 일본을 '악'과 동일시했다. 민주시민교육을 위해 '인권'을

---

78 김한종, 「시민 역사교육의 개념과 내용 구성 원리」, 19, 48~50쪽.

내세웠지만 오히려 학생들의 '인종주의적' 사고방식만 더 강화시킨 셈이다.

역사의식이란 현재의 내(개인)가 우리(공동체)의 문제를 어떻게 바라보고 해결할 것인가에 대한 고민 속에서 형성되어야 한다. 다시 말해 우리가 속해 있고, 유지하고자 하는 공동체의 성격을 어떻게 설정할 것인가의 문제다. 이때 근대화 과정 이래 수많은 변형을 거쳐 추구되어온 민족의식 또는 국민의식은 폐쇄적이기 때문에 지양되어야 한다는 데에 많은 이들이 공감한다. 그래서 민족의식 또는 국민의식을 대체할 수 있는 정체성으로 시민의식이 대두되고 있는 것이다. '시민'은 각 '개인'이 공동체의 공공선에 대해 사고할 수 있는 주체로 설정할 수 있다. 반면 '민족'이나 '국민'은 공동체에 종속되어 특정 권리를 증명해야 하는 존재로 한정되기 쉽다. 그럼에도 굳이 '시민' 대신 '민족'이나 '국민'이란 용어를 강조할 필요가 있을까?

그러나 실상 우리 사회에서 민족의식과 시민의식은 여전히 편의적으로 결합하여 사용되고 있다. 2019년 3·1운동 100주년 기념식 기념사에서 문재인 대통령은 '민족정기 확립' 차원에서 '친일잔재 청산'을 주장하면서 이를 '진실'과 '가치'의 문제라고 강조했다. 국가의 역사교육 개입을 비판하며 집권하고, '민주시민교육 활성화'를 통해 지난 정권과 차별화하려는 정부에서 나온 발언이다. 2019년 여름, 강제징용 배상 판결 관련과 관련하여 일본이 경제보복을 행하자 이 같은 정부의 태도는 더욱 강화되었다. 정치학자 최장집은 한 발표회에서 문재인 정부가 추진하는 친일청산 정책 역시 관제민족주의라고 비판했다. 일제 유산의 청산과 현 정부의 역사적 정통성을 결합시키기 위해 역사교육에 관여하는 것이 바로 관제민족주의의 전형적 모습이라는 것이다.[79] 물론 현 정부의 입장에서는 과거 독재자에게 충성하는 국민(민족)을 양성하는 국가와 개인의 자율성에 바탕한 시민(국민)으로 구성된 국가는 다르다고 할 것이다. 애초 19세기 유럽에서도 종족성 및 고유한 문화적 정체성을 중시하는 민족 담론과 구성원의 자발적 선택을 중시하는 민족 담론 사이의 구분은 있었다.[80] 그러나 민족주의 이데올로기 아래 대내적으로 민족 구성원의 평등 의식과 대외적으로 외세에 대한 저항 의식은 뒤섞여 버리기 쉽다. 특히 특수한 역사적 경험을 가진 한국 사회에서 종족적 민족주의가 시민적 민족주의를 덮어버릴 가능성이 높은 것도 사실이다. 학계에서도 '민주적 애국주의'라는 용어가 사용되면서 혼동을 더하고 있다. 애국할 만한 '민주공화국'을 만들면 된다는 견해와 결국 '종족주의적 애국주의'로 퇴행할 것이라는 우려가 맞서고 있다.[81]

최장집의 내용 못지 않게 흥미로운 것은 홍태영의 글이다. 1990년대 냉전 종식과 포스트모더니즘의 대두, 1997년 경제 위기 이후 개인주의가 팽배한 가운데 초창기 통합의 구심점이 되었던 근대 국민국가의 민족주의 이데올로기가 우리 사회에 남아 있는지 질문하고 있다. 현 시대 민족주의는 개개인의 이해관계 속에 특정 집단에 대한 배제의 이데올로기로서만 기능한다고 진단

---

79   최장집, 「한국 민족주의의 다성적(polyphonic/多聲的) 성격에 관하여」, 2쪽.
80   노버트 엘리아스, 『매너의 역사: 문명화 과정』, 33~72쪽; 에르네스트 르낭, 『민족이란 무엇인가』, 81쪽; 한스 울리히 벨러, 『허구의 민족주의』, 127쪽.
81   임지현, 『민족주의는 반역이다: 신화와 허무의 민족주의 담론을 넘어서』, 83쪽; 심성보, 「애국심과 민주주의가 결합된 민주시민 교육-애국주의 논쟁을 중심으로-」, 273~276쪽.

했다.[82] 그러한 가설을 이 책에 적용시켜 보면, 개인의 욕구 등이 모여 형성된 원형질의 포퓰리즘이 맥락에 따라 민족의식이나 시민의식 등으로 이름 붙여지고 있는 것이다. 따라서 현재 우리 사회에 중요한 것은 명목상의 민족의식이나 시민의식이 아니라, 구성원의 개별적 충동이 어떠한 식으로 분출하는가에 관한 솔직한 고찰이다. 일진회는 그러한 측면에서 매우 적합한 역사적 사례이다. 일진회의 구성원이 바로 비기득권적 대중이었으며, 일진회 운동의 원동력이 바로 이들의 정치·경제적 욕구의 포퓰리즘적 수용 방식에 있었기 때문이다. 비기득권층이 포퓰리즘적 방식으로 정치·경제적 욕구를 해결하는 것에 대해 당대와 후대 지식인들은 민족주의와 민주주의의 관점에서 해석하려 했고, 그러한 논쟁은 현재도 유의미하다.

결국 단순히 시민의식이나 민주주의가 중요하다고 말만 할 것이 아니라, 좋은 시민을 키우고 좋은 공동체를 만들기 위한 정치 토론이 역사 수업 시간에 시도될 필요가 있다. 물론 그 과정에서 객관적인 역사적 사실에 바탕한 역사인식이 무엇인지 찾으려 끊임없이 노력해야 한다. 그래야 시대착오적 인식, 목적론적 역사해석뿐 아니라 정치적 편향도 피할 수 있다. 일정한 역사적 근거를 가지고 상대방을 설득하려는 활동은 그 자체로 공동체의 참여민주주의 발달에 기여한다.[83] 특별히 망국의 상황이라고 해서 민족의식의 고취가 중요하다는 생각에 필자는 동의하지 않는다. 침략의 실체는 명확히 파악해야 하지만, 대응의 양상은 단일하

---

82   홍태영, 「사라진 네이션(nation) 그리고 국민국가와 내셔널리즘의 전환」 참조.
83   키쓰 바튼·린다 렙스틱, 『역사는 왜 가르쳐야 하는가-민주시민을 키우는 새로운 역사교육-』, 163, 336쪽.

지 않기 때문이다. 망국의 상황에도 공동체 구성원 간에는 갈등이 존재하고 또한 어떤 길로 나가야 할지를 두고 서로 논쟁을 벌인다. 아니 오히려 망국의 순간이기 때문에 더욱 치열하게 논쟁을 벌이게 마련이다. 공동체가 나아가야 할 길이 그냥 정해져 있는 것이 아니다. 구성원에게 무조건 공동체를 위하여 목숨을 바치라고 할 권리를 가진 이는 없다. 특히나 그것이 권력을 가진 자의 주장일 경우에는 더더욱 그러하다.

제국주의 침탈의 시대 상황에서 개인의 자유와 권리보다 민족·국가의 가치가 앞서 있었던 것은 어쩔 수 없는 일이었다. 21세기인 지금 시점에서는 왜 그러한 일들이 일어났는지, 당대인들이 어떠한 선택을 했는지 냉정하고 차분하게 성찰하는 것이 필요하다. 그렇게 하는 대신 여전히 공동체에 대한 충성과 배신 사이에서 양자택일하라고 윽박지르는 것이 정상적인 역사교육인지 묻고 싶다. 역사교육의 목적을 그렇게 설정하기 때문에, 개별 역사 대상에 대한 인식과 사고 역시 적절하게 작동하지 못하는 것이다. 역사교육을 통해 공동체에 대한 맹목적인 충성을 요구하는 것은, 이른바 보수 정부든 진보 정부든, 국정교과서 체제든 검정교과서 체제든 큰 차이가 없다.

외부에 있는 적의 존재를 특정 맥락에 따라 과장하거나 축소하여 내부에 있는 이적행위자의 행동 동기를 일면화하는 방식 또한 흡사하다. 충성을 다해야 할 공동체의 외연과 성격을 두고 입장 차이가 있을 뿐이다. 여기서도 결국 핵심은 공동체의 성격을 두고 구성원들이 합의를 이루어 나가는 과정, 즉 시민의식 함양에 있음을 알 수 있다. 즉, 일진회를 비롯하여 당대 계몽 지식인들의 주장을 다룰 때, 단순히 민족의식이나 전근대적(유학적) 윤리의식이 아니라 현재 우리 공동체가 추구하는 여러 가치들에 비추어 다각적으로 바라볼 필요가 있다. 친일·반민족 행위자들이 공공의 이익에 구체적으로 어떠한 해악을 끼쳤는지,[84] 기존 지배 체제의 어떠한 문제점들이 그러한 행동을 추동했는지 살핀 후에야 실제적으로 그러한 행위의 '재발'을 막을 수 있을 것이다.

역사적 사고력과 역사의식 향상을 위해 역사수업에서 일진회를 어떻게 다루어야 할까

역사적 사고력과 역사의식(민족의식, 시민의식)의 측면에서 일진회는 어떻게 다루어야 할까? 첫째, 역사적 사고력 함양을 위한 소재로 삼을 수 있다. 이때는 먼저 일진회를 포함해 애국 계몽 운동에 관한 기존의 역사 내러티브가 무엇인지를 파악해야 한다. 즉, 주류 역사 내러티브를 알고, 그것과 다른 대항적 역사 내러티브를 비교 분석하는 활동을 통해 역사인식을 새롭게 가질 수 있다. 여기서 대항적 내러티브는 동질적이고 추상적인 '민족'의 입장에서 역사를 '단선적'으로 파악하는 것이 아니라, 동학농민 운동이나 독립협회 운동에 참여했었던 '민'의 입장에서 계몽 운동과 의병 운동을 어떻게 여기는지 감정이입을 해보는 것이다. 자신의 고통이 어디에서 왔는지, 강한 나라란 무엇이며 왜 필요한지 등에 대해 각 역사 행위자들의 판단과 선택을 상상해 보는 것이다. 이때 다양한 학설이 일종의 내러티브임을 인식하고, 근거를 가지고 비판적으로 이해하는 태도가 중요하다. 그 과정에서 주류 역사 내러티브가 놓치거나 무시한 역사적 사실은 무엇인

---

84 허수, 「새로운 식민지 연구의 현주소-'식민지 근대'와 '민중사'를 중심으로-」 참조.

지, 그렇게 형성된 역사인식의 문제점은 무엇인지 생각해볼 수 있을 것이다.

둘째, 현재 우리가 가져야 할 역사의식에 관해 정치 토론 소재로 사용할 수 있다. 그것을 시민의식이라고 부르든 민족의식이라고 부르든, 우리 공동체가 어떠한 역사의식을 가져야 할지 역사 속에서 살펴보는 것이다. 일진회에 가입한 이유와 그 활동이 정당화될 수 있는지, 그리고 시대에 따라 어떠한 비판을 받았는지 등이 모두 정치 토론의 대상이다. 시민의식의 관점에서 사회 구성원으로서의 지위·권리·의무를 획득하고, 실천하기 위한 투쟁 과정, 사회 공동체에 참여하여 문제를 해결하는 과정, 자신의 의사를 정치에 반영하는 과정 등을 살피기에[85] 일진회는 적합한 소재다. 나아가 일진회는 그 활동의 민주주의적 측면이 민족주의적 관점에서 철저히 무시된 사례로도 주목할 필요가 있다.

일진회 활동 중에는 민주주의의 전근대적 특성이라고 이야기할 만한 요소들이 있다. 그럼에도 외면받는 이유는 포퓰리즘적 한계가 뚜렷하며, 이러한 이야기가 내심 불편하기 때문이다. 예를 들어 포퓰리즘적 행동이란 이러한 것이다. 당시 대한제국 황실 재정 기구인 내장원(1905년 이후 경리원)은 강력한 군주권을 배경으로 역둔토 등의 토지를 국유화하면서 백성들의 사유지나 공유지 주장을 묵살했다. 일진회는 이들 분쟁지의 민들이 갖고 있던 불만을 흡수하여 회세 확장에 이용했다. 일진회가 군주권에 맞설 수 있었던 것은 러일전쟁 후 침략을 본격화한 일본의 후

85　최현우, 「시민교육의 관점에 본 한국사 교과서의 사회 구성원 지칭 방식과 한국사 교육의 방향」, 121쪽.

원이 있었기 때문이다. 그럼에도 당대 언론은 초창기 일진회의 활동을 '개혁적'이라고 평가했다. 그러나 점차 일진회 역시 공공성 측면에서 대안없는 '작폐' 세력에 불과하며 식민지화에 기여한다는 비난 속에, 국가가 존립하지 못하는 데 '민권'이 무슨 의미가 있는지 반문하는 이들이 늘어났다. 이제 '국가주의' 아니 '민족주의'가 모든 논쟁을 블랙홀처럼 빨아들이게 되었다. 본래 새롭게 건설될 국가의 주도권을 두고, 황실, 양반 등 기득권층과 중인, 평민 등 비기득권층 사이에 권력 투쟁이 있었는데, 망국의 상황에서 오로지 '저항'의 주체인 '동질적 민족'만이 부르짖어졌다. 이제라도 당시 제대로 공론화되지 되지 못한 국가 구성원 논쟁을 되살려내야 한다.

앞서 한국 사회의 역사적 경험상 시민적 민족주의와 종족적 민족주의가 뒤섞일 가능성이 높다고 말한 바 있다. 필자가 보기에 두 입장의 차이는 결정적으로 개인주의의 존재 여부에서 갈린다. 개인을 집단에 종속되어 있다고 보는 사회에서는 '시민'과 '종족' 간의 거리가 그리 멀지 않기 때문이다. 국권상실 직전 신채호는 1909년 11월 21일자 『대한매일신보』에 「개인주의로 생을 구하지 말지어다」라는 논설을 통해 국가주의의 관점에서 개인주의를 강도 높게 비난했다. 일진회 등 '친일매국노'를 '개인주의의 화신'으로 묘사하고 망국의 책임을 물었다. 그러나 필자는 두 가지 점에서 그러한 주장이 납득되지 않는다. 첫째, 개인주의 때문에 나라가 망했다는 근거가 명확하지 않다. 국망의 원인은 국력의 차이, 국제 정세 상의 문제, 황제와 지배층의 대응 자세 등에서 다양하게 찾을 수 있다. 개인주의 측면에서 보자면 개인주의 과잉이 아니라 부족이 오히려 문제였다.

여기서 당대 한국 사회에서 개인주의 자체를 찾아볼 수 있는
지 두 번째 의문이 생긴다. 일진회의 각종 담화를 보면 초창기
에는 인민의 생명과 재산 보전을 민권 차원에서 강조했으나, 점
차 의병과 언론의 공격을 받으면서 집단주의적 용어들, 즉 애국
이나 국권 등을 사용한다.[86] 이는 당대 계몽지식인들이 흔히 사
용하던 용어이다. 물론 신채호는 '지금 사람들이 국가와 민족을
위해야 한다는 마음이 부족해서 나라가 약해진 것이다! 그러니
까 애국심의 결여는 그 반의어인 개인주의의 과잉을 의미하는 것
이다!'라고 생각했을 수 있다. 그러나 그렇지 않았다. 전통적 공
동체인 가족, 친족, 향촌, 왕조에 대한 충성심이 아직 민족국가
에 대한 충성심으로 대체되지 못하고 있었을 뿐이다.[87] 민족국가
에 대한 충성심이 필요하다고 여긴 것은 일진회도 마찬가지였다.
다만 일진회는 애초 구성원의 성격상 충성심의 조건을 조금 더
까다롭게 구상했을 뿐이다. 일진회에게는 출신 계층, 지역, 국적
등의 문제가 단순하지 않았다. 그러나 결과적으로 신채호나 당
대 계몽 지식인들의 사고방식 안에서 수세적으로 대응해야 했던
일진회의 세계관 역시 그들의 것과 크게 다르지 않았다. 식민지
화의 다급함과 지식인들의 국가유기체적 세계관 속에서 '개인'의
의미는 중시되지 않았다. 21세기에도 그러한 세계관과 사고방식
을 요구하는 역사교육을 정상으로 보기 어렵다. 즉, 신채호나 계
몽 지식인들의 사고방식을 답습하여 일진회의 주장을 무시하거
나 폄하할 것이 아니라, 오늘날 우리 사회가 추구하는 방향 설정

---

86 김종준, 「국권상실에 대한 일진회의 인식-문명화론과 합방론의 관계를 중심으
로-」, 107~109쪽.

87 Fred Halliday, '4. Objects of Primary Loyalty', "Nationalism", pp.369~370.

을 위해 당대의 논쟁을 재구성해 성찰하는 것이 절실하게 요구된다.

필자는 기존 교과서와 개설서에서 일진회에 관한 기본적 사실조차 제대로 쓰지 못했다고 비판했다. 그런데 일진회를 '친일 단체' 또는 '친일 매국 단체'라고 하는 것은 '잘못된' 역사적 사실인가? 물론 일진회가 친일했다는 사실 자체는 필자도 인정한다. 문제는 어떠한 맥락에서 친일이라는 표현이 사용되는가에 있다. 전후 상황을 모두 생략한 채, 도덕적 가치판단이 들어갈 수밖에 없는 '매국'의 개념으로 '친일'을 사용한다면 역사적 실상을 오도하는 것이다.[88] 과거에 어떤 나쁜 놈들이 '친일', '매국'이라는 나쁜 짓을 했으니까 너희들은 그러지 말라고, 민족과 국가를 배신하지 말라고 가르치는 것이 역사교육의 목적인가? 그러한 역사인식을 통하여 현대 사회에서 어떠한 공동체의식, 시민의식을 키우려고 하는 것인가? 자신이 속한 집단을 신성시하는 민족의식 양성에 거부감을 느끼지 못한다면, 학생들은 민주주의 구성원으로서의 역량도 쌓기 어려워진다. 나아가 역사학에 대한 깊이 있는 질문과 탐구 활동 자체를 봉쇄하는 것이기 때문에, 역사수업에 흥미를 느끼기도 어렵다. 민족 담론에 대한 역사학적 접근을 막은 채, 민족의식 함양 자체를 목적으로 하는 역사교육은 지식을 강요하는 지루한 수업이 되기 쉽다. 이러한 상황에서 그나마 역사수업에 재미를 느끼는 학생들이 있다면, 이는 아마도 강사 개인의 속물적 역사 해석이나 과장된 말솜씨 및 감정적 호소 때문일 가능성이 높다. 그렇게 하여 형성된 편향적 역사인식

---

[88] 김종준, 「대한제국기 언론의 '매국' 용법과 그 정치적 효과」 참조.

은 다시 우리 사회의 역사의식을 황량하게 만드는 주된 원인이 되어, 편향적 역사수업의 악순환이 반복될 것이다.

앞에서 본 대로 역사 교과서는 '정설'이라는 명목으로 학계 권력을 장악한 이들의 내러티브로 채워진다. 그런데 역사교과는 필연적으로 정치적 성격을 내포하고 있을 수밖에 없기 때문에 현실 정치 세력의 관심도 끌게 된다. 이때 학계 권력을 장악한 이들과 국가 권력을 장악한 세력 간의 정치적 지향성에 큰 차이가 없으면 역사교과의 내용은 별 문제가 되지 않는다. 그러나 학계 권력과 국가 권력 사이에 갈등이 있을 경우 문제가 발생한다. 이러한 현상이 일어나는 것은 국정 체제이든 검정 체제이든 마찬가지다. 교과서 저자들과 출판사는 1차적으로 국가의 검정에 통과해야 하고, 2차적으로 역사 교사들에게 많이 채택되어야 한다는 압박을 받게 마련이다. 그렇기 때문에 기존의 틀을 뛰어 넘는 역사 교과서가 나오기는 쉽지 않다.

따라서 제대로 된 역사교육을 하기 위해서는—아니 그 정도로 거창한 목적은 제쳐두고, 그저 작은 역사적 개념과 실상 하나를 수정하려 해도—적어도 세 개의 전선에서 각각 맞서 싸워야 한다. 첫째, 우선 학계 권력을 장악한 이들의 독점적인 역사 해석에 지속적으로 이의를 제기해야 한다. 둘째, 국가 권력을 장악한 이들이 때로는 노골적으로 때로는 특정한 명분 아래 은유적으로 역사교육에 개입하고 있지 않은지 끊임없이 감시해야 한다. 셋째, 학계 권력과 국가 권력의 정치적 입장에 편승하는 일반 대중의 편협한 역사인식에도 쓴소리를 해야 한다. 어느 것 하나 녹록하지 않은 작업이다.

3부

고종시대 군주권과
민권 관계의 재구성

1

일진회의 군주권, 민권 및 자유 인식

일진회는 1904년 8월 구 독립협회 계열 인사들이 주축이 되어 만
든 정치단체다. 9월경부터 동학교도들이 조직한 진보회와 12월
통합했다. 계몽지식인들과 일반 대중의 결합이라는 점에서 뚜렷
한 역사적 의의를 갖지만, 그간 친일단체라는 규정이 매우 강하
여 그 실체가 잘 드러나지 않았다. 여기서는 초창기 일진회 강령
의 변화를 통해 일진회 창립의 의미를 살펴보고, 일진회의 군주
권과 민권 및 자유에 대한 언설들을 통해 그들이 어떠한 세상을
지향했는지 짚어보도록 하겠다.

1) 일진회 창립의 역사적 의미

일진회 강령의 변화

1904년 (통합 이전) 일진회와 진보회의 강령, 1905년 외교권 위
임 선언서, 1906년 3월의 성명서 등을 차례로 살펴보고자 한다.

1904년 (통합 이전) 일진회가 내세운 강령은 다음과 같다.

一. 황실을 존중케 하고 국가기초를 공고케 할 사(事)

一. 인민의 생명재산을 보호케 할 사

一. 정부개선정치를 실시케 할 사

一. 군정(軍政)재정을 이정(整釐)케 할 사[1]

진보회의 강령은 공식적으로 확인되지 않지만, 1904년 9월 13일자 『황성신문』 기사에 관찰사가 내부로 보고한 내용 중에 진보회 통문이 보이고, 일본 측 조사 기록도 있다.

1. 황실을 보호하며 독립을 공고케 할 사(事)

2. 정부를 개선하여 백성의 자유권을 얻게 할 사

3. 이 의거는 아국(我國) 대의(大義)라. 지금 일본과 아국(俄國)과의 전쟁은 대의(大義)에서 나온 것이고 동양화평(東洋和平)의 목적 때문이라. 엄정 단속하여 일본군사상 방해를 범하지 않고 행패해의(行悖害義)에 이르지 않게 할 사

4. 반전(盤錢)을 각기 주선하여 민간 침탈은 없게 할 사

5. 재정을 정리하여 화폐의 곤란이 없게 할 사

6. 열방(列邦)의 우의(友誼)를 돈목(敦睦)케 하여 문명평화를 구하여 각국의 이익권을 잃음이 없게 할 사

7. 독립국에 의무를 엄정(嚴正)케 할 사

8. 이번 25일로 팔로(八路) 일제(一齊) 기발(起發)하여 동월(同月) 회

---

1   『원한국일진회역사』 1권, 1904년 8월 22일.

일(晦日)로 경사(京師)에 회동(會同)할 사

9. 매사를 회장지휘에 따르되 만약 따르지 않는 범과자(犯科者)가 있

으면 비단 엄벌이라 즉시 엄형(嚴刑)할 사

10. 대로(大路) 게기(揭起)하여 일후(日後) 조목(條目) 가출(加出)할 사[2]

1. 황실을 존엄(尊嚴)하고 그 신성(神聖)을 범하지 않을 것

2. 독립보전을 도모할 것

3. 인민의 생명재산을 보호할 것

4. 정치의 개선을 기도할 것

5. 재정을 정리할 것

6. 기타 문명의 계발에 힘써 교육의 보급, 농공업의 융성을 계획할 것

7. 동맹국(일본을 가리킨다)의 군사상에 방조(幫助)를 줄 것[3]

대체로 진보회 강령은 (통합 이전) 일진회 강령을 모두 포함하
고 있으면서, 발기와 관련된 구체적 지침과 함께 일본과의 관계
에 조심하라는 부분이 덧붙여 있다. 10년 전 진압당한 경험을 갖
고 있는 동학 계열이 일본군에게 느꼈을 두려움이 엿보이는 대목
이다. 두 강령이 공통적으로 표방하는 구호는 크게 세 가지로 볼
수 있다. 황제권 보호, 정부 개선, 인민 권리 획득이 그것이다.
진보회 통문은 이 셋의 관계를 다음과 같이 서술하고 있다.

무릇 국가는 생민(生民)의 기본이요, 생민(生民)은 방국(邦國)의 기본

2   『황성신문』, 1904년 9월 13일.

3   『주한일본공사관기록』 21책, 484쪽.

일진회의 주 활동무대였던 독립관 전경

이라. 그러므로 민(民)이 있은 후에 황실이 있고 국(國)이 있은 후에 정부가 있으니, 정부라는 것은 민으로 하여금 안업(安業)케 하며 민을 예의(禮義)로 이끌며 방국을 태산(泰山)과 같이 편하게 하고 보민(保民)을 적자(赤子)와 같이 중히 해야 정부라 할 수 있거늘. 지금 우리 정부는 그렇지 않고 학민탐재(虐民貪財)와 구민입천(驅民入穿)이 무소부지(無所不至)하다가 이 삼천리 강산으로 하여금 거의 구허(邱墟)에 이르게 하고 이천만 생령으로 그 류(類)를 보전하기 어렵게 하고 심지어 매국매토(賣國賣土)하여 살아서 보금자리를 얻지 못하고 죽어서 묻힐 곳이 없게 하며 외국의 모욕(外侮)이 날로 이르되 천부(天賦)의 자유와 심격(心激)의 공론(公論)을 상달(上達)하지 못하게 하니 …….[4]

4 『황성신문』, 1904년 9월 13일.

황실과 정부는 민이 있어야 성립될 수 있는 것이므로 민을 보전해야 하지만 실제로는 그 권력을 남용하여 외국의 간섭까지 이르게 했다는 점을 지적했다. 여기까지는 구래 조선 왕조의 민본주의와 크게 다르지 않다. 민이 나라의 근본이므로 중시해야 한다는 주의다. 그러나 다음에 인민의 천부한 자유와 공론을 언급함으로써 차별성을 드러낸다. 정부의 권력 남용을 견제할 수 있는 인민의 권에 대해서 동학 계열이 발언하고 있다는 점이 의미심장하다. 10년 전 동학농민운동은 부패한 정치와 경제 체제를 바로잡고자 인민들이 들고 일어선 것이지만, 이를 '인민의 권리'로 인식하지는 못했다. 그리고 바로 이 같은 논리가 독립협회 계열 개화파들의 논리를 그대로 가져온 것이라는 점은 (통합 이전) 일진회의 주장에서 확인된다. 일진회는 위 강령에 대해 다음과 같이 설명한다. 진보회 통문에서 애매하게 처리되고 있는 황실과 정부의 관계도 이 취지서에는 보다 뚜렷하게 정립되어 있다.

무릇 국가는 인민으로써 성립한 것이고, 인민은 사회로써 유지하는 것이라 만약 인민이 그 의무에 복종치 아니하면 국(國)이 능히 국(國)되지 못하고 사회가 단체로 조합치 아니하면 민(民)이 능히 민(民)되지 못하나니 대개 인민의 의무는 병력 및 납세만 있을 뿐 아니오, 국가의 치난안위(治亂安危)에 관하여 담론권고(談論勸告)하는 의무도 부담하는 고로 현세계 열강은 특별히 인민으로 하여금 언론저작과 집합 및 결사를 자유케 하나니 대저 정부는 (군주를-필자) 보필하는 책임으로 행정권을 직접 담분(擔分)하는 것이오, 인민은 협찬하는 의무로 입법권에 간접 중론(衆論)하는 것이오, 군주는 이 입법행정에 대권을 총람(摠覽)

도식 2 일진회 취지서에 보이는 군주, 정부, 사회, 인민의 관계

주권			
군주	정부	사회(국회)	인민
입법, 행정 총람, 민국 통치	행정, 사법권, 인민 생명재산 보호	입법권, 정치 감시	병역, 납세 의무, 언론, 집합, 결사의 자유

하여 민국을 통치하는 무상제일존중(無上第一尊重)한 자라. 이 때문에 합해서 말하면 정부인민은 상하 일치하여 그 황실의 안녕을 존중케 하며 통치의 주권을 공고케 함에 노력할지오, 나누어 말하면 정부는 행정과 사법의 책임을 극진히 양선(良善)케 하여 인민의 생명재산을 보호할 것이오, 인민은 병역과 납세의 의무를 극진히 근로(勤勞)하여 정치의 안위득실(安危得失)을 감시할 것이니 이것이 국회와 사회를 설립하는 본지(本旨)라.[5]

위 취지서에는 네 개의 주체가 등장한다. 인민, 정부, 군주, 사회(국회)다. 이 넷의 관계를 정리하면 〈도식 2〉와 같다.

군주는 입법, 행정을 총람하고 민국을 통치한다. 실제 입법권은 사회(국회)가 담당하고, 행정(사법)권은 정부가 담당한다. 사회와 정부는 다시 인민과 연결되어 있는데, 인민은 사회를 통해 정부를 감시하고, 정부는 인민으로부터 병역, 납세 의무를 받아 유지되므로 인민의 생명재산을 보호해 주어야 할 책임이 있다. 인민은 이와 같은 구도에서 정부에 무조건 복종하는 존재가 아니

5   『원한국일진회역사』 1권, 1904년 8월 20일.

라 언론, 집합, 결사의 자유를 획득하여 정치에 참여하는 주체로 자리매김한다. 일진회는 이 중에서 사회(국회)의 역할을 하겠다고 자처했다. 인민의 의사를 대표하여 정부를 감시하고 나아가 인민의 정치 참여 통로가 되겠다는 것이다. 사회라는 주체가 들어감으로써 정부와 인민의 관계가 더욱 명확해졌다.

문제는 군주권의 위상이다. 앞서 진보회 통문은 정부와 황실의 관계가 모호했는데, 여기서는 군주가 정부와 사회 위에 있는 것으로 설정되어 있다. 나아가 민국을 통치한다고 하여 주권이 군주에게 있는 것처럼 표현되어 있다. '정부인민이 상하 일치하여 황실의 안녕을 존중케 하며 통치의 주권을 공고케 한다'는 것이다. 이 문장을 풀이하자면 군주에게 주권이 있음을 부정하지 않으면서도, 그 주권을 정부, 인민이 공유한다는 인상을 준다. 군주, 정부, 사회, 인민 각각의 역할을 적절하게 분담하고, 특히 사회 - 인민을 단순히 통치의 대상이 아니라 정치 주체로 격상시킴으로써, 국가의 주권 역시 독점되지 않는 것으로 상정했다.

군주(황실)를 정부(대신)와 분리시켜 그 상위에 놓고 정부(대신)를 비판하는 것도 하나의 전략이라고 볼 수 있다. 정부의 잘못을 탄핵하면서도 군주권에는 도전하지 않는다는 점을 내비친 것은 자신들이 반역적이지 않다는 명분이 되었다. 군주권을 떠받드는 심리 속에는 국가를 운영하는 자들의 잘못을 바로잡아 공공선에 부합하는 국가를 만들어야 한다는 요구가 들어 있다. 즉, 군주는 국가 운영자의 사적인 잘못을 뛰어넘어 공적인 국가를 만드는 상징적인 존재가 되어야 한다는 압박이기도 했다. 그러한 차원에서 군주권을 존숭하는 것은 매우 중요한 문제였다. 전통시대에도 '소수 = 독점 = 사(私)'와 '다수 = 균분 = 공(公)'의 구도 아래 군주에게 공공성을 요구하는 인식이 있었다.[6] 그러나 군주의 사(私)를 제한하는 것은 귀족 계층의 '윤리'일 뿐, 인민의 통제를 받는 것은 아니라는 점에서 한계를 갖는다.

일진회가 창립되던 바로 그 시기, 1904년 8월 30일에 황용성, 이건석 등이 보안회를 다시 개회한다는 소식이 있었다. 이때 보안회의 강령은 '황실을 안녕케 할 사, 국체를 존중케 할 사, 독립을 공고케 할 사, 민지를 발달케 할 사, 정치상 방침을 충고할 사, 인민의 생명과 재산을 보호할 사, 언로를 광개하여 민정을 상달케 할 사'로써 초기 일진회의 강령과 매우 흡사했다. '대한국국제' 제정 이후 정치적 집회·결사는 금지되어 있었다. 1904년 7월 13일 창립된 보안회도 '일본 미경지 개간권 요구 저지'로 회의 목적을 철저하게 한정했다.[7] 그나마 대한제국 정부와 이해관계가 맞아 떨어졌기 때문에 결성이 가능했다.[8] 그런데 1904년 8월 말 시점에서 일진회나 보안회가 황실 존숭을 비롯해 다양한 강령을 내세우기 시작했다는 점 자체에서 이전과 달라졌음을 실감케 해준다. 한편 그 실체가 명확하지는 않으나 이중진을 대표로 하는 국민회라는 조직도 9월 27일에 모임을 가졌는데 그 강령에서도 황실 존중을 첫 번째로 내세웠다. 국민회의 경우 특히나 외국인을 배척하지 않는다고 밝혔는데 이것 역시 진보회가 이러한 부분을 강령에서 명확히 함으로써 일본군의 탄압을 피하고자 했던 것과 흡사하다.

6   미조구치 유조, 『중국의 공과 사』, 47, 228쪽.
7   신용하, 「구한말 보안회의 창립과 민족 운동」, 34쪽.
8   김현정, 「대한제국기 정치적 결사에 관한 헌법사적 연구」, 287쪽.

창립 시점에서 일진회원들이 군주권에 유의했음을 보여주는 기사들도 있다. 희천군 진보회원들은 손병희가 황제로부터 명[勅諭]을 받았다고 주장했으나 위조된 것으로 밝혀졌고, 원주대 참령(參領)과 일진회원들은 '대황제폐하〈의〉 국록지신'과 '대황제폐하〈도〉 국록지신' 중 무엇으로 발언했는가의 문제로 대질 재판을 벌이기도 했다. 다음 기사를 보자.

일작에 육군법원에서 원주대 참령 이민화와 일진회원 16명이 대질재판했는데 이씨의 말이 원주에 일진회원 백여명이 집회하여 연설한다 하기로 병정이 분대를 평복으로 파견하여 방청케 했더니 회보하되 <u>회원 연설 내에 대황제폐하시나 우리회원이나 국록지신은 일반이오 자유권도 일반이라 했다</u> 하기로 내가 회원의 두령을 초래하여 묻기를 대황제폐하도 국론지신이라 했다니 무슨 외람한 말이뇨 한즉 회장의 말이 죄를 아노라 하옵기 해 회장의 복죄한 증거표와 방청인 장원일의 증거표를 나장하여 받은 후에 행차 맞게 본도 재판소로 월송했고 회원의 어 핍지존한 말을 한 것은 모든 병정과 관속배가 다 증거라 하고 회원 전성환의 말은 그 때에 내가 원주에 하거하여 목격했으니 목격한 대로 대 강 말하오리다 그 때 원주회장이 사대강령을 연설한 후에 연속하여 말하기를 우리도 대황제폐하의 국록지신이라고 했는데 <u>원주참령의 말은 대황제폐하도 국록지신이라 했다니 대황제폐하의 한(의) 토를 (도)로 변작하여 죄를 회원에게 돌리는 것이오</u> 증거표로 말하면 당시 참령으로 다수한 병정을 집총하여 좌우에 나열하고 아뢰라고 소리를 지르며 억늑으로 증거표를 자기의 손으로 쓰고 도장은 병정으로 하여금 몸을 수탐하여 나장했은즉 이것을 어찌 증거라 하오릿가 또 회원의 백립 백여립과 풍정 이백여건을 늑탈했고 정하에 모든 관속배가 증거라고 하니 관속배로 말하오면 해 지방참령의 편을 위하옵지 회원의 편을 위할 리가 있사오리가 그 증거도 또한 증거 될 수 없으니 불가불 춘천에 착수한 회원이 상래한 후에야 귀결되겠다고 했더다더라.[9]

육군법원에서 일진회원과 원주대 참령을 대질심판한 내용이다. 참령에 따르면 일진회 연설을 몰래 방청했을 때 '대황제폐하나 우리 회원이나 국록지신은 일반이오 자유권도 일반이라'는 말을 들었다는 것이다. 그러나 일진회 회원들은 대황제폐하'의' 국록지신이라고 했다며 혐의를 부인했고, 목격자들인 관속배의 진술 역시 조작되었다고 항의했다. '군주나 일반인이나 자유권이 있다'는 진술이 공격의 빌미를 제공했던 것이다. 이러한 상황에서 군주와 정부 대신을 구분하여 군주권을 상징적으로 높이고 정부 대신을 탄핵하는 방식을 취함이 자연스러웠으리라 생각된다.

1905년 11월, 일진회는 외교권 위임 선언서를 통해 동양주의를 강화했다. 이 '선언서'는 일본이 외교권 박탈 조약을 추진하고 있음을 알고 있는 일본 낭인 사세 구마테쓰(佐瀨熊鐵)의 사주를 받고 일진회 세력의 쇠퇴를 막기 위해 나온 정략적 글이다. 사세는 초안을 만들어 송병준과 이용구에게 넘기면서 '자구 첨삭은 마음대로 하라'고 했다.[10] 이토 통감의 부임을 앞두고, 관계 모색을 위해 발표케 한 것이다.

---

9 『대한매일신보』, 1905년 2월 16일.
10 金秉濟, 「진보회와 일진회의 秘話」, 953쪽; 黑龍會 編, 『東亞先覺志士記傳』 하, 636쪽.

우방지도(友邦指導)에 순순히 따라 문명에 나아가고 독립을 유지함이 가하거늘…… 우리 일진회는 주의강령이 위로 황실의 존엄을 지키고 아래로 인민의 안녕을 도모하여 국가의 독립을 공고히 하고자 함이라. …… 내치외교(內治外交)와 백반시정(百般施政)이 스스로 경계분역(經界分域)이 있어 신료(臣僚)로 하여금 각각 분임(分任)하는 것이 소위 정부이거늘 정부가 과연 그 직분을 다하고 그 책임을 완성하여 위로는 폐하의 신임에 대(對)하며 아래로는 국민의 여망(輿望)에 응하는가. …… 가령 외교권을 일본정부에 위임하여 재외공사의 소환과 주한공사관의 철거로 일어날 문제에 대해 논자왈(論者曰) "독립의 대권에 피해(被害)가 되며 국가의 체면을 손상시켜 망국(亡國)의 탄(歎)을 일으킨다"고 하나 이는 하나만 알고 둘은 모르는 것이다. …… 차라리 우방(友邦)정부에 위임하여 그 힘에 의해 국권을 보호하는 것이 또한 폐하 대권의 발달 밖에 있는 것이 아니다. …… 우리 일진회원이 홀로 미력을 다해 일병행군(日兵行軍)의 편의를 생각하여 혹은 역부(役夫)로 따르고 경의철도 공역(工役)에 수력(輸力)에 힘써 북진군(北進軍)에 향미반운(餉米搬運)을 수만 회원이 조직대오(組織隊伍)하여 일심노고(一心勞苦)에 고생을 사양하지 않다가 사상자 수백 명에 이르고 기어이 미력을 다하니 실로 우리 회원은 이천만 동포를 대신하여 동맹국에 신의(信義)를 표하고자 함이오. …… 그러나 세간에서는 심지어 우리 회를 망국적(亡國賊)이라 하며 매국노(賣國奴)라 하니 그 전도(顚倒)가 어찌 그리 심한가.[11]

'선언서'는 결론적으로 다음 네 가지 논리에 근거해 외교권을

---

11 『원한국일진회역사』2권, 1905년 11월 5일.

일본정부에게 위임하자고 주장한다. 첫째, 동양주의에 입각한 한일동맹론이다. 청일전쟁과 러일전쟁 모두 일본의 의협심에서 나온 것이며, 현재 영일동맹 개정 등으로 국내에서 일본의 의도에 대해 의구심이 일어나고 있으나 일본을 신뢰해야 한다. 둘째, 우방의 지도를 순순히 받아들이는 것이 문명에 나아가고 독립을 유지하는 데 도움이 된다. 또한 이는 위로 황실의 존엄을 지키고, 아래로 인민의 안녕을 도모하며 국가의 독립을 공고히 하려는 일진회의 주의강령에도 부합한다. 셋째, 내치외교에 직분을 다하지 못한 정부의 책임을 물었다. 무능한 정부보다는 일본정부에 위임하여 외국 공사를 파견케 하면 오히려 국가 체면에 손상이 적고, 국권도 지킬 수 있다. 넷째, 러일전쟁에서 일진회 회원들이 일본군을 도운 것은 곧 한일동맹에 일조한 것이고, 한일동맹은 국권 회복을 위한 것인데 자신들을 '망국적(亡國賊)', '매국노'로 부르는 것은 부당하다.

문명화론과 동양주의에 입각하여 자신들의 친일 행위를 합리화하고 있다는 점에서 그전까지의 일진회 언설들과 크게 다르지는 않다. 황실 존엄과 인민의 안녕이라는 강령도 여전히 언급되고 있다. 그러나 이전에는 막연하게 한일동맹을 이야기했다면 이제는 외교권 위임이라는 구체적인 항목에 대해 협조를 명시하고 있다는 점에서 차이가 있다. 즉, 해외에 있는 공사를 소환하고, 공사관을 철거하는 것이 독립권을 해치고, 국가의 체면을 손상시키는 것처럼 보이지만, 일본정부가 외교문제를 자문한다는 것은 한일의정서에 이미 언급되어 있는 형식상의 변화일 뿐이라고 자신들의 의도를 드러내고 있다. 따라서 이 '선언서'를 계기로 유생들과 언론의 반일진회 정서가 커진다. 군주, 정부, 인민의

일진회가 1907년 일본 황태자의 조선 방문을 기념하기 위해
남대문 앞에 세운 대형 환영탑

관계 설정 자체는 창립 시점의 취지서와 크게 다르지 않지만, 군
주권과 국권의 안정을 위해 그 역할을 못하는 정부의 책임을 묻
고, 그 대신 일본의 도움을 당연시함으로써 실질적인 국권의 손
상을 감수하는 모순된 태도를 취했다.

1906년 3월 통감부가 설치된 이후 발표된 일진회 성명서는 일
진회의 변질을 좀 더 잘 보여준다.

아당이 지금 세태의 진운(進運)에 따라 다시 그 목적을 가(加)하며 그
방침을 전(轉)하여 이대(二大) 강목으로 아당의 신기치를 게양하니
2대 강목이란 무엇인가. 부원의 개발과 인문의 발달이 그것이라. 부원
을 개발하지 않으면 민이 굶주리고 민이 굶주리면 국이 빈하나니 현재
우리나라의 실업이 비록 전부 유치한 단계이나 그러나 만약 개발하면

부원에 자(資)가 될 수 있으되 무릇 모든 사업에 이민익국자(利民益國者)를 연구지도하며 장려보증하여 효과를 이루기 기대함은 실로 국가 백년의 계(計)라. 그러나 다만 부원이 개발하고 인문이 발달하지 않으면 어떻게 야만의 나라를 면하겠는가. 국가독립의 요소는 전부 문명진보에 있고 문명진보의 실(實)은 교육에 있노라.[12]

이제 일진회는, 귀천은 소위 문벌에 있지 않고 재산 축적에 있다면서 노골적으로 부원(富源)의 개발을 촉구했다. 여기서 문명이란 빈자가 부해지고 약자가 강해지는 것을 의미했다. 같은 시기 발표된 일진회 선언서를 보면 통감부 시정(施政)의 요체는 민심을 얻는 것이고, 민심을 얻기 위해서는 만민의 생명을 보호하며 대중[衆庶]의 재산을 보호해 주어야 한다고 밝히고 있다. 야만의 나라를 면하고 국가독립으로 가기 위해서는 문명진보에 힘써야 하는데 문명진보의 핵심인 교육과 부원 개발을 위해 일진회가 그 역할을 담당하겠다는 의지를 내비쳤다.

이처럼 1904년 8월부터 1906년까지 일진회는 친일의 강도를 높여가면서 본래 창립 목적의 순수성을 잃어갔다. 정부 개혁과 민권 주창의 구호보다 동양주의나 부원 개발의 구호가 남발되는 현상에서 이를 확인할 수 있다. 그러나 적어도 창립 이후 2년여 동안 일진회의 정치 운동은 상당한 영향력을 보여 주었다. 민의 행동을 동반했다는 점에서 일진회의 구호는 허상이 아니었다. 일진회의 정치 운동에는 지지 기반이 있었고, 그런 점에서 실체가 있었다는 뜻이다.

---

12 『황성신문』, 1906년 3월 5일.

표 6   일진회 구성원의 계열별 특징(주요 인물, 계층적 성격, 정치적 지향)

분류	독립협회 계열	동학 계열	기타
주요 인물	윤시병, 윤길병, 윤갑병, 염중모, 유학주, 홍긍섭	이용구	송병준
계층적 성격	겸인(傔人)층, 실무관료 출신	평안도 지역 부농, 상인들, 일반농민층	함경도 겸인, 일본군 통역
정치적 지향	문명개화 노선, 출세지향적		

일진회 구성원의 계층적 특성

다음으로는 일진회 구성원들의 계층적 특성을 간단히 살펴보도록 하겠다.

〈표 6〉에서 알 수 있듯이 일진회 구성원들은 공통적으로 구래의 지배층, 기득권층에 속하지 않았고, 빈민층도 아니었다. 동학 계열에서 일부 하층민들이 발견되지만, 이들도 부농층의 지도를 받아 종교적으로 결속되어 있는 모양새였다. 즉, 권력의 핵심에 있지는 못했지만 주변부에서 권력을 지향했으며, 그런 욕구 속에서 문명개화론을 받아들였다. 여기서 욕구는 곧 정치·경제적 이해관계를 뜻한다. 서구 근대의 부르주아지들과 유사한 계층적 속성을 지녔다고 할 수 있다.

일진회 창립자들이 '권력지향적, 출세지향적' 성격을 지녔다는 것은 물론 특정 관찰자의 시선이었다.

윤시병 등이 일진회를 만들었다. 처음에 판서 민영익을 따르던 송병준이 일본으로 몰래 건너가서 여러 해를 머물러 지냈다. 이 무렵 귀국하여 진고개에 있는 일본인 집에서 머물렀다. 송병준은 은밀히 윤시병을 불러서, 민회 하나를 설립하라고 시켰다. 윤시병은 독립협회가 해산된

뒤부터 항상 마음속에 불평 불만을 품고 있었다. 그리하여 유학주 등과 모임을 만들기로 의견을 모았다. …… 이로부터 부잡희개(浮雜希凱)의 부류 및 독립협회여당(獨立協會餘黨)의 탐도관직자(貪圖官職者)인 홍긍섭·염중모와 같은 부류가 많이 회에 참가하여 시병을 회장으로 삼고 혹은 개혁정치로 정부를 협박하고, 혹은 국사(國事) 위급이라며 회중(會中)에 연설하면서 그 효상(爻象)이 극히 분운(紛紜)했다.[13]

역시 독립협회 활동 경력이 있었던 정교(鄭喬)는 윤시병, 홍긍섭, 염중모 등의 정치 활동을 매우 경멸했다. 당대 관직을 얻고자 하는 욕구는 매우 일반적인 것이었음에도 불구하고, 정교는 이들의 관직 희망을 탐욕으로 묘사했다. 따라서 정부 개혁 요구 역시 관직 획득을 위한 수단에 불과한 것이었다. 실제 윤시병 등이 권력욕에 사로잡혀 경박한 태도를 보였을 수 있지만, 정교 역시 윤시병 등이 겸인 출신이라는 점 때문에 선입견에 사로잡혀 있었음을 부정하기 어렵다. 겸인이란 고위관리 집에서 허드렛일을 하는 배종인(陪從人)으로, 차 끓이는 일, 약 다리는 일, 서찰을 보내고 받는 일 등 여러 자질구레한 일을 하는 자를 말한다. 사족의 겸인은 청지기처럼 온갖 잡다한 실무를 담당하다가 능력을 인정받으면 그 권세에 의지해 관직에도 올랐다. 정교는 일진회 가입 권유를 받았지만 거절했다. 표면적 이유는 외세에 의존하는 무리와 함께 할 수 없다는 것이었다. 지방의 올곧은 유생으로 유명한 황현에게서도 그같은 시선을 발견할 수 있다.

---

13 『大韓季年史』하, 1904년 8월 20일.

염중모는 전(前) 좌의정 정범조(鄭範朝)의 하인으로 갑오년(1894) 이후 조반(朝班)에 올랐다. 하루는 그가 중추원에 가서 여러 재상들에게 말하기를, "제공(諸公)들은 옛날 먼지가 뱃속에 가득 차 있으니 어느 때 개화를 하겠습니까? 개화를 하려고 하면 이 중모의 집에서 황실과 혼인하는 날이 와야 할 것입니다"라고 했다.

이 말을 들은 사람들은 모두 분통해 했다.

이것은 시속배들과의 인품이 이미 혼동되어 조금만큼의 명분(名分)의 한계도 없어진 것이다. 사대부가 옛날 하인들과 의자에 마주앉아 동등한 예우를 하고 있지만 그들에게 오히려 침해를 당하여 종종 생각지도 않은 모독을 당하기도 했다.[14]

사대부가 겸인 염중모와 마주앉는 것 자체를 모욕으로 여겼다. 그러한 염중모가 개화 운운하면서 황실과 혼인하겠다고 하여 사람들이 분통을 터뜨렸다는 일화를 전하고 있다. 겸인 출신의 염중모가 느꼈을 신분적 한계와 사족들의 거부감을 동시에 엿볼 수 있다.

동학 계열의 계층적 성격에 대해서는 일본 측의 조사 보고가 자세하다.

일진회원 중의 약 6분의 1은 종래 경성에 살던 자이고, 기타는 지방으로부터 상경한 자이다. 종래부터 경성에 살던 자로서 회원이 된 자는 구독립협회회원·기타 사인(士人)·향반(鄕班)·야소교도(新敎) 등이고, 지방에서 상경한 자는 그 종류가 대개 향반·사인·농으로서 농(農)이

---

14   『매천야록』 2권, 230쪽.

가장 많다. 이상 각 종류 중에는 일찍이 동학이었던 자가 많다. 지방으로부터 온 사람으로 관찰사·군수 등의 수렴(收斂)에 견디다 솔선해서 회(會)에 온 자 중에는 재산을 가지고 와 경성에서 실업(實業)을 경영하는 경우도 많다고 한다. 진보회원의 종류도 대개 일진회와 다르지 않아 회(會)의 지망(志望)을 이룬 후 그 세력에 의해 상당한 지위를 얻으려는, 즉 엽관열로 입회한 자, 집회벽(集會癖) 있는 한인(韓人)의 상태로서 무의식중에 입회한 자, 먹고 살 수단으로 입회한 자가 있다. 그렇지만 그 발표한 목적이 선량하여 폭정에 고생하는 다수 양민(良民)의 동정을 일으켜 항산(恒産)있는 농상민(農商民)의 다수가 회원이 되었다.[15]

이에 따르면 진보회 참여 계층은 정치적 열망을 가진 요민층과 경제적 이익을 도모하는 일반 농민층으로 나뉜다. 진보회 입회 동기는 엽관열, 생존수단 등이 있는데, 그 목적이 다수 양민의 동정을 일으켰다고 전했다. 특히 상경한 자들 중 경성에서 실업을 경영할 정도로 경제적 여유를 가진 자들은 곧 진보회 지도부로 상정할 수 있다.

이들 동학 계열의 진보회원들이 이후 일진회 지방회원의 대다수를 차지한다. 이들을 결속시킨 것은 기본적으로 종교적 신념이었으나, 점차 정치·경제적 이유로 회에 가입하는 지역민들이 늘어났다. 1906년 천도교와의 분립을 전후해 종교적 결속이 약화되고 탈회자도 증가했지만, 이를 상쇄시키는 신입회원들도 존재했다. 이들은 대개 일진회 활동에 공명하거나 토지, 관직 등

---

15 『주한일본공사관기록』 21책, 484쪽.

정치·경제적 이익을 회득하려는 자들이었다.[16] 『대한매일신보』
는 1907년 8월 일진회 반대 의병이 본격화되는 와중에도 일진회
회원이 관찰사, 군수로 임명되자 일진회가 날로 치성한다고 보
도했다.

근일에 관찰군수를 일진회원으로 서임하매 일진의 기염(氣焰)이 일익
치성(日益熾盛)하여 인민을 대하면 압박하여 왈 너의 전토도 회중(會
中)에 필납할 것이오, 너의 가산도 회중에서 차지할 것이오, 너의 처자
도 회인의 노비가 되리라 함으로 인심이 불울(沸鬱)하여 불온한 정태
(情態)가 생겼으니 도금(到今) 소요는 일진에서 선동한 까닭이로다.[17]

그간 일진회를 대해온 태도로 미루어 짐작컨대 위의 보도에도
『대한매일신보』의 과장법이 들어가 있다. 『대한매일신보』의 수
많은 기사들에서 일진회의 무분별한 행농을 부각시켜 대중의 적
대감을 이끌어내려는 의도가 엿보이기 때문이다. 하지만 한편으
로 지방관 임명으로 대표되는 정치·경제적 이권 추구의 수단으
로 일진회에 가입하는 사례가 흔했음을 확인할 수 있다. 1904년
부터 1906년까지 일진회에는 구래의 기득권층을 제외한 인물
들이 다양한 이유로 참여했다. 앞서 본 대로 일진회는 군주-정
부-사회-인민의 역할을 각각 설정했고, 그 속에서 자신들의 존
재 의의를 부각시켰다. 다양한 이유로 기존 체제에 불만을 갖고
있던 이들이 그러한 주장에 호응하며, 자신들의 정치·경제적 권

16   林雄介, 「運動団体としての一進会-民衆との接触様相を中心に-」, 52~55쪽.
17   『대한매일신보』, 1907년 8월 23일.

력 추구를 정당화해 줄 명분으로 삼았다. 초기에는 수동적인 의미에서 생명재산 보호와 생존을 위한 것이었지만, 점차 적극적인 이권 추구 행위로 변질되어 갔다. 이제 일진회가 군주권 및 민권에 대해 구체적으로 어떠한 설명틀을 가지고 있었는지 살펴보고, 이어 군주권과 민권의 실제 관계를 추적해 보도록 하겠다.

2) 군주권 및 민권에 대한 언설들

필자는 대한제국기 민권론을 '관권 저항형 민권론'과 '국권 종속형 민권론'으로 구분한 바 있다.[18] 기존 연구들이 민권운동과 민권론을 명확히 구분하지 않고, 민권운동과 계몽운동 및 민족운동과도 뒤섞어 취급하는 경향을 지적한 논의였다. 독립협회 단계까지 민권운동과 민권론의 관계는 잘 정립되어 있다. 그러나 1898년 이후 민권운동을 다룰 때는 식민지화의 위기감이 지나치게 부각되어서인지 위와 같은 문제점들이 곧잘 발생한다. 아마도 친일단체가 민권운동에 나섰다는 역사적 사실을 숨겨야 한다는 잠재의식에서 비롯된 것으로 볼 수 있다.

여기서 '관권 저항형 민권론'은 일진회, 대한협회 등 정치단체와『독립신문』,『황성신문』,『제국신문』등 언론에서 주창한 것으로, 보편적 권리인 인권이 민권으로 다시 민권이 국권으로 연결되는 방향성을 보인다. 한편 '국권 종속형 민권론'은『대한매일신보』에서 대표적으로 나타나는데, '인권 → 민권 → 국권'으로

---

18   김종준,『한국 근대 민권운동과 지역민』참조.

이어지는 방향성이 뚜렷하시 않고, '국권 - 민권'의 관계가 순환 반복된다. 특히 관권의 억압을 과거형으로 보고, 현재는 외세와의 결탁이라는 형식으로 반복된다고 인식한다는 점에서 '관권 저항형 민권론'과 비교적 뚜렷하게 구분된다. 『대한매일신보』는 1908년부터 국권과 군주권을 분리시켜 이해하고 있지만, 여전히 민권은 국권에 종속되어 있었다. 그러면 일진회는 군주권 및 민권과 관련하여 어떠한 주장들을 하고 있었을까?

'황실 존숭'의 의미

앞서 본 대로 일진회가 창립 직후 발표한 강령 중 첫 번째 항목이 '황실을 존중케 하는 것'이었다. 그러면 일진회는 '황실 존중'의 의미를 어떻게 설명하고 있었을까? 1904년 9월 초, 일진회 회원인 김명준(金明濬)은 다음과 같은 연설을 행했다.

> 황실을 존중케 한다 하니까 본래는 황실을 존중하지 않은 줄로 생각하기 쉬우나 그렇지 않으오. 우리 태조고황제 등극 이래 수백년 간은 극히 존중했고, 또 비단 우리 나라뿐 아니라 어느 나라던지 황실의 존중이 없겠는가? 그런즉 우리 황실이 하등 존중하던 내력을 지금 갑자기 일일이 매거(枚擧)할 수 없는 고로 대략 몇 건 사(事)를 드나이다. 수라(水剌) 진지(進支) 때에 감찰관이 있어 일일이 감찰 후에 봉쇄(封鎖)해 진(進)했소. 그 심신(審愼)의 도(道)와 존중의 법이 과연 어떠한가? 이 같은 존중으로 지금까지 이르렀으니 청컨대 잠시 들으소서. 무녀(巫女)는 떡을 내어 바치며 말하기를 "이는 곧 이러이러한 것이다" 하며 술객(術客)은 과일을 내어 바치며 말하기를 "이는 곧 이러이러한 물건"이라 하니 법망의 해이(解弛)가 어찌 여기에 이르렀으며, 궁금(宮

『황성신문』 1904년 9월 6일자. 일진회는 집회 연설 중
'황실 존중이 민으로부터 나와야 나라가 강해짐'을 강조했다.

禁)으로 말하면 기왕에는 척신 사촌 종실 5촌 이외에는 안부 묻는 것이 불가하더니, 금일에 이르러는 별보 5색배(色輩)가 모두 별입시라 하니 어찌 한심하지 않은가. 그런즉 왈 존중이 가한가 존중하지 않음이 가한가. 회중 모든 동포는 생각해보소서. 진실로 존중치 못하다 할지니 그 까닭이 무엇이오? 일대(一大) 원인은 황상께서 친찰만기(親察萬機) 하심이니. 대저 자고로 제왕의 존중이 어떠한고 하면 일절 국사를 각 각 백관(百官)에게 맡기고 그 위에 앉아 그 전체를 살피니 이런 까닭으로 천지가 처음 갈라진 후 동양 제일의 성군(聖君)인 요순(堯舜)이 천 하를 다스린 것이었소. …… 우리 대한은 정부 대신 이하 모든 일이 그 직(職)을 칭하지 못함에 국사(國事)가 날로 잘못되니 황상께옵서 부득 이하샤 친히 홀로 일하시는 터인즉, 비유컨대 한 가주(家主)가 있어 집 을 다스리고자 함에 집에 수십명의 자질(子姪)과 노복(奴僕)이 있어 방

탕(放蕩)허고 게을리 그 책임을 나하지 못하고 필경 가산패망에 이르면 그 주인 부득이하여 그 자질(子姪)의 행할 바를 행하며 그 노복(奴僕)의 잡을 바를 잡은즉 어찌 그 가주가 가주의 존귀를 모른다 하고 노복의 비천(卑賤)을 달가워 함인가? 그런즉 우리 황상께옵서도 친히 홀로 일하시는 것이 정부제공의 그 직(職)을 칭하지 못하는 까닭이라. 황실을 존중하는 것이 오직 정부에 있고, 그 민에 있지 않다 할 듯하나 그렇지 않은 것이 있으니 민유방본(民維邦本)이라 본고방녕(本固邦寧)이라 하니 그 민이 불고(不固)하면 그 국(國)이 어찌 안녕하리오? 그런즉 오직 우리 동포는 충애의 마음과 용진(勇進)의 힘을 합하여 방본(邦本)을 고(固)케 하고 정부를 권고하여 황실을 존중케 하기를 간절히 바라나이다.[19]

이 연설문에서 군주권에 대한 일진회의 입장을 네 가지로 정리할 수 있다. 첫째, 조선 왕조 개창 이래 황실 존숭은 계속되어 왔다. 이는 전 세계적으로도 마찬가지다. 황실 존숭은 역사적·세계적으로 당연한 일이다. 둘째, 그런데 근래 황실의 존엄함이 무너지는 일들이 일어나고 있다. 수라를 바칠 때 감찰해야 하는데 무녀와 술객(術客)이 그냥 올린다거나 규정 외 인사들이 아무 때나 들어와 문안 인사를 하는 일 등이 그것이다. 셋째, 요순 시대 이래 황제의 존엄함은 황제가 직접 일하지 않고 신하들에게 적절하게 맡기는 데에 있었다. 그런데 우리는 신하들이 그 임무를 완수하지 못하기 때문에 황제가 친히 나서는 것이다. 비유하자면 가장이 노복의 일까지 맡아하는 셈이다. 넷째, 이 문제는

---

19 『황성신문』, 1904년 9월 6일.

단지 황제와 정부 대신들 간에만 적용되는 것이 아니다. 나라의 근본이 민에게 있기 때문에, 민도 황실 존중을 위해 나서야 하며, 제 역할을 못하는 정부는 권고 대상이다.

결국 일진회가 여기서 강조하는 것은 황실 존숭 자체라기보다는 황실 측근 세력의 농간 방지, 정부 대신의 무능 비판, 민의 정치 참여 등이다. 황실 존숭이라는 명분으로 이 세 가지 사안을 정당화시키고 있다. 일진회는 특히 황실 측근 세력의 농간을 막는다면서 물리적인 실력 행사까지 나섰다. 1905년 9월 초, 엄준원(嚴俊源), 이용복(李容復)에게 회원을 파견하여 궁중 출입을 금지했고, 10월 초에는 강홍대(康洪大)와 다음과 같은 논쟁을 벌였다.

일진회 대표 궐내 출입이 심히 온당하지 않으니, 고향에 내려가 편히 쉬라.

강홍대 사람이 모두 자유가 있으니 고향에 내려가고 말고는 내가 마땅히 판단할 것이오, 또한 논컨대 하늘 아래 죄짓기는 피차 일반이라. 나는 관인이 되어 생민(生民)을 위하여 편안히 살게 하지 못했고, 귀회는 20만 회원이라 칭하되 백골을 파며 가옥을 훼손하며 논밭을 파서 민중의 마음이 뒤숭숭한 때에 민의 생명재산 상에 어찌 한 마디가 없는가? 그런즉 일진회가 남이 시킨 바를 함은 알겠고, 우리 이천만 동포에게 불리함도 알 수 있음이라.

일진회 대표 정부에서 이미 허락한 일이라.[20]

---

20 『대한매일신보』, 1905년 10월 1일.

무술인(巫術人) 출신으로 고종의 총애를 받았고 경의선 부설 과정에서 일본에 협력했던 강홍대가 일진회의 공격에 대응하며 인민의 생명재산을 운운하는 장면이다. 사실 강홍대는 고종이 자리에서 물러나 권력을 잃자 일진회에 가입했다. 일진회 권력자에게 서찰을 얻어 사채(私債)를 받으려고 해 세상의 비웃음을 샀다고 한다.[21] 일진회와 강홍대 모두 권력 획득을 위해 군주권과 민권을 수단화하고 있다.

일진회는 1906년 6월 5일부터 경운궁 각문에 회원을 파송하여 소위 별입시하는 자를 아예 회로 잡아 왔는데 내환(內宦) 한기윤(韓基潤) 등 3인과 전의(典醫) 등 5인, 상찬내시(嘗饌內侍) 1인, 경효전삭제관(景孝殿朔祭官) 1인 등이 붙잡혔다. 일진회는 황제 측근의 축출이 자신들의 '자유행동'이라고 주장했다.

그러나 이처럼 일진회가 별입시를 직접 구금까지 하는 상황은 군수권에 대한 직접적인 도전으로 비추어졌고, 일본 측에서도 그냥 내버려두기 어려웠다. 하세가와 요시미치(長谷川好道) 사령관과 경위국에서 일진회의 이 같은 행위를 금지시켰다. 일진회와 군주권의 직접적인 충돌은 황실이 관리하는 공유 재산 영역에서 대대적으로 발생했다. 경리원이 관리하는 역둔토 수세에 저항하여 황실 재정을 실질적으로 악화시켰던 것이다. 그 과정에서도 일진회는 '존엄한 군주권'과 '군주 측근 세력의 농단'을 구분 짓는 논법을 사용해서 황실 존숭을 이야기하면서 군주권에 손상을 가하는 행위들을 정당화시켰다.

이 시기 (황실 재정을 담당하던) 경리원에 대한 일진회의 입장

---

21 『대한매일신보』, 1908년 2월 25일.

은 『황성신문』 1905년 5월 4일자 일진회 회원 염중모의 연설을 통해 자세히 알 수 있다. 염중모는 조선시대 세금 납부의 역사를 설명하고 이어 현재의 문제점을 네 가지로 나누어 설명한다. 첫째, 갑오년의 개혁이 미비했다. 당시 당국자가 학문이 없고, 자세한 상황을 몰라 잘못 처리한 것들이 있는데 예를 들어 소위 균역해세와 독도벌목세(禿島筏木稅)를 혁파하지 않고 잡세과(雜稅課)에 넣어 현재까지도 폐를 낳고 있다. 둘째, 최근 모리협잡배가 내장원을 빙자하여 저지르는 폐가 많다. 각종 무명잡세를 내장원에 도촉(圖囑)해 다시 설치하고 각 궁가(宮家) 역시 전습(前習)을 다시 밟고 있다. 셋째, 이런 상황이 바로잡히지 않는 것은, 잡세 혁파의 조칙이 계속 내려지는데도 실무조직인 경리원이 이를 실행하지 않고 있기 때문이다. 지금 내장원이 경리원으로 이름을 바꾸어 명칭은 다른 것 같지만 실제로는 '개두환면(改頭換面)', 즉 얼굴만 바꾼 것에 불과하다. 넷째, 따라서 이런 상황을 타파하려면 문명국을 따라 징세법을 만들고, 무명잡세를 일절 혁파하며, 징세관리를 각군에 두어 세칙과목(稅則課目)을 반포하고, 영업인지(營業印紙), 등록소득(登錄所得) 등 각종 신식 세법을 차례로 시행해야 한다. 특히 전국 재정을 탁지부로 균평하게 속하게 해야 민은 고통받지 않고, 세액은 증가한다.

황실재정과 정부재정을 구분해야한다는 것은 갑오개혁 이후 개화파와 통감부 설치 이후 일본 측의 일관된 주장이었고, '개혁'의 핵심이었다. 하지만 이것은 군주권의 약화를 초래하는 행위이기도 했다. 염중모의 경우 황실비가 만약 넉넉하지 않으면 비록 수십백만원이라도 당당한 정공으로 받게 하는 것이 신민된 도리라고 주장한다. 이는 표면상으로는 황실비를 줄이지 않은 채

개역만 실행하면 된다는 것으로 황실을 존중하는 것처럼 보이지만 한편으로 모든 재정의 탁지부 귀속을 이야기함으로써 사실상 군주권 제한을 노리는 일본 측의 의도에 부합하는 설명방식이다.

일진회 민권론에서 군주권의 위상

그러면 일진회 민권론에서 군주권은 어떠한 의미를 가졌을까? 일진회는 민권의 대변자로서 민회, 민당, 사회의 역할을 하겠다고 자처했고, 그것은 곧 정치활동을 의미했다. 반면 '황제권 존중'과 '동양주의'를 표방한 것은 자신들의 그러한 정치활동을 보장받기 위한 수단이나 명분에 불과했다. 일진회가 국권과 자주독립 문제를 언급하지 않은 것은 아니었다. 애당초 독립협회 지식인들도 민권 확립을 국가의 부강, 자주독립과 연결시켰는데 민권과 국권을 상호보완적으로 인식하는 것은 동아시아 개화지식인들에게서 공통적으로 발견되는 현상이다.[22] 일진회는 국권이 쇠하면 국민의 생명재산을 보유할 권력과 능력이 없어지므로 국권 없이는 민권도 없다며, 국권이 약해지는 데에는 국가를 나의 국가로 알지 않는 인민의 책임도 피할 수 없다고 주장했다. 그러나 일진회의 문명화론은 '민권→국권'으로의 방향성을 뚜렷이 가지고 있었다.

지금 문명부강한 국에서는 상하일심하여 사람들이 국사(國事)로 자기 일을 삼는 까닭에 단체를 이루어 기초가 공고하고 국사 진흥하는데 우

---

22 김도형, 「대한제국 초기 문명개화론의 발전」, 194쪽; 김명구, 「한말 대한협회계열의 정치사상의 성격」, 8쪽.

리의 문제는 민이 그 권리를 잃은 점에 있다. 그 원인은 중엽 이래 문벌을 숭상한 까닭이라. 문벌을 숭상하는 고로 경사(卿士)의 후예는 현부(賢否)를 따지지 않고 대대로 경사가 되고 서민의 후예는 비록 경세제민(經世濟民)의 능력이 있어도 서인(庶人)을 면하지 못했으며 귀천의 구별이 곧 인수(人獸)의 차이와 같으매 사족과 평민의 등급이 판정(判定)하고 등급이 있는 까닭에 압제가 생기고 압제가 있으매 인권이 멸했고 그런즉 민이 그 권을 잃은 이유가 숭상문벌에서 나왔거니와 그 민이 자유한 권을 잃고 되찾을 사상이 없음은 무슨 까닭이오.[23]

즉, 실제로는 민권을 국권보다 우선시했기 때문에 민권 보장을 위해 국권의 손상을 감수할 수 있었다. 우리 정부 관직자들은 민권을 탄압하는 국적(國賊)이고, 민권 신장은 오히려 외세인 통감부에 의해 이루어질 수 있기 때문에 각종 친일 부역 행위에 나섰던 것이다. 민권이 보장되는 문명화된 국가를 만들기 위해 일본을 돕는다는 일진회 입장에서 친일과 애국은 같이 갈 수 있는 것이었다. 이는 1905년 11월 5일 외교권 위임 선언서에서 명료하게 드러난다.

일진회는 국권 추락의 원인을 고위 관직자들의 매관 병폐에서 찾았고, 일진회 성립으로 이미 잃은 민권을 만회하게 되었다고 주장했다. 그렇게 만회한 민권을 통해서 국권을 높이는 것이 바로 문명이었다. 매관매직하는 고위 관직자들은 사욕에 빠져 보통 공익을 돌아보지 않는 자들이었다. 우리 동포에게 애국성(愛國誠)이 없는 이유는, 문벌을 숭상하고 귀천을 구별하여 민의 자

---

23 『황성신문』, 1904년 9월 7일.

유권을 박탈해 왔기 때문이다. 민권이란 수동적으로는 관리들의 탐학으로부터 인민의 생명재산을 보호하는 것이다. 동학의 후예인 진보회와 결합하는 시점에서 일진회는 지방관들의 탄압과 중앙 정부의 방조를 집중적으로 비난했다. 본래 독립협회 이래 민권은 자산가층의 재산 보호를 의미했고, 개화되지 못한 인민들의 정치 참여는 배제했다. 그런데 초창기 일진회의 경우 중하층민들의 정치·경제적 권리 보호를 자처하면서 이들의 욕구를 무제한적으로 받아들이고 회세를 확장했다.[24]

즉, 일진회는 민권을 통해 관권을 공격할 때 간접적으로 군주권 제한을 초래했고 이것은 일본의 의도와 부합했다. 황제권 존숭을 말하면서 동시에 군주권 제한을 요구할 수 있었던 것은, 『독립신문』이래 '군주권을 관권과 민권의 객관적 주재자'로 여기는 시각이 존재했기 때문이다. 군주권에 대한 그러한 기대가 충족되지 못할 때 비판도 가능했다. 『대한매일신보』는 이러한 일진회의 행동에 노골적인 불만을 토로했지만, 대한자강회, 대한협회, 『황성신문』계열은 그렇게 하지 않았다. 민권을 바라보는 기본적인 틀은 동일했기 때문이다. 검열에서 자유롭지 못했고, 정치 불개입을 원칙으로 했으며, 동양주의에 호의적이었기 때문이기도 하다. 그러나 이들은 일진회만큼 적극적으로 군주권을 비판하지 않고 관망의 태도를 유지했다. 다만 중하층민의 적극적인 친일 행위에 대해서는 분명 우려감을 가지고 있었다.

또한 이들이 일진회와 같이 행동하지 않은 것을 단순히 '황제

---

24   이나미, 『한국 자유주의의 기원』, 123~126쪽; Yumi Moon, "The Populist Contest: The Ilchinhoe Movement and the Japanese Colonization of Korea, 1896~1910," p.152.

권에 대한 공격이 망국을 가져온다'는 역설적 상황 인식에 기반한 민족주의적 정서로 설명하기도 어렵다. 그보다는 어떤 식으로 정치에 참여할 것인가를 둘러싼 정략적 판단의 차이로 분석하는 것이 더 합리적이다. 일진회든 대한협회든 참정권 실시 등과 같은 전면적 개혁을 주창하지는 않았다. 신분이나 직분과 관계없이 보편적인 인민의 권리와 권력을 추구한다는 것만으로도 당시에는 충분히 혁명적인 사고방식이었다. 본래 기득권이 없었던 일진회가 극단적인 방식으로 중앙이나 지방의 권력에 참여하고자 했다면, 자산가층·지식인층을 대변하는 대한협회는 온건한 방식으로 자신들의 몫을 찾고자 했다. 양자 모두 통감부 체제에서 벗어날 생각은 없었기 때문에 중앙권력으로의 진출이 수월치 않을 때 지방자치 문제에 주목했고, 일부는 지방관 자리에 오르기도 했다. 본래 관권에 대한 저항에서 출발하여 군주권과의 긴장 관계까지 내포한 이들의 민권론은 1907년 고종 폐위 이후로는 공격의 초점을 맞추는 것조차 쉽지 않았다. 특히 가장 적극적이었던 일진회의 민권론은 1908년 이후『대한매일신보』의 공격으로 더 이상 진전이 불가능했다.

일진회의 군주권 인식에 대한 여론

다시 1904~1906년 시점으로 돌아와서 당대 여론은 일진회의 '황제 존숭' 구호를 어떻게 받아들였는지 살펴보자. 당시 유생 등은 일진회가 황실 보호를 내세우면서 실제로는 황제의 명을 듣지 않고 오히려 압박한 점, 난류(亂類)인 '동학당'을 끌어들인 점에서 이들의 참람됨과 무도(無道)함을 비난했다. 1904년 11월 1일 전 주사(主事) 정대화(丁大華) 등이 일진회장 윤시병에게 편지를 보냈다. 그 내용을 보면 '외세에 의뢰함은 우리나라의 민이 아니고, 비도(匪徒)를 끌어들이고 법령을 어기는 것은 우리 왕의 신하가 아니며, 선왕의 관상(冠裳)을 내버리는 것은 군(君)이 없는 것이고, 부모의 체발(體髮)을 훼손하는 것은 부(父)가 없는 것이기 때문에 민도 아니고 신(臣)도 아닌 자가 어떻게 국가의 정치에 관여할 수 있는지, 군(君)도 없고 부(父)도 없는 자가 어찌 천지간에 용납될 수 있는지' 묻는다. 그러면서 구주열방의 회규(會規)가 모두 그러하냐고 질문한다.

앞에서 보았듯이 유학 여중룡(呂中龍) 등도 일진회가 진정한 민회가 맞냐고 따지면서 '임금을 배신하고, 부모를 잊으며 이웃나라에 아부하는 것이 양민(良民)이라고 할 수 있으면 충군애국하며 자강하고자 하는 자는 난민(亂民)이라고 해야 할 것'이라며, 충역(忠逆)은 정사(正邪)에서 판가름난다고 단정짓고 있다. 일진회가 4대 강령을 내세우지만 실제로는 황제에게 근심을 끼치면서 어찌 안녕황실(安寧皇室)의 도(道)라고 할 수 있겠느냐는 것이다.[25] 성균관 유생 이동재(李棟宰) 등도 정부에 올린 글에서 윤시병이 지존(至尊)을 말로 핍박하고, 윤상(倫常)을 멸시하니 그 마음이 어디에 있는지 길 가는 사람도 모두 알 것이라며 비난했다. 한마디로 '난신적자(亂臣賊子)'라는 것이다.[26]

1905년 11월, 외교권 위임 선언서가 발표된 직후 『대한매일신보』에 실린 유학 노영현(盧瑛鉉)의 글을 보자.

25　『황성신문』, 1904년 11월 3일.

26　『황성신문』, 1904년 11월 28일.

何호오니
此宣言書가果合於時局而然歟
아反歸於狂言而然歟以無君
之凶腸으로倡賣國之妖論호니
合於時局而聽之가非也오日冒
稱國民之代表호고戕害
皇室之獨立호니此之謂國民代表
之가亦非라所謂國民狂言而置
者를自府認之耶아自閭民許
之耶아說或見欺於
皇室尊嚴之趣旨호야政府에認
之호고國民이許之라도如其言
行이不符면斥之可也오誅之可

『대한매일신보』1905년 11월 16일자.
일진회가 국민의 대표라 칭하며 황실의 독립을 방해하고 있다면서
'난신적자'라고 강하게 비난했다.

황실존엄이 일진회의 목적이라 하면서 이런 절패극흉(絶悖極凶)한 말
[외교권 위임 '선언서'를 지칭함-필자]을 내어 외국에 의뢰하고자 하고
인심을 현혹하고자 하여 황위(皇威)를 떨어뜨리고, 국권을 가볍게 하
며 …… 이 선언서가 과연 시국에 맞는 것인가 아니면 광언으로 돌릴 것
인가, 무군(無君)의 흉장(凶腸)으로 매국의 요론(妖論)을 창(倡)하니 시
국에 맞다고 할 수 없고 모칭(冒稱)국민의 대표라 하고 황실의 독립을
장해(戕害)하니 광언으로 돌릴 수도 없는 바, 저들의 소위 국민대표라
는 것을 정부에서 인정했는가 국민이 허락했는가, 설혹 황실존엄의 취
지에 속아 정부에서 인정하고 국민이 허가하더라도 그 언행이 부합하
지 않으면 척(斥)하는 것도 가하고, 주(誅)하는 것도 가한데 선언서는
즉 국(國)의 난신(亂臣)이오 가(家)의 적자(賊子)라.[27]

27　『대한매일신보』, 1905년 11월 15~16일.

일진회가 매국적(賣國賊)인 이유는 겉으로는 황실 존엄을 이야기하면서 실제로는 황제의 권위를 떨어뜨렸기 때문인데, 이는 곧 국권을 약화시키는 것이기도 했다. 독립은 곧 황실의 독립이었으며, 황실의 독립을 손상시킨다는 점에서 난신적자였고, 그것이 곧 매국이었다. 개화지식인들의 국가 관념과는 분명 다르지만, 일진회를 매국적으로 몰아붙여 비난한다는 점에서는 일치한다. 이처럼 유생들은 위정척사의 관점에서 일진회의 '황실 보호'가 유명무실함을 강하게 비난했다. 또한 이는 의병들이 일진회를 공격한 이유이기도 하다. 친외세의 문제를 '탐욕'과 '사리(私利) 추구'의 폐해로 바라보는 시각도 있는데, 이것도 근대적인 의미에서의 '국가주의'나 '민족주의'라고는 할 수 없다.

특히 일진회의 '황제 존숭' 구호의 허구성을 초기부터 간파한 것은 『대한매일신보』였다. 『대한매일신보』가 일관되게 일진회를 비판한 이유로는 첫째, 상대적으로 검열에서 자유로웠던 점, 둘째, 베델의 개인적 경험(일본에서의 사업 실패)에서 비롯된 반일 의식, 셋째, 고종의 지원을 받고 있었던 점 등을 들 수 있다.[28] 일진회를 위협적인 존재로 여겼던 고종의 입장이 신문 논조에 반영되었거나 반대로 고종의 지원을 받기 위해 베델이 반일진회 논조를 부각시켰을 가능성도 있다.

『대한매일신보』는 지속적으로 일종의 음모론을 제기했다. 1904년 9월 28일자 영문판 *The Korea Daily News*의 「The IL-CHIN-HOI and The Nagamori Scheme」을 보면 베델은 두 가지

---

28 정진석, 『대한매일신보와 裵說-한국문제에 대한 영일외교와 민족언론의 항일』, 20, 112, 125쪽.

논쟁 사안을 숨김없이 공개했다. 첫째, 일진회는 고종을 위협하려는 나가모리 계획에 힘을 실어주기 위해 조직되고 지원받았다. 둘째, 일진회가 자신을 폐위시키려 한다는 사실에 겁을 먹은 고종이 나가모리 계획을 승인했다. 두 가지 모두 확실한 근거가 없기 때문에 베델 스스로 공개를 꺼렸다고 말하지만, '증명할 수는 없지만 굳게 믿는 것'이기 때문에, 또한 한국인들에게 이러한 상황을 알려주기 위해 말해야만 하는 것이었다. 여기서 나가모리 계획이란 1904년 6월, 일본 측이 나가모리 도키치로(長森藤吉郎)를 내세워 50년 동안 전국 황무지 개척권을 위임하라고 요구한 것이다. 다수의 일본인 농민을 한국에 이주시키고, 아울러 한국의 농지를 개방하여 원료 및 식량 공급기지로 삼으려고 한 것이다.[29] 이처럼 1904~1906년 일진회가 황실 존숭을 내세우면서 실제로는 황제에 대항하고 군주권을 손상시키고 있다는 비판은 주로 유생들과 『대한매일신보』로부터 나왔다.

3) '자유'에 대한 언설들[30]

개념사의 대상으로서 '자유'

1900년부터 1910년까지는 정치적으로 대한제국의 근대화가 실패하고, 일제의 식민지화가 이루어진 시기다. 물밀듯이 들어오는 서구 근대의 개념들을 우리 자신의 방식으로 수용해야 했던

---

29 윤병석, 「일본인의 황무지개척권 요구에 대하여」 참조.
30 「1900년대 한국 언론의 '자유' 이해와 용법」(『인간연구』 38, 2019)을 수정·보완한 것임.

급박한 시기였다. 19세기 말 독립협회의 지석 유산이 산손한 가운데, 막강한 황제권과 외세의 압박에 맞서 변용의 길을 걸어간 때이기도 했다. 이 시기 발간된 민간 언론을 통해 지식인들의 다양한 현실 인식을 엿볼 수 있다. '자유'는 '문명', '독립', '권리' 등과 함께 그러한 시대 인식을 반영하는 주요 단어이기도 하다.

1900년대 한국 언론에 나타난 '자유' 개념을 정리하기 위해 여기서는 개념사적 방법론을 차용했다. 이 글의 목적은 특정 개념에 대해 철학적 논의를 하거나, 단순히 용례를 수집·정리하여 이념과 사상에 종속시키는 데 있지 않다. 개념사적 방법론에서 개념은 역사적·사회적 맥락을 초월하여 실재하는 불변의 실체가 아니라 구체적인 역사적·사회적 맥락 속에서 유동하는 언어적 구성물이라는 점에서 '이념'이나 '사상', '단어'와도 다르다.[31] 즉, 단어, 이념, 사상이 아니라 개념으로서 '자유'를 본다는 것은, 1차적으로 그 말이 사용되는 맥락을 심도있게 살펴본다는 뜻이다.

또한 '자유'는 개념사 연구 대상으로 매우 적절하다. 사실 자유라는 단어의 정의나, 이념으로서 자유의 의미는 비교적 명확하다. 그러나 역사적 맥락에서 접근한다면 사정은 달라진다. 동일한 단어이지만 화자에 따라 이해 방식이 다르고, 어떤 이들은 이데올로기적으로 특정 의미만 부각시키기도 한다. 그러한 양상을 분석함으로써, 우리는 당대인들이 가진 심상의 한 단면을 엿볼 수 있고, 오늘날의 '자유' 개념도 계보학적으로 따져볼 수 있다. 특히 '자유'는 번역어라는 점, 게다가 서구나 동양 사회가 원래 가지고 있던 '자유' 개념의 다의성 등을 고려하면 문제는 한

---

31 나인호, 「개념사는 어째서 새로운가」, 240~241쪽.

층 더 복잡해진다.

본래 서구에서는 liberty와 freedom이 유사한 의미로 사용되었다. 논자에 따라서는 liberty가 시민적 자유와 관련하여 소극적 의미를, freedom이 개인적 자유와 관련하여 적극적 의미를 띤다고 구분한다. 그런데 실제 소극적 의미와 적극적 의미는 중첩된다. 역사적으로 보면 무엇을 하기 위한 자유라는 적극적 의미보다 무엇으로부터의 자유라는 소극적 의미가 더 강조되어 왔다. 타자, 국가, 사회, 시장, 공동체 등의 위협으로부터 자유를 지키는 것이 더 절실한 문제였기 때문이다. 그러나 소극적 자유는 정부의 부작위에 민감하게 반응하지 않으며, 권력을 제한하는 법률이 있는 독재 체제에서도 가능하다는 점에서 비판의 여지가 있다. 자신과 관계없는 사람들의 자유가 억압당할 때는 침묵한다는 점에서 민주주의와 대립된다. 이념화된 자유주의는 입헌과 대의 체제에 만족하게 되면서 보수화되기도 한다.[32] 물론 적극적 자유 역시 평등, 민주, 공공에 대한 인식이 부족하면 강자의 자기 정당화 논리로 전락할 수 있다.

동양에서 '자유'는 번역 과정에서 '방종'이라는 부정적 어조가 강했고, 이기주의를 연상시켰기 때문에 지식인들의 반발을 샀다. 번역자들은 '자주'나 '자립' 같은 용어로 대체하고자 했다. 이는 '권리'의 부정적 어감 때문에 '통의(通義)'를 사용하려 했던 것과 유사하다. 그러나 서구의 사용 맥락과 더 가까운 '자유'와 '권리'

---

32 최성철, 「자유 개념의 역사적 변화와 현대적 의미」, 65, 95쪽; 사이토 준이치, 『자유란 무엇인가-벌린, 아렌트, 푸코의 자유 개념을 넘어-』, 33~55, 85, 97쪽; 이나미, 『한국 자유주의의 기원』, 25~32쪽; 루돌프 피어하우스, 『코젤렉의 개념사 사전 7, 자유주의』, 69, 93쪽.

가 용어로 선택되었다.[33] 대신 지식인들은 자유의 주체를 개인보다 집단으로 설정하고, 올바름의 가치를 가미하여 변용시켰다. 그러한 시도의 흔적을 이 글에서도 찾을 수 있다.

언론의 '자유' 이해와 분류법

먼저 1900년대 언론의 필진이었던 계몽지식인들의 기본적인 '자유' 이해는 1890년대 유길준의 『서유견문(西遊見聞)』에서 확인할 수 있다. 여기에서 '자유'는 '방국(邦國)의 권리'와 '인민의 권리' 절에 각각 등장한다. 국가의 권리는 그 인(人)이 '자유'하여 타인의 지휘를 받지 않는 것과 마찬가지이다. 그럼 '인민의 권리'에서 '자유'는 무엇인가? '인민의 권리'란 '자유'와 '통의(通義)'를 말하는데, 그 중 자유는 마음이 좋아하는 대로 무슨 일이든지 함이나 결코 임의방탕(任意放蕩), 비법종자(非法縱恣), 자기 이욕 추구가 아니라 국가의 법률을 따르고 정직한 도리로 행한다는 단서를 달고 있다. 비슷한 시기 박영효도 건백서에서 민이 마땅한 자유를 얻어 원기(元氣)를 양성케 해야 한다고 주장했는데, 이때 인(人)이 자신의 생명을 지키고 자유를 구하여 행복을 바라는 것이 곧 '통의(通義)'라고 해석했다.[34] 국가든 인민이든 권리를 갖기 위해 일정한 자유를 누려야 한다는 사고방식이 도입되기 시작한 것이다.

그러면 1900년대 언론은 '자유'라는 개념어를 어떻게 이해하고 있었을까? 신문이나 학회지에서 직접적으로 학술적인 논의를

33　멜빈 릭터, 「개념사, 번역, 그리고 상호 문화적 개념 전이」, 303쪽; 야나부 아키라, 『번역어 성립 사정』, 172~173쪽.

34　外務省, 「朝鮮國內政ニ關スル朴泳孝建白書」, 『日本外交文書』 제21권, 1949, 309쪽.

일본 망명 생활 중 일본인 수행원과
함께 한 박영효(오른쪽)

한 경우는 많지 않다. 그보다는 어떠한 상황에서 발화하고, 어떠
한 맥락에 위치하며, 어떻게 분류하는가를 통해 자유의 의미가
드러난다. 또한 1905년을 전후해 초점이 좀 다르다. 1905년 이
전에는 해외 소식을 전하면서 자유라는 말을 쓰는 경우가 빈번
했다. 그리고 대내적으로는 국가와 권리의 문제를 논하다가 자
유에 대해 언급한다. 즉, 자유 자체가 기사의 중심 주제인 경우
는 드물다. 반면 1905년 이후로는 자유를 중심 주제로 놓은 상
태에서 다른 개념들을 논하거나, 자유를 분류해나가는 기사들이
등장한다. 처음에는 외국에서 도입된 낯선 말이었지만 점차 내
부적인 상황을 설명할 때 사용하면서 익숙해졌고, 나중에는 특
정한 방식으로 활발하게 이용한다.

　먼저 1900년 5월 7일의 『황성신문』 논설을 보자.

현재 우리나라 사람들이 흔히 권리를 말하나 그 뜻은 잘 모른다. 혹자는 권(權)은 윗사람에게 해당하고, 이(利)는 아랫사람에게 해당한다고 하나 이는 권리의 본 뜻이 아니다. 또는 대관들이 서로 알력을 가해 세력 경쟁하는 것을 권리라고 하나 그것도 권리의 뜻이 아니다. 무릇 권리라 함은 영어 right란 자를 한문으로 번역한 것인데 두 종류가 있으니 천생권(天生權)과 인제권(人制權)이다. 인민이 자기의 학식과 기력으로 생명 재산을 지킬 때 정부에 세력자가 그 생명을 해치고 재산을 박탈하여 인민의 고유권을 빼앗는 폐단이 점차 생겼다. 그 때문에 구미 각국의 인민이 지혜를 열고 민중의 힘을 모아 압제와 속박을 받지 않고 생명과 재산을 지키는 것이 천생권이다. 관직은 각기 맡은 바가 고유한데 가령 내부가 외부의 교섭을 관여하며 법부가 군부의 조련을 참관할 경우에는 군부가 조련하는 권리를 법부에 양여치 아니하며 외부가 교섭하는 권리를 내부에 빼앗기지 아니하는 것이 관리의 권리다. 외국이 강함을 믿고 침범을 가할 경우 힘을 다해 방책을 세워 막고 안으로 정치를 잘하면 국권을 지키는 권리니 이는 인제권이다. 만약 인민이 학문을 닦지 않고 기력을 타락시켜 노예되기를 감수하며…… 이는 인민의 권리를 스스로 잃음이오. …… 나라와 나라가 교섭 간에 아부, 의뢰하고 쇠약하여 광산, 삼림도 허가하며 내지 식민도 받다가 심지어 토지를 양여하며 인민을 포기하여 자유롭지 못하는 것이 나라의 권리를 스스로 잃음이라. 천생권도 잃고 인제권도 잃으면 그 나라가 곧 멸망하게 되므로, 현 세계열강이 두 종류 권리를 힘써 지켜 잃지 않으려 함이라.

이 기사의 주제는 자유가 아니라 권리다. 사람들은 대관(大官)들의 상호 알력과 세력 경쟁을 권리로 잘못 알고 있지만, 사실은 영어 right의 번역어가 권리(權利)라고 바로잡는다. 그러면서 권리에는 '천생권(天生權)'과 '인제권(人制權)' 두 가지가 있는데, 천생권은 '압제와 속박을 받지 않고 생명과 재산을 지키는 것'이라고 설명했다. 해당 기사의 마지막 부분으로 가면 그러한 권리를 잃어서 자유롭지 못한 것이라고 하면서 식민지가 그러한 경우라고 밝힌다. 식민지 상황에서는 관리와 인민 모두 권리를 지키지 못하기 때문에 자유롭지 못하다는 뜻이다. 서양사의 관점에서는 '압제와 속박을 받지 않고 생명과 재산을 지키는 것'이 곧 자유의 정의다. 물론 전근대 유럽에서도 '자유'와 '권리'는 명확히 구분되지 않았다.[35] 이때 압제와 속박을 하는 주체, 생명과 재산을 빼앗는 주체가 누구냐에 따라 투쟁의 대상과 운동의 진보적 성격이 달라진다. 그런데 1900년 한국의 신문은 이 문제를 자유보다는 권리의 문제로 보았고, 국가, 관리, 인민의 관계 속에서 풀어가려고 했으나 여전히 모호했다.

자유를 국가와 권리의 관점에서 이해하는 방식은 이후의 기사들에서도 계속된다. 본질적으로 자유가 권리와 결합되는 현상은 자유 주창이 국가권력에 대한 개인의 투쟁과 관련되어 있음을 말해 준다. 그러나 당대 한국 사회에서 자유를 둘러싼 국가와 개인 간의 대립 관계는 이러저러한 이유들로 인해 명확히 드러나지 않았다. 애초부터 자유에 담겨 있던 부정적 어감, 강력한 황제권과 외세의 존재 등을 그 이유로 꼽을 수 있다. 외국 세력에 기댄 이들이 지역민들을 박해하는 사건, 즉 '교안(敎案)'이 사회적 이슈였던 1902년, 신문은 관리와 인민이 각각 권한과 책임을 다하지 못하면 생명과 재산의 자유를 지킬 수 없다고 한탄했다. 인민의 생

---

35 김학이, 「롤프 라이하르트의 개념사」, 156쪽.

명과 재산을 빼앗는 이들은 부패한 관리이서나 불법한 외국인이
었다. 1904년 이후와 비교해 보면 국가(정부)에 대한 인민의 자
유와 권리가 적극적으로 제창되지는 못했다. 대한제국의 황제권
강화가 절정에 달했던 시기에 정부(관리)와 인민의 권리를 병렬
적으로 나열하는 것만으로도 나름의 진보적 성격을 띠었다. 전
제(專制) 정치든 입헌 정치든 정부와 인민은 각자의 권리를 지키
면 되고,[36] 교육과 법률을 통해 인민이 개명하고 국권을 지키면
생명재산의 자유도 지킬 수 있다는 논리에 머무르고 있다.[37] 상
하귀천의 구분이 엄격하고, 예를 중시하는 사회였기 때문에 인
민의 자유평등을 보장하는 법률이 부족했다는 진단도 나왔다.
역시 전통사회에서 벗어나 서구식 문명사회로 나아가겠다는 인
식은 진일보한 것이지만, '자유'가 생명, 신체, 재산, 명예와 함께
'권리'의 하위 개념으로 분류된 점이 특이하다.[38]

　1904년 러일전쟁으로 고종의 황제권력이 약화되고 일진회 등
정치단체가 등장하면서, 언론은 좀 더 적극적으로 자유 개념을
사용한다. 국가 및 권리와 연관짓는 것은 이전과 마찬가지지만,
상호 관계에 대해 좀 더 적극적인 해석을 하게 된 것이다. 다음
『황성신문』의 기사를 보자.

대저 인민의 자유는 국가 이전에 존재한 것으로 국민적 사회 즉 국가를
조직함에 이르러 그 천연품유(天然稟有)한 자유의 일부분을 할양했으

36　『황성신문』, 1903년 1월 20일.
37　『황성신문』, 1903년 2월 26일.
38　『황성신문』, 1903년 4월 9일.

나 각 개인이 이 국민적 사회에 대하야 능히 안전과 자유와 소유의 3개 권리를 향유함은 즉 일반 국민된 자의 천직이라. …… 지금 국가가 능히 통치하는 권리가 있으며 신민이 마땅히 복종하는 의무가 있다 할진대 국가와 신민이 서로 법률상 관계에 서야 하니 신민의 권리는 국가의 입법권에 의하여 향유하고 국가는 그 법률범위 내에서 신민의 자유 권한을 극히 안전보호하는 책임이 있는지라. 근세법리상 국가는 인의 신체를 함부로 국권으로써 구속치 못하며 신민은 국가에 대하여 그 신체를 안전보지(安全保持)하는 자유가 있으니 이는 국가가 그 신민의 신성한 자유를 확인한 까닭이다. …… 만약 재판소나 행정관청의 집행이 그 법정원칙에 정당치 못한 경우에는 그 신민이 해당 집행벌(執行罰)에 대하여 능히 소원(訴願)과 행정소송을 제기하는 권리가 있나니, 이는 국가의 통치하는 권한이 법률범위 내에서 행동하여 일개인의 자유를 능히 침해치 못하는 까닭이라. …… 아국의 현재 행해지는 법률을 논하면 …… 국가는 그 법률의 신성한 지위를 상실하며 인민은 그 천부한 자유권한을 포각(抛却)하여 능히 그 생명과 재산의 안전을 보유키 어려운 지경에 이르렀으니.[39]

위 기사를 보면 여전히 국가와의 관계 속에서 인민의 자유를 권리의 하나로 이해하고 있다. 그러나 국가 이전에 인민의 자유가 먼저 존재했다는 전제는 흥미롭다. 국가의 생성으로써 초국가적 존재인 인민이 신민이라는 제한적 존재가 되어 신민으로서의 의무를 지게 되었다. 그러나 신민에 대한 통치권은 국가가 법률로써 엄정하게 제한하는데, 그 이유는 신민이 여전히 신성한

---

39 『황성신문』, 1905년 2월 14일.

지⑪를 기지고 있기 때문이다. 민학 국가가 부당하세 신민의 사유를 억압하면 적극적으로 소송을 제기할 수 있는 이유도 여기에 있다. 인민을 정치적 주체로 인정하고 참여를 촉구한다는 점에서 매우 획기적인 담론이다.[40] 이 기사가 나오기 불과 몇 달 전, 독립협회 계승을 내세운 일진회가 바로 그러한 정치 활동을 행했다. 인민의 자유를 내세우면서 정부관리 탄핵 운동을 펼친 것이다. 일진회 정치 활동에 기본적으로 동의했던 『황성신문』에 위와 같은 기사가 실린 것은, 당대 담론과 실천이 맞물려 진행되고 있었음을 보여주는 것이다. 일진회가 주창한 '자유' 개념의 실체에 대해서는 나중에 다시 살펴보겠다.

자유를 동양 전통 방식으로 이해하는 논법도 등장했다. 서양의 자유주의가 개신교에서 나와 인민 사상, 국가 제도, 사회 규모를 개신케 했음은 알면서 자유라는 말이 동양 전통에 있음은 모른다는 것이나. 『논어』에 나오는 '삼군지사(三軍之帥)는 가탈(可奪)이로되 필부지지(匹夫之志)는 불가탈(不可奪)'이라는 구절에서 '필부'는 '개인'을 말하고, '불가탈'은 '자유를 잃지 않음'을 뜻한다는 것이다. 이처럼 나의 고유한 의리(義理)를 지키고 타인의 압제를 받지 않는 것이 자유라고 했다.[41] 『논어』의 구절에서 자유의 의미를 찾는 방식은 이미 박영효 건백서에서도 확인된다. 민권을 『맹자』의 '인민이 중하고 국군(國君)이 다음'이라는 구절에서 유래한 것으로 이해한 것과 유사한 방식이다.

---

40   천부한 자유를 깨달은 문명한 국민은 정치상 직접 행동을 하게 되는 반면 몽매한 인민은 국가에 복종하는 의무만 지게 되므로 전제국에는 국민이 없다는 논리로까지 이어지게 된다(『황성신문』, 1905년 8월 4일).
41   『황성신문』, 1905년 9월 7일.

이제 언론에게 자유는 그 종류를 논할 정도로 익숙한 개념이 되었고, 몇 가지 분류법이 등장한다. 먼저 1904년 11월, 미국 학교와 기기창(機器廠) 등을 둘러보고 온 이가 투고문을 통해 자유에는 언론의 자유, 출판의 자유, 집회의 자유가 있다고 소개했다. 이 투고자는 미국에서의 견문을 바탕으로 자유예찬론을 펼친다. 자유에서 나고 자라 죽는 미국인들이 세계 제1등 민족이 되었고, 자유는 생명과 같으며, 전제국의 민은 애국심이 없지만 자유국의 민은 애국을 자기 가족 사랑하듯이 한다고 했다. 1907년 1월 『황성신문』은 이를 약간 변형시켜 3대 자유를 사상의 자유, 언론의 자유, 출판의 자유로 나누고, 이것이 서양 학자 스펜서의 말이라고 밝혔다.[42] 사회진화론을 인간 사회에 적용시킨 영국의 철학자 스펜서(Herbert Spencer, 1820~1903)를 지칭하는 것으로 보인다. 같은 해 7월 통감부의 신문조례 발포를 앞두고 다시 한번 3대 자유를 언급하며 언론자유는 곧 정치자유라고 강변했다. 1909년 3월, 3대 자유는 다시 '언론의 자유, 저작의 자유, 출판의 자유'를 말한다며 조금 변형했다. 또한 서양에서는 사상, 언론, 저술, 행위, 학문의 자유가 있으나 동양에는 그러한 것들이 부족하다고 평가했다.

각종 학회지들이 등장하면서 자유에 대한 좀 더 전문적이고 학술적인 분류법이 나타난다. 1906년 10월, 일본 유학에서 돌아온 문일평(文一平, 1888~1939)은 자유를 〈표 7〉과 같이 분류했다. 문일평은 종교, 민족, 생계상의 자유는 간략하게 언급하고, 주

---

42 『황성신문』, 1907년 1월 23일. 『대한매일신보』 역시 1906년 9월 25일자 기사에서 외국 신문을 인용하여 사상자유, 언론자유, 출판자유를 3대 자유이자 문명의 어머니라고 소개했다.

표 7   문일핑의 '사류' 구분법[40]

구분	내용	비고
정치상의 자유	평민이 귀족에 대하여 보존하는 자유	사민평등
	국민 전체가 정부에 대하여 보존하는 자유	참정
	식민지가 모국에 대하여 보존하는 자유	속지자치
종교상의 자유		신앙
민족상의 자유		민족건국
생계상의 자유		노동

로 정치상의 자유를 강조했다. 정치상의 자유는 다시 셋으로 나뉘는데, 자유를 억압하는 주체와 그에 맞서 지키는 주체로 대조된다. 평민 대(對) 귀족, 국민 대 정부, 식민지 대 모국의 쌍이 그것이다. 이 항목들은 각각 사민평등, 참정, 속지자치 문제와 관련된다고 밝힌다. 민들 사이의 신분·계급투쟁, 민과 국가 사이의 투쟁, 국가와 국가 간의 투쟁에서 평민, 국민, 식민지가 추구하는 자유는 진(眞)자유, 전(全)자유, 문명자유이고, 귀족, 정부, 모국이 누리고자 하는 자유는 위(僞)자유, 편(偏)자유, 야만자유이다. 대립과 갈등의 축들 속에서 진짜 자유를 판별하고 이를 정치상의 문제로 위치하게 함으로써, 자유의 실천적 의의를 더욱 부각시킨 것으로 볼 수 있다.

자유라는 용어가 일반화되면서 진정한 자유는 무엇인가에 대한 고심도 깊어졌다. 1906년 9월, 근래 청년들이 단발에 가벼운 복장으로 경박하게 행동하여 상하인륜을 무시하고 의리(義理)에 맞지 않는 행동을 하면서 '자유'라고 자칭하는 현상에 대해 '개

---

43   문일평, 「自由論」, 『태극학보』 3, 1906년 10월.

표 8 『황성신문』의 '자유' 구분법[44]

자유인 것	자유가 아닌 것
충애경근(忠愛敬謹)함.	강상(綱常)을 타파함.
교제에 신독(愼篤)함.	타인에 의뢰함.
법률범위 내에서 활동함.	완폭(頑暴)하게 행동함.
부지런히 학업하고 견문을 넓힘.	한가롭게 놀고 게으름.

화병통(開化病痛)'이란 말이 유행한다는 기사가 나왔다.[45] 또한 '자유'는 '신상(身上)의 이익' 추구와는 대비되는 것으로,[46] '유신 (維新)인물'들이 영문과 일어 몇 자 배우면 유아독존으로 자유평 등 운운하며 기탄함이 없다는 냉소도 나왔다.[47] 내가 가진 자유 를 행사할 때도 남이 '옳다고 여기겠는지' 살펴보아야 한다.[48] 소 인배가 협잡하며 '천부(天賦)한 자유본능을 행사하는 것이다'라 고 말하고, 잡기 음주로 사회 도덕을 파괴하며 '나의 고유한 자유 권리다'라고 말하는 것은 하늘과 조상을 모독하고 임금과 나라를 욕되게 하는 일이다.[49]

언론은 아예 '자유'와 '자유가 아닌 것'을 구분해서 독자에게 알 려주었다. 〈표 8〉에서 '자유가 아닌 것'으로 지적된 사항들은 언 론의 관점에서 '자유가 오용된 사례'이다. 그러나 달리 보면 당대 인들에게 '자유'라는 용어 속에 이미 포함된 것으로 받아들여진 부분들이기도 하다. 『대한자강회월보』에도 인신(人臣)이 군(君)

44   『황성신문』, 1907년 1월 23일.
45   『대한매일신보』, 1906년 9월 29일.
46   『황성신문』, 1906년 11월 19일.
47   『황성신문』, 1907년 4월 26일.
48   『대한매일신보』 국문판, 1907년 12월 13일.
49   『대한매일신보』, 1908년 3월 27일.

표 9 『대한사강회궐보』의 사유 구분법[50]

구분	내용
신교(信敎)의 자유	신앙의 자유, 행위의 자유.
집회결사의 자유	
신서비밀(信書秘密)의 자유	통신기관의 비밀을 호수(護守).
주소안전의 자유	가내 안전을 방해하면 가택침입죄.
신체보전의 자유	근세국가의 신민은 국권작용에 대하여 신체의 자유를 안전지보(安全持保)하는 권이 있음.

을 농단하고, 국민이 법의 범위를 범하며, 자식이 부모의 가르침을 따르지 않고, 아내가 남편의 지시에 따르지 않는 것 등은 모두 '자유'의 명의(名義)를 내세우지만 '사욕(私欲)'에 불과하다는 글이 실렸다. 자유의 부정적 의미를 제거하려는 지식인들의 의식적인 시도는 어쩌면 오늘날까지도 계속되고 있는지 모른다.

계몽운동은 1909년이 되면 자유를 헌법에 어떻게 반영해야 할지 고민한다. 이 시기에는 일종의 헌법 교과서들이 다수 출간되었는데[51] 한 논자는 다음과 같은 종류의 자유들이 헌법에 들어가야 한다고 주장했다(〈표 9〉).

그런데 「헌법상 팔대자유에 취하야」의 저자 역시 자유를 자유권과 동일시하며, 그 역사를 다음과 같이 정리했다. 최초로 인민의 자유권이 인정된 것은 16세기 영국에서 권리청원과 신민의 권리 및 자유의 선언을 발표한 시점이다. 이어 미국의 독립선언 발표도 자유권에 기인한 것이다. 이들 국가의 자유권은 구래 개

---

50 法學少年, 「憲法上 八大自由에 就ᄒ야」, 『서북학회월보』 14, 15, 18호, 1909년 7. 8. 12월. 실제로는 5개 항목만 확인된다.
51 김효전, 『근대 한국의 국가사상-국권회복과 민권수호-』, 745~752쪽.

인의 권리에 가하던 제한을 해제하여 보호하며 또 장래에 '국권'으로부터의 침해를 방어함에 목적이 있다. 17세기 말 프랑스혁명 시 발표한 국민의 권리선언에서는 자연법설을 채용하여 자유권이 국가 및 법률에 기초한 것이 아니라 천부한 것이라고 했다. 그 후 유럽은 프랑스혁명의 영향을 받았으나, 그 목적은 달라 관청의 침해를 방어하는 것이 목적이었고, 일본 역시 국권의 행동에 제한을 가할 뿐이었다. 「헌법상 팔대자유에 취하야」에 따르면 세계사는 '자유권'의 정립 과정으로 귀결된다. 자연법에 따른 것인지는 논란의 여지가 있지만, 인민의 자유권을 지키고 국가의 침해를 방어하기 위해 헌법이 존재하는 것이며, 그 성공 여부에 따라 문명화 정도가 평가된다. 여기에서 '국권'이 '민권' 위에 초월적으로 존재하는 것이 아니라, '인민의 권리'를 침해하는 존재로 묘사된 점이 주목된다. 『대한매일신보』의 신채호가 국권의 절대성을 맹렬하게 주창하던 시점에 나온 글이기 때문이다.[52] 국권이 반드시 긍정적 의미로만 사용되지 않았음을 보여준다.

이상 살펴 본 대로 불과 10여 년 사이에 자유는 당대 계몽지식인들에게 꽤 익숙한 용어가 되었다. '입춘대길(立春大吉)'이라는 액자를 '독립자유'로 바꾸고, 두세 사람만 모여도 '자유권리'에 대해 논하는 시대가 되었다.[53] 『국민자유진보론』이란 책이 20전(錢)에 판매되기도 했다. 1908년 유호식(劉鎬植)이 역술(譯述)하여 고금서해관(古今書海館)에서 발간한 이 책은 51쪽 분량으로, 문명자유와 야만자유의 구분법이 문일평의 그것과 거의 유사

---

52   김종준, 「대한제국기 언론의 '매국' 용법과 그 정치적 효과」, 236~237쪽.
53   『황성신문』, 1907년 7월 10일.

『국민자유진보론』

하다. 국가에 대한 개인의 권리를 언급하면서 모호하게 설정되어 있던 자유가 점차 적극적으로 활용되고 상징화되었다. 그 정치적 성격은 강한 실천성을 담지했고, 다양한 분류법이 등장했으며, 헌법에 등재할 준비까지 갖추었다. 물론 이러한 변화들이 지식인들의 사상적 성숙에 의해서만이 아니라, 황제권 약화와 외세의 개입 강화라는 대외적 환경 변화에 의해 촉발된 점은 주의해야 한다. 이 변수들은 당대 지식인들의 자유 용법을 서구의 보편성에 기반하되 우리만의 특수성을 가미하여 사유하도록 이끌었다. 다음에는 이 시기 '자유' 개념이 어떻게 확장되었는지 다양한 결합 용례들을 통해 살펴보도록 하겠다.

결합 용례들을 통해 본 '자유' 개념의 확장성

앞에서 본 대로 1900년대 '자유'는 기본적으로 '권리' 담론과 결합하여 국가-신민-인민의 관계에서 권리 사상의 논거로 이해되었다. 그러나 애초 자유가 내포하고 있었던 긍정·부정의 어감들이 다양한 방식으로 변형되어 나타나기도 했다. 그 양상을 확인하기 위해 자유가 특정한 용어들과 결합하는 사례들을 검토해 볼 필요가 있다.

먼저 강자의 횡포라는 부정적 어감이 발현된 사례다. 그러한 용례는 주로 국가 대 국가의 관계에서 나타난다. 1901년에는 '자유도한(自由渡韓)', '자유도항(自由渡航)'이라는 용어가 빈번하게 사용되었다. 부산에서 발행된 일본인 신문인 『조선신보(朝鮮新報)』와 『황성신문』 간에 자유 개념에 대한 논쟁이 계속되었다. 『조선신보』는 일본인이 한국에 올 때 관청에서 여행권(護照)을 받는 일이 번잡하여 일본 관민이 모두 자유도항을 바란다고 했다. 반면 『황성신문』은 품행의 선악과 자본의 유무를 가리지 않고 받으면 한인에게 득책이 아니며 식민(植民) 정책이 될 것이라고 비판했다. 양자는 〈표 10〉과 같이 반박과 재반박을 이어갔다.

이 시기 일본 상인들이 세력을 확대하는 것에 대해 지역민들이 항의하면서, 일본과 한국 간 외교 마찰로 확대되는 일들이 실제로 일어났다.[54] 이 외교 갈등에서 대한제국 정부의 대응은 무기력했다. 일본에서 오는 상선(商船) 승객 대다수가 여행권을 소지하지 않았다. 일본 외무성은 도한자(渡韓者)에 대한 여권 출급

---

54 김종준, 「대한제국기 낙동강 원동 수세권의 향방」, 171~172쪽; 김종준, 「개항기 일본 상인의 울릉도 침탈과 염상 김두원 사건」, 126~129쪽.

표 10 『조선신보』와 『황성신문』의 '자유도항' 논쟁

『조선신보』(『황성신문』 1901년 10월 12일)	『황성신문』(1901년 10월 14일)
각 조계에 있는 일본 경찰의 숫자가 불량 무뢰배를 감독하는 데 부족하지 않음.	여권제도가 있어도 무뢰배의 잠입이 적지 않음.
자산이 있는 양민의 도항을 장려하는 것임.	자산가는 신용이 있어 본래 여권 받는데 어려움이 없음.
한인과 인종경쟁에 열패한 하등인종인 미국 홍인종을 비교할 필요 없음.	자국인민의 이익과 안녕질서를 위해 타국의 이민을 거절함은 국제법상 인정됨. 울릉도에서 일본인들의 행패를 막지 못하고 있음.

절차를 간략하게 하고, 급박한 경우에는 없어도 된다고 지방관청에 지시했다. 일본 측은 이러한 상황이 자신들의 '자유'를 확장시키는 것이라고 보았다. 반면 한국 언론은 강자인 일본의 자유 확대를 약자 보호의 관점에서 경계했다. 약자의 '최소한의' 자유마저 빼앗는다면, 그것은 '자유'가 아니라 강자의 '횡포'에 다름 아니라는 논리가 성립한다. 자신의 부귀나 권세를 믿고 타인의 자유를 멸시하는 것은 진정한 자유가 아니라 교오심(驕傲心)에 불과한 것이다. 자유 속에 내포되어 있던 방종에 가까운 부정적 어감이 대외적인 문제에 적용된 사례라고 할 수 있다.

자유가 강자의 횡포라는 의미로 사용된 용례는 러일전쟁 전후 시기에 다시 나타났다. 1903년 말 일본 함대가 한국과 청국 해안을 다니는 것과 만주문제에 나서는 것 모두 '자유행동'이라고 표현했다. 러시아와의 협상이 결렬되자 일본 원로회의는 자유행동을 결정했다. 일본 상업회의소는 한국과 만주에서 '자유무역'과 광산채굴 및 기타 제조공업의 '자유'를 획득해야 한다고 주장했다. 2년 전 한국에서 그러했던 것처럼 만주에서도 '자유도항'케 하자는 말이 나왔다. 러일전쟁 직후에는 일본이 한국에 대한 보

호권을 얻고 자유행동을 하게 되었다는 소식이 전해졌다. 이 시점에서 일본인들뿐만 아니라 부일난류(附日亂類)의 자유행동도 비난의 대상이 되었다.[55] 『대한매일신보』에는 아예 일본인들이 잔악한 한인에게 '행패자유'한다는 표현도 등장한다.[56]

그런데 1904년 이후로는 '자유'가 '독립'과 결합하여 강자의 횡포에 맞서는 힘과 의지를 표출하는 데에 사용된다. 강자의 횡포도 자유로 표현하지만 그에 맞서는 정의로운 행동 역시 '자유'에 의해 정당화되며, 이 경우 자유는 '독립'과 결합되어야 했다. 이때의 자유독립 역시 국가 대 국가의 관계에서 적용되었다. 이는 『독립신문』에서 '독립'이 대개 국가 차원보다는 사람 차원에서 '자유권'과 결합되던 것과는 다른 양상이다.[57] 먼저 '자유독립'은 유럽의 선진성을 나타내는 지표로서 이해되었다. 유럽인들은 '자유독립의 권'을 가지고 있어서 남에게 압제를 받지 않고 자립하는 반면, 비유럽인들은 미개하여 압제를 받다가 보호와 점령을 당한다고 했다. 개인의 자립과 국가의 독립, 개인의 자유와 국가의 자유독립이 연결된다고 본 것이다.

1904년 2월, 한일의정서 체결 직후에는 한국이 정치개선을 자유롭게 하지 못하고 일본인 지휘 명령을 따르게 되면 독립의 주권을 잃는 것이라고 비판했다.[58] 그동안 강력한 황제권 때문에 국가 권력에 대한 인민의 자유를 제대로 내세우지 못했었다. 그러다가 러일전쟁으로 황제권이 약화되면서 인민의 자유를 주창

55 『대한매일신보』, 1905년 11월 15일.
56 『대한매일신보』, 1906년 2월 20일.
57 이나미, 『한국 자유주의의 기원』, 65~66쪽.
58 『황성신문』, 1904년 2월 26일.

할 기회를 맞이했고, 실제로 그러한 양상이 나타났다. 그러나 다른 한편으로 강력한 외세의 개입에 맞서 국가 자체의 자유를 고려해야 하는 상황이 되었음을『황성신문』의 기사는 잘 보여준다. '자유독립'은 그와 같은 관점의 변화를 드러내는 용례였다. 국민이 자유의 권을 잃지 않는 것도 중요하지만, 그것은 반드시 국가가 자립의 힘을 갖는 것으로 이어져야 했다. 개명한 국민은 자유를 주장하여 정부 명령에 항의하더라도 국가 주권이 타인에게 빼앗기지 않도록 진력을 다해야 한다. 정부에 항의하는 활동은 열심히 하나, 국가 주권 손상은 감수하는 일진회 운동을 염두에 둔 발언들이다. 국가에 초연한 존재인 '인민'과 국가에 종속된 '신민'으로 분리되어 호명되던 이들이 이제 하나로 합쳐져 '국민'으로 호명되고 있음에도 주의해야 한다.

이 시기 '자유독립' 용법에 더 적극적인 언론이 등장했다. 1904년 창립 후 정간되었다가 1905년 9월 속간된『대한매일신보』다. 정치적인 논조는 삼갔던『황성신문』과는 달리『대한매일신보』는 일관되게 반일적 정치 기사를 내보냈다.『황성신문』의 반일 논조가 약했던 것이 꼭 검열 때문만은 아니었다.『황성신문』은 국제 정세를 동양주의의 관점에서 바라보았고, 일본이 세계 일등의 문명강국의 지위에 있다고 여겼다.[59]

『대한매일신보』는 먼저 한국은 독립국이므로 일본 요구를 거절하는 것은 '자유'라고 명백하게 밝혔다.『대한매일신보』도 기본적으로 대내적 문제와 대외적 문제를 연결시키고 서구 사례

---

59 앙드레 슈미드,『제국 그 사이의 한국 1895~1919(Korea Between Empires 1895~ 1919)』, 250~253쪽.

를 중시하는 것은 다른 언론들과 비슷했다. 예를 들어 교육 분야 등에서 일본주의보다 구미주의를 채용해야 한다는 것이 『대한매일신보』의 명확한 입장이었다.[60] 천부의 자유권을 포기하여 관리의 학정을 받다가 외인의 압제를 받게 되었다거나, 미국의 독립기초가 오로지 인민의 자유주의로 성립했다는 명제도 제시했다.[61] 그러나 점차 인민의 자유를 국가의 자유독립에 종속시키는 논조가 강해진다. 러일전쟁 직후 일본이 한국에서 자유활동을 하며 독립을 무시할 때 우리 국민은 묵종(默從)해서는 안 된다고 강변했다.[62] 그리스인들이 터키로부터 자유독립할 정신을 갖춘 것과 인도가 영국에 대해 자유독립을 주창한 것이 상기되었다. 을사5적을 성토하는 시구에서 '독립자유'가 다시 사용되었다.

더 살면 무엇하나 어서 바삐 죽어야지 충신에게 제(祭) 지내고 종사(宗社)에 고유(告由)하세 일단심이충신(一丹心二忠臣)으로 독립자주 되는 도다.

이천만 우리 동포 양(兩) 충신의 단심(丹心) 받아 대한 역신(逆臣) 성토하고 남의 압제 받지 말아 독립자유하고 보면 충신 유한(遺恨) 씻으리라 일진회민 육십만명 양 충신 부끄럽다 우리나라 유조한 것 조금 없고 일본 압제뿐이로다.

일진회도 사람이라 일심으로 나아오소 어서어서 나아오소 대한독립 대로상(大路上)으로 죽을 사자 두려 말고 독립권을 찾아보세.[63]

60 『대한매일신보』, 1906년 6월 29일.
61 『대한매일신보』, 1906년 9월 28일, 1905년 12월 7일.
62 『대한매일신보』, 1905년 10월 26일.
63 『대한매일신보』, 1905년 12월 12일.

기 위해 죽은 충신과 나라를 팔아넘긴 역신을 비교한 이 시
구들에서 '독립자유'의 의미는 '독립자주', '독립권'의 변주로 한
정된다. 그리고 그 정서는 국가와 군주에 대한 맹목적 충성을 강
요하는 전통 유학적 정신에 가깝다. 그러한 맥락에서 사용된 '자
유' 개념 속에 그간 언론에서 축적해온 진보적 의미를 찾기는 어
렵다. 사실 영국인 베델이 창립한 『대한매일신보』는 유교 전통
으로부터 자유로웠다. 오히려 예수교를 통해서 자유권을 획득할
수 있다고 하여 유생들의 반발을 사기도 했다. 『대한매일신보』
의 기사에 나오는 '충성'은 자신들의 정치적 목적을 위해 유교 전
통을 단편적으로 인용한 것으로 볼 수 있다.

이후 『대한매일신보』는 대내적 자유권과 대외적 국권을 연결
시키는 논리를 좀 더 세련되게 정립시켜 나간다. 먼저 『대한매
일신보』는 '인민의 자유'와 '국가의 독립'을 병렬시키는 논법을
택한다. 사소해 보이지만 『대한매일신보』는 둘 중에 '국가의 독
립'을 우선순위에 둔다. '국가독립도 회복하고 인민의 자유도 만
회해야 한다'고 발화한다. 『대한매일신보』는 신천군민이 학교
를 세우면서 '국가의 독립과 인민의 자유를 회복할 기초가 여기
에 있다'고 한 내용을 보도했다.[64] 해당 지역민이 글자 그대로 그
렇게 발화했는지, 『대한매일신보』가 그렇게 윤색했는지는 알 수
없다. 언론 기사의 영향으로 지역민 역시 동일한 사고 회로를 갖
게 되었는지도 모른다. '국의 독립'이 '민의 자유'보다 먼저 제시
되는 구조는 1909년 시점에도 여전했다. 『황성신문』이 국가 이
전에 존재했던 인민의 자유권에서부터 실마리를 풀어갔던 것과

64 『대한매일신보』, 1906년 9월 12일.

는 좀 다르다.

『황성신문』은 이 시기에도 '인이 자유의 마음을 잃고, 국이 독립의 힘을 잃게 된다'는 어순을 유지했다. 또한 사해(四海)의 안도 형제이고 사해의 밖도 형제이며 국제공법이 분명하기 때문에 외인이 침핍(侵逼)하더라도 개인의 자유권을 지킬 수 있다는 것이 『황성신문』의 관점이었다.[65] '인인(人人)'이 독립을 알아야 국이 독립하고, 인인이 자유를 알아야 민이 자유한다는 기사에서,[66] 인(人), 민(民), 국(國) 간의 관계에 고민하고 있었음을 알 수 있다.

반면 『대한매일신보』에서 중요한 것은 국가권력을 잃고 있다는 사실 자체다. 그 원인을 찾아가보니 압제정치 하에 살던 인민이 '자유' 두 글자를 몰라 자국 관인의 학정에 저항하지 못한 결과 타국의 노예되기를 기꺼이 받아들였다는 분석에 이른다.[67] 18세기 영국 재상의 담화를 근거로 내세우는데, 같은 시기 량치차오도 비슷한 이야기를 한 바 있다.[68] 오뚜기를 관찰하면서 '독립을 자유한다'고 표현하기도 했다.[69] '자유'를 '독립'에 종속적인 요소로 여기고 있음이 은연중에 드러난다. 『대한매일신보』는 국가독립의 측면에서 일본이 황제의 자유를 빼앗는 것도 우려했다. 통감부 '시정개선'의 문명성 또는 보편성에 일정한 기대를 갖고

---

65 『황성신문』, 1906년 7월 2일.

66 『황성신문』, 1906년 11월 19일.

67 『대한매일신보』, 1906년 1월 16일.

68 李珍河, 「人生의 大罪惡은 自由를 棄홈에 在홈」, 『태극학보』5, 1906년 12월; 薛泰熙, 「抛棄自由者爲世界之罪人」, 『대한자강회월보』6, 1906년 12월.

69 『대한매일신보』, 1906년 5월 4일.

있던 계몽지식인들의 인식과는 사뭇 다른 것이다.[70]

『대한매일신보』는 사회진화론을 수용한 바탕 위에 자강자립을 중시했다. 남의 자유를 침탈하는 것도 죄이지만, 스스로 자유를 방기하는 것도 죄라는 서양의 담론을 받아들였다. 개인의 자유는 자주(自主)와 결합되었다. 외인의 압제와 속박을 벗어나기 위해서는 자강자립의 사상을 가지는 수밖에 없다. 자유는 독립, 자립과 함께 '스스로 강자가 되자'는 자강과도 결합되었다. 대내적 자유권의 부족을 대외적 독립 문제와 연계하는 논법은 당대 계몽지식인 대부분이 공유하고 있었다. 다만 일진회가 인민의 실질적인 생명재산 보호를 자유권의 핵심으로 보고 거기에 초점을 맞추었다면, 『대한매일신보』는 인민의 자유권 역시 국가 독립에 종속되는 요소로 보았다는 점에서 차이가 있다. 1906년부터 1910년까지는 『대한매일신보』의 '자유' 내러티브가 일진회의 '자유' 내러티브를 압도해가는 과정이다. 『대한매일신보』는 계몽지식인들에게 일진회 민권론에 빠져들어서는 안 된다고 경고했다.

한편 승려의 결혼 여부가 자유인가 아닌가를 두고 논란이 일었을 때, 『대한매일신보』는 개인과 국가 중 어느 쪽이 중하냐며 국가에 해가 된다면 자유가 아니라는 판단을 내렸다.[71] 또한 1907년 헤이그 만국평화회의 때는 이탈리아 건국 영웅 카보우르(Camillo Cavour, 1810~1861)가 파리열국회의에서 오스트리아를 '자유의 공적(公敵)', '독립의 구수(仇讐)', '이탈리아 자유민족의 모

---

70 권태억, 『일제의 한국 식민지화와 문명화(1904~1919)』, 134~136쪽.
71 『대한매일신보』, 1907년 2월 6일.

적(賊)'으로 성토하며 자주독립의 목적을 이루었다고 칭송했다.[72] 자유권의 확대는 국가가 진보했음을 표상하는 것이기도 했다.

1909년『대한매일신보』는 주필 신채호의 영향으로 국가주의적 논설을 강화했다. 국가를 신성화시키는 회로 속에 '자유' 개념도 함몰되었다. '독립자유'의 정신만 있으면 강토, 주권 등 형식이 없어도 국가는 완전히 존재하는 것이다. 이러한 논리 위에 '정신상 국가'는 곧 '민족의 독립할 정신, 자유할 정신'을 말한다. 나아가『대한매일신보』는 '자유신(自由神)'이라는 용어마저 고안해냈다. 자유신은 '중생의 활불(活佛), 구주(救主), 부모'라며, 이 신(神)을 구가(歐歌)하고, 숭배하며 환영해야 한다고 했다.[73] 자유가 주관적, 종교적 영역으로 들어가 버리면서 자유를 비롯한 다양한 사상이 모두 국가 독립에 종속되었다. 동양주의 제창을 비판하면서, 청국과 일본 모두 독립 이후 자유를 얻었다며 한국이 독립해 자유를 얻은 후에나 동양에 대해 생각할 수 있다고 단정지었다. 자유의 보편적·사회적 의미는 몰각되고, 협애한 '정신상 국가'만 남았다.

『대한매일신보』의 자유독립 용법은 미국 교민 단체인 공립협회가 발간한『공립신보』(1909년 2월 10일 이후『신한민보』)에서도 발견된다.『대한매일신보』는 본래 노동자 출신인 하와이 이주민들이 미국에서 학문을 통해 자유의 공기를 흡수하고 애국성(愛國誠)을 배양하며 이룬 한인사회가 공립협회라고 높게 평가한 바 있다. 그런데『공립신보』는 '자유'를 '평등'과 결합하여 사용했다.

---

72 『대한매일신보』, 1907년 5월 15일.
73 『대한매일신보』, 1909년 6월 5일.

'사유평등'의 기순에서 세계사는 '주장시대'→'제왕시대'→'민권시대'로 발전해 왔다면서 한국의 현실을 다음과 같이 분석한다.

30년 이래로 명색 개화당이 허다하지만은 평등자유를 주창하여 국민을 제성함을 힘쓰지 아니하고 다만 정부를 전복하고 자기의 권리만 확장코저 함으로 성사한 자 하나도 없고, …… 오늘 내지에 창의군이 처처 봉기하여 분격한 마음으로 피를 흘리나 자유평등의 사상이 전무하고, 여러 층 계급에 속박되어 관인이 백성을 위하여 힘쓰지 아니하며 백성이 관인을 위하여 힘쓰지 아니하고 양반이 상놈을 위하여 힘쓰지 아니하고 상놈이 양반을 위하여 힘쓰지 아니함으로 13도에 허다한 의병이 서로 연합하기를 도모치 않고 각각 한 모퉁이를 웅거하여 도리어 곧 박멸하니 어찌 답답하고 통분치 아니하리오. 원수를 물리고 국권을 회복코저 하는 유지인사들이여 각각 마음을 돌리어 사회의 일종 계급을 타파하고 자유평등의 주의로 국민을 제성한 연후에야 대사를 가히 이룰지라.[74]

『대한매일신보』의 '자유독립'과 『공립신보』의 '자유평등' 간 차이점은 무엇일까? 국권 회복을 최종 목표로 삼는 점은 양자 모두 마찬가지다. 그러나 『공립신보』는 의병 운동이 독립에는 도움이 될지 모르지만 자유평등의 사상이 없다며 비판했다. 19세기 서양사에서 자유는 평등이나 민주주의와 대립되는 개념이었다.[75] '자유'가 '평등'과 결합되어 사용되는 경우, '강자의 자유'는 더 제

74 『공립신보』, 1907년 11월 1일.
75 전복희, 『사회진화론과 국가사상-구한말을 중심으로-』, 193쪽.

한받기 마련이다. 이는 국가 대 국가뿐만 아니라 개인 대 개인
간의 관계에도 적용될 수 있다. 그런 점에서 막연하게 민족적·
국가적 저항감만을 고취시키는 언설보다 더 논리적 정합성을 가
진 것으로 여겨졌을 수 있다. 그러나 당대 학회지에는 '자유는 평
등이라는 설'을 부정하고 '인민은 절대적으로 국권에 복종할 의
무'가 있다거나 '권력과 복종이 있은 연후에 국민의 자유가 보장
된다'는 글도 실렸다.[76] '자주'와 '자유'를 병렬시키는 논법도 여전
했다.

　3개월 후『황성신문』역시 노비 해방을 촉구하면서 '인민의 평
등자유의 권리를 박탈해서는 안 된다'고 했다.『대한매일신보』도
노예 해방을 주제로 다루며 본래 지공무사(至公無私)한 상제(上
帝)가 '평등의 인격, 평등의 자유, 평등의 복리'를 준 바 있다고
밝혔다.[77] 지역사회에서도 노비를 풀어주며 문명 세계에서 남을
구속하여 자유 행동을 못하게 함은 동등의 권에 어긋난다는 발화
가 나올 정도였다.[78]

　한편『공립신보』는『샌프란시스코 크로니클』에 투고된 글을 인
용하며, 전명운(田明雲, 1884~1947)과 장인환(張仁煥, 1876~1930)
의 스티븐스(Durham White Stevens, 1851~1908) 저격이, 영국인
이나 프랑스인의 자유회복 투쟁과 다름없으며 2천만 명의 '자유'
를 살리고자 함이라고 했다.[79] 일본이 사람의 생명을 학살하고
재산을 탈취하며 자유를 강탈하기 때문에 싸울 수밖에 없었고,

76　玉東奎,「人民自由의 限界」,『서우』2, 1907년 1월.
77　『대한매일신보』, 1908년 2월 10일.
78　『대한매일신보』, 1909년 2월 23일.
79　『공립신보』, 1908년 4월 1일.

이는 영국이니 프랑스의 지⋯를 위한 투쟁과 마찬가지라는 논법이다.

『공립신보』를 이어받은 『신한민보』는 한국 해외 이주민들에게 많은 관심을 보였다. 멕시코 이주민의 기고를 통해, 마음대로 다니는 것만이 자유가 아니라 활발한 정신으로 자신이 하고 싶은 사업을 경영함이 진정한 자유라고 구분했다. 그런데 멕시코에 있는 한인들이 본토 인종과 결혼하고 빚을 지고 동포들끼리 불목함으로써 스스로 자유를 잃고 있다고 비판하는 글이다.[80] 타지에서 최약자의 처지에 있는 이들에게 '자유'가 무엇인지를 생각해 보게 만드는 대목이다. 아마도 『신한민보』의 필진은 해외 이주민들의 '자유' 관념을 통해 역으로 국내 한국인들의 그것을 어떻게 봐야 할지 추론했을 것이다. 한 달 후 『신한민보』는 계약이 끝난 멕시코 이주민들의 자유 획득을 축하해 주고 있다.

그밖에 자유가 다른 용어와 결합된 사례 몇 가지를 살펴보겠다. 1906년 지방행정구역 개편 논의가 있었을 때 구래의 향약이 곧 자치제도이고 이를 통해 인민이 자유활동케 된다고 했다.[81] 지역민의 '자치'는 곧 중앙 권력의 통제를 받지 않는다는 점에서 '자유'와 연결되는 것이다. 그러나 언론은 구래의 향약 제도가 자치라고는 하나 예의만 차릴 뿐 '자유의 행복'과는 무관하다고 비판하기도 했다. 상업상의 '자유영업'이라는 결합어도 등장한다. 그런데 평민 사공들이 송파강에서 배를 자유영업하는 데 양반과 병정 관예배(官隷輩)들이 선세(船貰)를 받지 말라

---

80 『신한민보』, 1909년 4월 14일.
81 『대한매일신보』, 1906년 10월 31일.

며 훼방놓았다는 기사에서 '자유영업'의 시대적 의미를 엿볼 수 있다.[82] 앞서 강자인 일본인들의 '자유무역'은 불의한 일이었지만, 약자인 평민들의 '자유영업'은 정의로운 일인 셈이다. 개인의 자유 역시 간간히 언급했다. 협성학교 졸업생과 정신중학교 졸업생 간의 '자유혼인'이 화제가 되었다.[83] 구래의 관기(官妓), 사기(私妓) 명칭을 폐지하고 경무청에서 관리하게 되자, 이를 '자유매음(賣淫)', '자유영업'으로 지칭하기도 했다.

당대 계몽지식인들이 말한 자유는, 적극적 자유와 소극적 자유 중 어디에 해당하는가? 『국민자유진보론』을 보면 야만시대는 개인의 자유가 승(勝)하고 문명시대는 단체의 자유가 강하다고 되어 있다. 개인의 자유는 강자의 자유이고, 그것은 자유의 '의(義)'에 부합하지 않는다는 것이다. 애초 정부, 관리, 유세자들에 맞서 생명재산을 보호하기 위해 필요한 것은 인민들의 소극적 자유였다. 사회가 발달하면서 이는 점차 적극적·개인적 자유로 변모되었다. 그러나 강력한 외세가 등장하고 친일 세력 역시 문명과 자유를 내세우는 상황에서, 한국의 계몽지식인들은 약자인 집단, 민족, 국민의 자유에 주목하지 않을 수 없었다.

그러면 약자의 자유, 피침탈자의 자유는 항상 정당한가? 당대 언론은 '독립'과 '평등'을 연계시켰는데, 결국 '정의' 곧 '올바름'의 문제가 중요했음을 알 수 있다. 전통과 근대, 동양과 서양, 계층과 지역에 따라 '올바른 자유'에 대한 인식은 복잡다단했다. 1900년대 한국에서는 약자의 편에 서는 자유가 올바르다는 담

---

82 『황성신문』, 1906년 11월 17일.
83 『대한매일신보』, 1908년 8월 30일.

론이 여론을 주도했다. 그러나 한국인들은 강자의 자유가 결과적 정당성을 얻게 되는 역사적 경험을 하게 된다. 그렇게 각인된 인식은 이후 한국인들의 잠재 의식 속에 뿌리 깊게 살아 남았다. 이후로도 '올바른 자유에 대한 이상'과 '강자의 자유에 대한 선망' 사이의 부조리한 동거가 지속되었다. 즉, 애초부터 모호했던 '자유' 개념은 다양한 세력들의 주장을 정당화하는 논리로 제각기 사용되었다. 단순한 '자유 추구' 시대가 지나가고 '올바른 자유'에 대한 사회적 합의가 필요함에도 불구하고, 한국인의 특수한 역사적 경험이 이를 막아왔다. 예를 들어 독재 권력은 약자의 자유를 억압하면서 자유주의 체제를 지키기 위한 것이라고 주장한 바 있다. 그런데 민주화가 이루어진 후에도 '강자의 자유'에 대한 비판과 선망은 여전히 공존하고 있다. 1900년대 이래 '자유' 용법에서 한국사적 특수성이 과연 무엇인가에 대해서는 별도의 심도있는 고찰이 필요하다.

일진회가 이야기하는 '자유'란?

1904년 8월 말, 일진회는 창립 취지서에서 '세계열강은 특별히 인민으로 하여금 언론저작과 집회 및 결사를 자유케 한다'라고 밝혔다. 앞에서 본 대로 비슷한 시기 언론에서도 이와 같은 자유 분류법이 등장했다. 그러나 일진회의 이러한 선언은 자유에 대한 이해의 차원을 넘어서는 것이다. 왜냐하면 그러한 정신에 입각하여 실제 행동에 나섰기 때문이다. 1898년 독립협회의 만민공동회 해산 이후 처음으로 정부의 통제를 뚫고 집회의 자유를 누렸다. 물론 일진회의 힘으로 정부 공권력을 물리친 것이 아니라 일본군의 도움을 받은 것이다. '자유집회'라 하나 외병(外兵)의 힘을 빌려 압제를 벗어나는 것이 가능한가라는 의문이 제기될 수밖에 없었다. 일진회가 일관되게 친일 입장에 서게 되는 이유가 여기에 있다.

독립협회 계승 집회보다 더 큰 문제는 동학 계승을 주창한 이들의 집회였다. 이들은 진보회라는 단체 이름을 내세웠다가 12월 초 일진회와 통합한다. 동학 계열은 10년 전에는 상상할 수 없었던 논리로 자신들의 집단행동을 정당화했다. 정부의 학민탐재(虐民貪財)로 천부한 자유를 펼치지 못한다는 것이다. 이러한 사고방식은 '문벌 숭상→귀천의 구별→사족과 평민의 등급→압제 발생→인권 소멸→민의 자유한 권리 상실'로 정리되었는데, 사실상 독립협회 계열의 인식과 유사한 것이다.[84] 동학 계열은 『황성신문』에 실은 강령에서 '황실을 보호하며 독립을 공고케 할 것' 다음에 두 번째로 '정부를 개선하여 백성의 자유권을 얻게할 것'을 내세웠다. 표면적으로 군주권, 국권 다음에 자유권을 두었지만, 실제 이들의 주된 관심사는 인민의 자유권에 있었다. 정부 대신은 여전히 갑오동학 무리를 떠올리며 이들이 선량한 민이 아니라는 입장에서 박해를 가했다. 일진회가 난류(亂類)를 선동하고 있다는 여론도 강했다.

그러나 1904년 12월 말, 결국 일진회는 자유를 얻어냈다. 일진회는 이를 '생명재산의 자유보호공권을 확인받았다'고 표현했고, 거리에 그렇게 게시했다.[85] 애초 일진회가 정부에 구체적으로 요구한 것도 '인민의 생명재산 자유보호 인정'이었다. 그러한

---

84 『황성신문』, 1904년 9월 7일.
85 『황성신문』, 1904년 12월 27일.

요구의 수체는 '개인'이 아니라 '동포', '거국(擧國)'이라는 점을 강조했다. 상민들도 종로에서 공진회(共進會)의 전신인 진명회(進明會)를 구성하고 일진회 취지에 동의를 표하며, '민의 고유한 권리 범한(範限) 내에 자유로운 활동으로 문명을 향해 나아가자'고 밝혔다.[86] 생명재산을 지키고자 하는 이들을 '개인'이 아니라 '인민'이라는 집단으로 설정한 이유는 무엇일까? 기본적으로 서구의 '자유주의', '개인주의'가 제대로 수용되지 못하고, 익숙하지 않았기 때문이다.

다른 한편으로는 이 시기의 운동이 아직 '약자의 권리 보호'라는 '진보적' 성격을 띠고 있기 때문이다. 대개 강자는 개인이고, 약자인 민은 무리를 지어야 겨우 인정받을 수 있다. '개인'이나 '인민'의 자유가 주창될 때, 어떠한 시대 상황인지 고려해야 한다. 물론 보편적 측면에서 보면 자유와 권리의 주체로 개인이 정립 또는 탄생되지 못한 것을 한계로 볼 수도 있다.[87] 그러나 역사적으로 외세, 국가, 지배 계층이라는 강자들에게 맞서 싸우려면 집단으로 뭉쳐 있을 수밖에 없었다. 정부에서 인민의 생명재산 자유 보호권을 특허한지 10일도 안 되어 각도 진위대에서 인명을 살해하고 재산을 적몰(籍沒)하는 일이 여전히 벌어지고 있었다. 일진회는 신문 광고로 그 부당함을 하소연하는 것 외에 달리 대응할 길이 없었다. 이것이 당대 현실이었다.

1905년 일진회는 정부 탄압에 항의하며 인민의 '자유행동'을 주창하고, 각종 연설 활동을 이어갔다. 이때 일진회 요구의 핵심

---

86   『황성신문』, 1904년 11월 29일.
87   이나미, 『한국 자유주의의 기원』, 32~35쪽; 김석근, 「개화기 '자유주의' 수용과 기능 그리고 정치적 함의」, 80쪽.

인 '생명재산 보호'는 실질적으로 어떤 의미이며, '생명'과 '재산'을 같이 언급하는 이유는 무엇일까? 앞에서 살펴본 대로 서양철학사에서 로크는 'property'를 재산뿐 아니라 생명까지 포괄하는 의미로 사용한 바 있다. 생명이 보장되어 있지 않은 재산은 무의미하며, 자유가 없는 재산 소유 역시 무의미하기 때문이다.[88] 정부관리 및 양반지주가 평민들의 생사를 결정할 수 있던 한국의 상황도 비슷했다. 일진회의 염중모(廉仲模)는 연설에서 인민의 생명재산을 보호하려면 인민 스스로 보호의 권능(權能)이 있어야 한다고 했다. 여기에서 인민의 권능을 탈취하는 세력은 누구일까? 일진회는 '정부관리'라는 용어를 사용했다. 정부관리도 일진회의 권고가 좋다는 것을 알지만, 관인의 교만한 마음으로 인민의 비천함을 멸시하여 듣지 않으려 한다는 것이다.[89] 여기서 일진회가 공격의 대상으로 삼는 것은 정부 자체도 아니고, 정부와 무관한 타인, 강자, 지배계층도 아니다. '정부관리'라는 표현으로 양자를 적당히 뒤섞은 채 비난하고 있다. 정부나 지배계층을 구조적·계급적으로 분석하여 비판하기보다는, 현상적인 비난을 통해 인민들의 즉자적인 불만을 대변하고 있다. 또 다른 일진회 회원인 이두수(李斗秀)의 생명재산 연설을 보자.

우리나라는 반상(班常)의 구분과 정치 압제로 민이 살 수 없으니 외국의 보호생명과 비교하면 수치를 면하기 어려움이라. …… 묘당(廟堂) 위의 집권한 신(臣)이 이욕(利欲) 두 글자로 보통 공익은 돌아보지 않

---

88 박은빈, 「로크의 소유이론과 지적재산의 이해-이론의 탐구와 현대적 이해의 시도」, 19~21쪽.

89 『황성신문』, 1905년 5월 22일.

고, 한 몸의 사(私)를 따라 배불리내 잔폐(殘弊)한 민은 호소할 곳 없으니 그 원인은 정부에서 매관매직하는 까닭이라. …… 이는 모두 법률의 불명(不明)에서 말미암는 것이라 만약 현인군자(賢人君子)가 조정에 있으면 탐학을 면할 것이오 의뢰를 바랄 수 있거니와 그러나 보호완전이 모두 자유에 있으니, 오직 우리 동포는 외국문명 경우를 조금도 시기하지 말고 배우고 때로 익혀 인조(人造) 발달을 연구하시오.[90]

정부대신으로 상징되는 강자들이 '공익' 대신 '사적인 이욕'에 따르는 것이 문제의 근원이라는 판단이다. 적절한 자들이 자리에 있으면 문제가 해결된다는 태도는 구태의연해 보이기도 한다. 그러나 완전한 보호를 위해 '자유'라는 개념을 끌어들이고 있고, 외국문명과 비교하고 있다는 점에서 차별성도 발견된다. 또한 일진회의 주장이 이론적 측면에서 혁신적이거나 세련된 것은 아니지만, 영향력이 직지 않았던 이유는 일반 인민들의 실제 사안들과 맞물려 있었기 때문이다.

일진회는 광고를 통해 연강(沿江)에 문권(文券)을 가진 여각주인(旅閣主人)을 혁파하겠다고 밝혔다. 그런데 구래의 여각주인들이 수만 냥을 궁에 바쳐 기득권을 회복하며 상인들의 자유왕래를 막자, 일진회는 이들을 '동포의 구적(仇敵)'으로 규정했다.[91] 세력을 빙자한 이들과 자유영업을 원하는 자들의 대립 구도가 만들어진 것이다. 황해도 백천군에서는 일진회 회원들이 균역해세가 잡세라며 납부를 거부하자, 군수는 회원들의 '자유행동'에 분개

---

90 『황성신문』, 1905년 5월 27일.
91 『황성신문』, 1905년 7월 19일.

했으나, 회민들은 나지도 않는 물종에 부세함은 부당하다고 항변했다.[92] 이러한 사례들은 일진회가 '자유'라는 명분으로 구래의 부당한 시스템에 반기를 든 것이라고 볼 수 있을까? 개별 사례들을 꼼꼼하게 검토해 보아야 하겠지만, 지역별·시기별 경향성을 볼 때 초창기에는 나름의 개혁성이 있었다.[93] 그렇기 때문에 약자인 지역민들의 호응을 받을 수 있었다. 마산 등지의 역둔토 작인들은 억울함을 호소하기 위해 일진회 지부회장에게 달려갔고, 공주 등지의 일진회도 생명재산 보호에 앞장서 칭송을 받았다.[94] 그러나 일진회의 '자유'는 자의적으로 해석되고 이용될 여지가 너무 많았다. 자유와 공익을 주창하며 새로 등장한 세력 역시 또 다른 권력 집단이 될 가능성이 높았다. 이를 막을 구조적 해법은 존재하지 않았다. 탄압받던 일진회 회원 역시 양총(洋銃) 300자루와 탄환 1만 발로 무장하겠다고 나서던 실정이었다.[95]

1906년 『대한매일신보』는 1년 내내 일진회의 '생명재산 보호' 구호가 공허하다고 반박했다. 즉, 지방 소식, 기고문, 투서, 탈퇴한 일진회 회원의 고백 등의 형태로 일진회의 '작폐'를 언급하고 이것이 과연 일진회 강령에 부합하는지 반문했다.[96] 『대한매일신보』가 볼 때 '국가의 독립'을 실제적으로 훼손하면서도 자주독립, 인민자유 운운하는 일진회의 언행들은 궤변에 불과했다. 『훈령조회존안』 등 정부 문서에서도 경기도 양근군 지역민들이 일

---

92   『황성신문』, 1905년 7월 7일.
93   김종준, 『일진회의 문명화론과 친일활동』, 142~144쪽.
94   『대한매일신보』, 1905년 8월 29일.
95   『황성신문』, 1905년 6월 21일.
96   김종준, 『일진회의 문명화론과 친일활동』, 204~205쪽.

진회 회원들의 탈작에 항의하며 '부익부의 술책인 바 생명재산 보호의 목적이 어디에 있느냐'고 따졌던 구절을 찾을 수 있다.

이처럼 일진회의 개혁적 성격이 후퇴한 원인은 무엇일까? '자유'에 입각한 '생명재산 보호' 구호가 인민들에게 받아들여지지 않았을 때, 개혁의 내적 동력은 이미 상실되었다. 이제 일진회 '자유' 개념의 양면성을 따져 보아야 한다. 이 지점에서 주목되는 것이 통감부 설치 직후인 1906년 3월 송병준(宋秉畯)의 부원(富源) 개발에 관한 연설문이다. 불과 1, 2년 전 정부관리의 부당한 탄압에 맞서 싸우며 '자유' 구호 아래 인민의 생명재산 보호를 외치던 이들이 이제는 '무궁한 이익과 무한한 권리'를 쫓고 있다. 이전과 달리 자신들의 안전과 이익을 보장해주는 정부는 권력의 정당성 여부와 상관없이 더 이상 저항의 대상이 아니다. 소극적 자유에서 적극적 자유로, 인민의 자유에서 개인의 자유로, 약자의 자유에서 강자의 자유로 변질되어 가는 양상을 잘 보여준다. 지역민들도 일진회의 '작폐'를 '약지육(弱之肉)을 강지식(强之食)', '강식약육(强食弱肉)의 세(勢)'라고 표현하는 실정이었다.[97]

---

97 『충청남북도각군소장』(규19150) 14책.

2

고종과 일진회의 엇갈린 근대국가 인식

1) 고종과 일진회의 정치적 역학관계

대한제국기 정치사는 주로 일제 식민지화에 맞서 자주적 근대 국민국가를 만들어가는 과정으로 그려져 왔다. 여기서 주된 행위 주체는 개화지식인들과 의병들로 설정된다. 고종과 일진회 역시 중요한 역할을 수행했지만, 엇갈리는 평가 때문에 후대 연구자들에게는 다루기 어려운 대상으로 인식된다. 둘에 대한 평가는 양 극단으로 나뉜다. 고종은 무능과 보수반동, 근대적 개혁을 추진한 반일운동의 구심점이라는 평가 사이에서, 일진회는 친일매국단체의 상징, 민주주의의 원류가 된 인민주의자라는 이미지 사이에서 오가고 있다. 그러나 대개 극단적인 시각은 대상의 일면만을 보거나 과도하게 투영된 현재적 관점 때문에 등장하는 경우가 많다. 근래 고종과 일진회가 각각 나름의 정치적 지향을 가졌다는 점을 차분하게 추적하는 연구들이 나오고 있다. 즉, 어떠한 국가를 만들고, 어떠한 시대로 나아가야 하는지에 대해 일정한 생각을 가지고 있었다는 뜻이다.

1904년 일진회 창립 이후부터 1907년 고종 강제폐위 때까지 고종과 일진회는 일련의 관계를 맺고 있었다. 주로 갈등과 대립이었지만, 일본이라는 외부 변수에 의해 대립의 양상은 다른 방향으로 굴절되기도 했다. 고종과 일진회 그리고 일본 세력의 역학관계를 살펴보는 것은 중요한 의미를 갖는다. 일진회는 당대 민권운동 세력을 대표한다고 자처했고, 고종의 권력도 일정하게 유지되고 있었기 때문이다. 물론 일진회는 창립 시점부터 외세의존적 성격, 동학과의 연관성, 개혁 요구에 대한 반감 등으로 얽혀 질시를 받았지만, 지지 세력과 동조 여론도 가지고 있었다. 고종도 러일전쟁으로 인해 일본의 정치적 간섭을 노골적으로 받았지만, 권력을 완전히 상실한 것은 아니었다.[98] 때로는 일본 측이 고종과 일진회의 대립 관계를 정치적으로 이용하기도 했다. 즉, 고종에게는 일진회 통제를 제안하며 회유와 협박의 카드로 내밀었고, 일진회 측에는 친일을 증명하기 위해 고종 폐위에 앞장서라고 요구했다. 그 과정에서 고종과 일진회의 정치적 지향이 드러나기도 했고, 왜곡되기도 했다.

1904년 일진회 창립부터 1907년 고종 폐위 때까지 양자의 관계는 어떠했을까? 앞서 일진회는 황제권 존숭을 내세우면서도 실질적으로 민권의 기치 아래 군주권 제한에 앞장섰다는 사실을 확인했다. 이는 근본적으로 일진회의 민권 우선적 국권론이라는 근대국가 인식에서 비롯된 것이다. 그러면 이 시기 고종의 정치적 지향 속에서 일진회는 어떠한 위상을 차지하고 있었을까? 사

---

98   서영희, 『대한제국 정치사 연구』, 275~285쪽.

실 고종의 정책 의도를 직접적으로 알려주는 자료는 드물다. 대한제국 정책을 둘러싼 논쟁에서 고종 개인의 역할에 대한 평가가 엇갈리는 이유이기도 하다.[99] 따라서 고종이 취한 행정 지시에 담긴 의도를 추정하든가 주변인들의 관찰 기록에 의존해야 한다. 특히 일본은 고종의 언설을 직접적으로 인용해 두었으므로 이용하고자 한다.

1904년 8월 (원초)일진회가 창립되었을 때 고종이 이를 막지는 않았다. 창립 개회식에서 한국 순검, 일본 헌병과 일진회원들 간에 실랑이가 있었던 것은 확인되지만 해산시킬 명분은 없었다. 독립협회를 해산시켰던 고종의 입장에서 독립협회 계승과 친일을 표방하는 세력의 집회가 마땅치 않았겠지만, 러일전쟁의 와중에서 관망할 수밖에 없었을 것이다. 그러나 한 달 뒤 동학당 재기를 내세운 진보회의 결집은 용납하지 않았다. 실록에 따르면 고종은 1904년 9월 20일과 22일 연이어 각도 관찰사 등에게 동학도의 체포를 지시했다. 1894년 이래 지방관과 지방사회의 동학당 탄압은 이때까지도 지속되었다.[100]

윤치호는 황무지개척권을 얻어내기 위해 하야시 곤스케(林權助) 공사가 고종에게 일진회 탄압을 약속한 후 실제 일진회 보호를 철회했다며, 일본이 고종을 위협하기 위해 일진회를 이용했다고 보았다. 『대한매일신보』도 검사총장(檢事總長) 현영운(玄暎運)의 중재로 일진회 탄압과 황무지개척권 거래가 이루어졌다고 보도했다. 일본인 신문도 황제 측근인 현영운이 일진회 박멸

99   이영훈, 「고종은 여전히 소중화적 세계관에서 헤엄친다」, 97~98쪽.
100 김종준, 「『한성신보』의 한국 민권운동에 대한 인식」, 333쪽; 김종준, 「일진회 지회의 활동과 향촌사회의 동향」, 12~13쪽.

을 위해 고종의 해산 조칙을 이끌어냈다는 소문을 기사화했다. 1904년 12월 말 정부는 공진회(共進會) 시위를 계기로 일진회를 해산하려 했으나 실패했다.[101] 이때 일본 측은 진보회 활동을 박멸하면 황제가 기뻐할 것이고, 완전 방임하면 대세가 될 것이라고 인식했다. 그러므로 제국 신민의 이익, 군사행동 상의 안전, 치안 유지의 관점에서 일진회 유지를 선택했다. 친황제 세력, 일진회, 일본이라는 삼자의 관계가 반 년 동안의 긴장 고조를 지나 현상유지라는 안정 단계로 접어든 것이다.

정부의 해산 시도와 지방관의 탄압이 일거에 사라진 것은 아니지만 일진회 활동은 공식 인정받았다. 1904년 12월 10일 참정 신기선(申箕善)은 일진회에 공문을 보내 일진회 활동을 방해하지 않겠다고 밝혔고, 일진회는 공인받은 것으로 인식했다. 평민과 회민(會民) 간에 분쟁이 발생했을 때 '똑같이 국가의 적자(赤子)이므로 일시지하(一視之下)에 평민·회민 간에 애증이 있을 수 없다'는 것이 변화된 정부의 태도였다.[102] 이후 일진회 활동은 관권의 보호라는 수동적 자세에서 벗어나 관권에 대한 도전, 나아가 정치·경제적 권력의 획득이라는 적극적 태도로 일변한다.

이러한 상황에서 이토의 통감 정치가 시작되었고, 시정개선을 내세우며 고종을 압박했다. 이토는 고종에게 여러 가지 요구를 했는데 그에 대한 고종의 반응이 기록으로 남아 있다. 그 중에서 일진회에 대한 고종의 입장이 엿보이는 대목을 살펴보도록 하겠다.

---

101 김종준, 「『한성신보』의 한국 민권운동에 대한 인식」, 337쪽; 최기영, 「共進會와 反一進會 운동」, 『한국근대계몽운동연구』 참조.

102 『德孟隨抄』(奎古 4255.5~21), 「曉諭文孟山郡」, 1905년 3월 21일.

① **통감** 국력의 발달이나 국운(國運)의 융성이라고 말하는 것은 모두 그 국민의 부력(富力)을 기다리지 않으면 안 된다. 국민의 부력을 배양하는 것은 민력의 휴양(休養)이 진실로 필요하다. 먼저 신체 재산의 안고(安固)를 보장하지 않으면 안 된다. 아무리 국민이 부원개발에 뜻이 있어도 저 탐관오리가 항상 생명재산의 위험을 면하지 않게 한다면 국민은 하루도 그 산업에 편안히 해서 그 부력의 증식에 힘쓰지 못할 것은 필연(必然)의 세(勢)다. 국민이 산업에 힘써서 그 소득으로 적당히 축적해 그 부귀를 이루게 되는 것인 고로 생명재산의 안고 보장이 없는 이상 민력의 발달을 바라서는 안 된다. 하물며 국가의 부강이랴. 무릇 생명은 법률에 의해 보장하는 것이니 바꾸어 말하면 법률을 범하지 않으면 신체의 자유를 구속하지 말고, 법률이 명하는 것이 아니면 금곡(金穀)을 횡징(橫徵)당할 염려가 없는 국민은 각기 안도해서 그 재산을 다스려 소득의 몇 분(分)을 희생에 바쳐 그것으로 국가의 존위(存位)에 공헌해서 다시 고통을 감수한다.

고종 국민의 부력을 개발할 필요는 진실로 경의 말과 같다고 믿는다. 그런데 세간에서 말하는 것이 있는데 우리 국민에게 가장 능히 적당한 것은 농상업으로서 그 중 농업은 극히 국토에 적당한 고로 이를 개량발달해서 부원개발의 요지(要旨)가 된다고 보는데 경의 의견은 어떠한지 ……

고종 한국에서 시정개선이나 국력발달은 모두 그 목적을 달할 수 있을까? 경의 소견은 어떠한가?

통감 내 충언(忠言)을 듣고 이를 실행한다면 그 효과를 거둘 것이라고 감히 어렵지 않다고 믿는다.

고종 물론 민에게 가하다면 곧 국가에 유익하다. 경의 충언을 받아들이는데 주저하지 않을 것이다.

농상: 정부가 하나의 명령을 발하거나 법률을 반포한 이상 이를 실행해야 하고, 이를 실행함에 소위 조령모개(朝令暮改)하는 일이 있다면 처음부터 그치게 될 염려도 있다.

② **고종** 아국에 있어서 종전으로 거슬러 올라가보면 정부의 명령 법률이라 말해지는 것은 전국을 통해 이를 힘써 행했고, 근래에 있어서는 겨우 경성 이내에서 행해지며 지방에 이르러는 저 천주교라 말해지는 것과 야소교라 말해지는 것 혹은 일진회 혹은 개진교육회 혹은 무엇 혹은 무엇 등과 같은 종종의 단체를 형성한 자는 때로 혹은 정부의 명령을 무시하고 심지어는 법률을 범해서 돌아보지 않음이 있어서 어느 정도였는가 하면 수년 전에는 어떤 지방의 천주교도가 지방관을 그 교당에 체포 감금하는 것 같은 망령된 실례가 있었다.

통감: 귀국에는 지방의 안녕질서를 보지(保持)할 경찰기관이 볼만한 것이 없다. 하루라도 속히 그 설비를 갖추어서 경찰력의 충실을 기하지 않으면 안 되는 고로 지금 그 방법을 강구해서 경찰력의 보급을 기다려 비위(非違)를 예방하고 또 그 무슨 종교와 당파를 가리지 않고 만약 귀국 신민된 자가 정부의 명령 법률에 복종할 의무가 있는 자는 내가 수합(受合)해서 힘써 행하게 하겠다. 무슨 국(國)에 논(論)없이 종교자인가, 또 혹은 정부단체에 속한 이유로 그 국 신민된 자가 정부의 명령 국법에 복종하지 않을 이유가 있는가?

고종 과연 그렇다면 진실로 행복하겠다.

통감 개괄해서 시정개선이라는 것은 매우 간단한 것 같지만 그 개선해야 할 것 혹은 새로 설비해야할 것, 각종 종류별로 예를 든다면 경찰기관의 설비, 교육의 보급, 상공업의 개량발달 같은 것이고, 이를 구체적으로 혹은 물질적으로 그 시행방법을 정해 착수하지 않으면 안 된다.

이것들은 각 대신과 협의해 일일이 안(案)을 갖추어 폐하의 재가를 청해 실행에 착수하겠다.

고종 솔직히 이야기해서 지방인민이 탐관오리에게 주구를 당해 그 질고(疾苦)는 실로 살피지 않으면 안 된다. 다른 폐해가 일어나는 바는 매관매직에 있고 근래 지방관 된 자는 모두 이 폐풍 아래 채용된 고로 지방관된 자는 먼저 다액의 자본을 투자해 그 직에 나아간 바 이를 보상해야 인민이 비도(非道)의 주구를 당하지 않게 되는 결과를 낳음이 진실로 탄식할 만한 일이다.

③ **통감** 내가 각 방면으로 얻은 보고를 종합해보면 지방관 중에는 부정(不正)을 행하는 자도 적지 않지만 또한 인민 중 예를 들어 일진회원과 같은 자는 몹시 지방관을 괴롭히고 있다고 들은 고로 일률적으로 지방관만을 추궁하지 않겠다. 이번에 서울에 온 우리 사단장 등의 설(說)을 들으니 지방에 있어서 관찰사 군수와 같은 자는 그 봉급 여액이 소액에 불과해 도저히 의식을 감당할 수 없고, 덧붙여 지방청에는 경비 지출의 길이 없는 고로 비상한 곤란의 상태에 있다고 한다. 또 각 대신이 말하는 바도 마찬가지로서 지방 군수의 봉급 중 군수는 최하급으로 29원, 관찰사라 해도 100원을 넘지 않아 이 같은 소액의 봉급으로 다른 하등 수입이 없이 생활한다면 도저히 곤란을 면할 수 없는 고로 지방관의 증봉이 장래 필요하며 또 지방관으로서 종래의 악폐를 벗어나 무도(無道)탐학의 행위를 엄중히 금단하게 하려면 먼저 증봉을 행하는 것이 지당한 순서가 되는 고로 지난날 각 대신과 상담한 대로 내년도에 증봉의 일을 결행하려면 군아 폐합 등의 필요도 있고, 또 그 소속 면의 관할을 바꾸는 장소 등도 많이 있는 고로 이런 일을 조사하기 위해 위원을 조직했다. 우리 쪽에서도 역시 지방의 정형에

밝은 사늘 택해 넣석(씨朮)시키고, 능히 연구조사를 다한 후에 실행하
겠다.[103]

이토가 통감으로 부임한 직후 이루어진 이 대화에서 일진회
는 두 번 등장한다. 고종과 이토가 각각 한 번씩 언급했다. 고종
이 일진회를 입에 올리게 되는 이유는 이토가 근대국가의 모습을
제시하면서 법률의 중요성을 강조했기 때문이다. ①번의 내용
이 그것이다. 이토는 '국력의 발달←국민의 부력(富力)←생명재
산의 안고(安固)←법률에 의한 보장'을 시정개선의 요체로 정리
했는데, 앞서 본 일진회 강령의 도식과 유사하다. 일진회는 인민
의 생명재산 보호를 위해 조직된 단체이며, 그 때문에 관권에 저
항한다고 항변했다. 민권에 바탕해서 국권을 강화시켜야 한다는
입장은 다수 개화지식인들이 공유하고 있던 인식이기도 했다.
　그런데 ②번에서 고종은 정부의 명령과 법률이 시행되지 않
는 이유를 설명하면서 반대로 일진회를 문제삼았다. 일진회뿐만
아니라 개진교육회 등의 단체와 천주교, 야소교 등의 종교가 정
부의 명령과 법률을 무시하고 있다는 것이다. 그 예로 천주교도
가 지방관을 체포 감금한 사례를 들었다. '교안(敎案)'을 떠올리
며, 일진회와 연결시킨 것이다. 1906년 9월 내부가 각도에 내린
훈령을 보면 '지방 각 회민과 각 교도가 교의 종지(宗旨)와 회의
주취(主趣)를 망념(妄念)하고 법외행동을 감행하여 관헌에 압력
을 가하고, 소송에 간섭하며 평민을 위압하는 행태들'에 대해 자
세하게 지적하고, 이는 교와 회의 본지가 아니며 국민의 의무도

103 『일한외교자료집성 6권(일한병합편)』 상, 1906년 3월 25일, 162~167쪽.

1905년 이토 히로부미(왼쪽)가 대한제국 황태자
영친왕 이은(오른쪽)과 함께 찍은 사진

아니라고 강조했다. 이 내부 훈령에 따르면 교는 교끼리 싸우고, 회는 회끼리 싸워 이 교는 저 교를 잡아들여 악형을 사적으로 시행하고, 이 회는 저 회를 토(討)하여 탕산에 이르게 하는 경우도 있었다.[104] 관령에 저항하여 혼란을 일으킨다는 측면에서 일진회 등의 사회단체와 각종 종교단체가 함께 취급되었다.

104 『황성신문』, 1906년 9월 1일.

실제로 교안과 일진회 활동은 시방관의 강력한 공권력에 도전하고 지방 사회를 혼란에 빠뜨렸다는 점에서 공통점이 있었다. 외세에 의존하여 지방 내 기득권 세력과 분쟁을 일으킨 점도 유사했다. 당대에도 그렇게 인식되고 있었다.[105] 그러나 명령 불복종은 외형적으로 나타난 현상일 뿐, 그 내면에는 국가권력의 정당성에 대한 본질적 질문이 담겨있었다. 특히 교인 세력과 달리 일진회는 근대적 정치체제에 대한 지향을 명확히 드러냈다. 그럼에도 고종은 본질적 질문은 외면하고 정부의 명령에 따르지 않는다는 사실, 즉 자신의 권력에 도전한다는 점만 문제삼고 있었던 것이다. 근대적 정치체제에 대한 요구를 외면한 채, 강력한 황제권을 뒷받침해 줄 수 있는 수준에서의 부국강병만을 지향하던 고종의 관심이 어디에 있었는가를 잘 보여주는 대목이다. ②번 뒷 부분에서 고종은 탐관오리의 주구와 매관매직이 마치 남의 이야기인 것처럼 말하고 있다.

흥미로운 것은 이토의 ③번 발언이다. 자신이 수집한 정보에 따르면 부패한 지방관도 있지만, 지방관에 대한 부당한 도전 역시 존재한다는 것이다. 여기서 일진회가 다시 등장한다. 일진회 회원이 지방관을 괴롭힌다는 정보가 있어서 일률적으로 지방관만을 추궁하지 않겠다고 말했다. 문관파인 이토가 일본 군부와 연결된 중하층민 중심의 일진회에 대해 부정적 인식을 가졌다는 점은 잘 알려져 있다.[106] 실제 통감부는 1906년 8월 송병준을 체포하고, 일진회 기관지 『국민신보』를 10일간 발행정지 하는 등

---

105 김종준, 「대한제국기 언론의 '종교사회' 인식」, 447쪽.
106 강창일, 『근대 일본의 조선침략과 대아시아주의-우익 낭인의 행동과 사상을 중심으로-』, 247쪽.

일진회를 탄압했다. 이토와 고종의 정치적 힘겨루기 과정에서 일진회가 이용되고 있었다는 인상을 준다. 애초 일본 외무성 계열은 황제권 견제를 일진회의 주된 역할로 인식하고 있었고, 지방에서의 분란은 그러한 효용 가치 안에서 최소화되어야 한다고 보았다. 이토의 일진회 인식도 기본적으로 이와 비슷했다.

이토가 보기에 반일의 중심은 어디까지나 고종이었다. 고종이 폐위되기 얼마 전인 1907년 5월 16일 이토는 고종을 알현한 자리에서 비난의 목소리를 높였다. 한국에서 배일 사상이 높아지는 것은 전적으로 궁중의 의지, 즉 고종의 뜻이 배일주의에 있다는 것이 민간에 전파되었기 때문이라는 것이다. 1년 전 국력, 민의 생명재산, 법률 보장을 내세우던 이토가 이제 노골적으로 배일주의를 탓했다. 그와 함께 이토는 황실 재정 정리 문제로 고종을 다그쳤다. 이용익이 내장원경으로 있던 시절 황실 재산 독점의 문제점을 상기시켰다. 민유 혹은 촌민 공유의 재산을 함부로 징발해 바로 제실 재산으로 넣는 난폭한 조치는 일본에서는 없었다는 것이다. 이 말에 고종은 주저하면서 시종원경을 돌아보며 역둔토의 일이라고 해석하고 이토에게 '역둔토의 일은 분명하지만 기타 제실에서 민유재산을 압수한 일은 없다'고 반박했다. 그러자 이토는 '향교에 속한 전토(學田 종류)를 강요해서 제실유로 한 일이 없냐'고 따졌다.[107]

역둔토 영역에서 고종이 폭력적으로 황실 재산 확대를 꾀한 것은 역사적 사실이다. 이토와의 대화에서 고종도 사실상 이를 인정하고 있다. 역둔토의 경우는 합법적이라고 항변했지만, 실

---

107 『일한외교자료집성 6권(일한병합편)』상, 1907년 5월 16일, 470~473쪽.

제보는 그렇지 않았다. 소유권을 인정받지 못한 민들의 광범위한 저항 운동이 존재했고, 지방사회에서 일진회가 민들의 지지를 받을 수 있었던 데에도 내장원의 폭력적 조치들에 대한 반감이 자리하고 있었다. 이토의 지적대로 학교비를 마련하기 위한 토지의 귀속을 둘러싸고도 전국적인 분쟁이 발생했다.[108] 그런데 이토 역시 학전(學田)을 매각해서 민유로 하지 않은 채 과세의 주체를 '정부'로 하는 것이 상책이라고 보았다. 민의 토지 소유 관계에 대한 실체를 밝히기 보다는 조세가 어디로 들어가는지가 우선적 관심 대상이었음을 보여준다. 토지조사사업이 제대로 안된 이유에 대해서도 양자의 견해가 달랐다. 고종은 조세 부과를 위해 새로 토지대장을 만들려고 했지만 민도(民度)가 아직 낮아 부(富)를 은폐한다고 보았다. 반면 이토는 관리의 탐학 때문에 부민이 재산을 빼앗기지 않기 위해 은폐한 것이라고 해석했다.

이처럼 이토는 한편으로 고종의 권위를 인정하는 척 하면서 다른 한편으로 황실 재산을 정부 재산으로 가져오기 위한 노력을 계속했다. 군주권 제한을 위한 명분으로 시정개선의 구호를 내세워 개화지식인들을 포섭했고, 일진회라는 다수 인민 단체의 활동을 묵인했다. 통감부가 고종을 안심시키기 위해 송병준을 체포하자 일진회는 위기에 빠졌다. 그러나 이토는 고종의 반일 활동을 더 이상 지켜보지 않으려 했고, 일진회도 대륙낭인들 덕분에 기사회생했다. 1907년 5월 농상공부대신으로 입각한 송병준이 고종 폐위에 앞장서는 상황은 이렇게 조성되었다. 송병

---

108 김양식, 『근대 권력과 토지-역둔토 조사에서 불하까지-』, 90~93쪽; 김종준, 『일진회의 문명화론과 친일활동』, 170쪽; 김종준, 「대한제국기 '학교비 분쟁'의 양상」, 86쪽.

준은 입각 직후 임시제실소유국유재사조사국 위원장도 겸임하여 황실 재산 처리를 직접 담당했다. 한편 이토는 여전히 송병준이 일진회 세력을 이용해 내각을 협박하는 일이 없도록 경고했고, 송병준 역시 일진회의 작폐를 우려하는 고종에 대해 그런 경우 즉시 출회시키겠다며 고종을 안심시키는 발언을 하기도 했다.[109]

2) 일본의 한국 군주권과 민권 인식

일본 외무성과 대륙낭인들의 관점

지금까지 이토가 고종을 통제하거나 회유하기 위해 일진회를 정략적으로 이용했음을 살펴보았다. 이토와 고종의 관계에서 일진회는 어떤 분야에서 이용되었을까? 또한 이토의 입장은 당시 일본인들을 대표하는가? 이토와 다른 견해는 없었을까? 고종과 일진회에 대한 일본인들의 관점 중 이중성을 보이는 부분은 어디일까? 다음에는 이러한 질문들에 대해 살펴보려고 한다.

1904, 1905년 일본의 고무라 쥬타로(小村壽太郎) 외무대신과 하야시 공사는 고종과 일진회를 바라보며 두 가지 측면을 중시했다. 하나는 궁중 숙정(肅靜)과 황실재정 정리를 내세워 고종의 권력을 통제하는 것이었고, 다른 하나는 지방관의 폭정을 문제삼으며 일진회 세력을 이용하는 것이었다. 두 관점은 모두 내정개혁과 시정개선이라는 명분으로 정당화되었다. 하야시 공사는 폐해의 근본인 궁중을 숙정하는 것이 '개혁'이라고 단정짓고, 내

109 『황성신문』, 1907년 6월 5일.

끈(內官) 혹은 짐껭(雜輩) 무색임사(無責仕著)의 정치 참견을 금지
하라고 요구했다. 일본의 이 같은 시도가 즉시 효과를 보이지는
않았다. 통감부는 외국인의 궁중 출입도 금지했는데, 일진회를
제외한 다른 계몽운동 세력은 황실 존엄을 무시하는 처사이자 내
정 간섭이라고 비난했다.[110] 반면 일진회는 1905년과 1906년 궁
중 숙정을 요구하며 황제 측근들의 별입시(別入侍)를 막았다. 일
본과 일진회의 내정 개혁 요구가 고종의 권력을 통제한다는 공통
의 목표 하에 주창되었다.

황실재정 정리 역시 내정 개혁을 명분으로 군주권을 약화시킨
대표적인 분야였다. 황실재정 정리는 통감부 초기 시정개선의
가장 중요한 목표였다. 일본의 황실재정 정리로 황제는 독자적
인 경제적 기반을 상실했는데, 특히 일진회의 수세 저항으로 경
리원의 수입이 심각할 정도로 줄였다. 그러나 1905, 1906년 황
제권이 유시뇌는 상태에서 황실재정 정리가 본격적으로 이루어
지지는 못했다. 따라서 통감부는 역둔토 등의 혼란을 방조했고,
일진회는 이에 편승했다. 이토의 황실 수세 전폐 입장이 관철된
것은 결국 고종의 퇴위로 황제권이 약화된 이후의 일이었다.[111]

한편 하기와라 모리카즈(萩原守一) 임시대리공사는 시정개선
중 직접 인민의 이익이 될 만한 것으로 관리의 수렴(收斂)과 정부
의 압제 금지를 꼽았다. 그런데 일본은 일진회가 만들어진 이유

---

110 박수연, 「통감 이등박문의 對韓政策과 이에 대한 애국계몽파의 인식」, 251쪽.
111 권태억, 「1904~1910년 일제의 한국 침략 구상과 '시정개선'」, 235쪽; 김재호,
    「'보호국기'(1904~1910)의 황실재정 정리-제도적 변화를 중심으로-」, 42, 49쪽;
    Yumi Moon, "The Populist Contest: The Ilchinhoe Movement and the Japanese
    Colonization of Korea, 1896~1910," p.197; 김종준, 『일진회의 문명화론과 친일
    활동』, 97, 151쪽.

가 지방관리의 부패학정(腐敗虐政)을 알려 시정개선의 필요성을 알리는 데에 있다고 보았다.[112] 황제 이하 정부의 부패를 문제삼아 내정 개혁과 시정개선을 명분으로 영향력을 행사하려는 일본의 의도에 맞춰 일진회 활동을 적절하게 이용하면 민심도 얻을 수 있다고 판단한 것이다. 즉, 일진회가 표방하는 주의(主意)가 일본 정책에 합치될 뿐만 아니라 각 지방인민의 동정(同情)을 얻는다는 점에서 긍정적으로 보았다. 일진회의 내부대신 이용태(李容泰) 탄핵 운동은 일본의 이해관계와도 맞아떨어졌다.

흥미로운 것은 일본이 일진회와 한국 정부 양자의 정치적 의도에 대해 끝까지 의심의 눈초리를 거두지 않았던 점이다. 일진회의 내적인 목적은 자신들을 이용해 이면에 잠복해 있는 수령배(首領輩)의 야심을 이루려는 데 있다고 보았다. 한국 일반의 민심을 가능한 일본 쪽으로 끌어두는 것이 득책(得策)이지만, 다수의 인민당을 이루는 것은 결국 해가 된다는 인식이 여기에서 나왔다.[113] 일진회를 바라보는 이중적 시선이 엿보인다. 일본은 고종과 정부 대신들 역시 이러한 상황에 대해 관망하고 있다고 인식했다. 하야시 공사는 한국 정부가 일본 공사관이나 군대의 일진회 후원 여부에 대해 궁금해 하고 있는 사실이 재미있다고 보고했다.[114] 일진회의 이용 가치를 고종과 대신들의 태도에서 확인하려 했음을 보여주는 장면이다. 황태자비 사망 후 전례 없이 1개년 복제(服制)를 취한 것도 시정개선을 느슨히 해서 일본과

---

112 『일한외교자료집성 5권(일로전쟁)』, 1904년 9월 23일, 290쪽.
113 『일한외교자료집성 5권(일로전쟁)』, 1904년 12월 30일, 347쪽.
114 『일한외교자료집성 5권(일로전쟁)』, 1904년 11월 26일, 318쪽.

236   고종과 일진회: 고종시대 군주권과 민권의 관계

러시아 양국의 형세를 관망하려는 저의에서 나온 것이라고 판단했다. 여기서 황태자비는 1904년 11월 5일 사망한 순종의 첫 번째 부인 순명효황후(純明孝皇后) 민씨를 지칭하는 것이다. 고종은 유강원(裕康園)을 조성하는 데에 명성황후의 홍릉 조성 예산 651,660냥의 5배를 들여 황실의 위상을 높이려고 했다.[115]

하야시 공사는 황제의 뜻이 배일주의로 기운다고 우려했다. 예전 이용익 무리가 그러했던 것처럼 베델에게 몰래 내탕금을 하사해 배일론을 고취한다고 보았다. 민간의 불평 야심가들이 이 같은 궁중의 태도에 부화뇌동하고 있는데, 의병과 기독교 청년회 등의 정치운동을 그런 부류로 취급했다. 다음 인용문을 보면 고종에 대한 일본의 입장을 잘 알 수 있다.

종합하면 한국 황제는 유래 다른 세력의 압박을 완화시킴에 반드시 이와 대략 동등한 다른 세력을 유치(誘致)해 양자 상대해서 교묘하게 이를 조종해 상호 균세 아래 국가를 보전함을 유일한 정책으로 함은 앞서 일청의 알력, 가까이는 일로의 각축에서 명료하게 드러났다. 황제는 단지 국제상의 관계에 대해서 이 주의를 잡을 뿐 아니라 황제의 폐행(嬖幸, 남에게 아첨하여 귀염을 받음)인 소위 권신 간에 대해서도 그렇게 해서 일찍이 이용익, 이근택의 권세 쟁탈과 같은 것, 가까이는 현영운, 박용화 무리의 암투와 같이 황제 스스로 중견(中堅)이 되고, 괴뢰사(傀儡師)가 되어 조종한다. 그러나 일로 개전 이래 자연의 결과로서 우리 압력이 한반도에 가해지자 황제의 뜻은 평탄하지 않아 이를 완화시키기 위해 노국이든 미국이든 기타 불, 독 어느 세력을 불문하고 이에

---

115 장경희, 「순종비 純明孝皇后의 생애와 裕陵 연구」, 200쪽.

부화해서 독립을 유지하고 종래 습용(襲用)해 오던 군주독재의 구몽(舊夢)을 탐하는데 힘을 쏟음은 황제의 성정(性情)에 비추어 조금도 괴이하지 않은 고로⋯⋯.[116]

먼저 고종의 외교와 내치 행위가 유사한 방식으로 이루어지고 있음을 지적했다. 즉, 외교적으로는 비슷한 세력들을 교묘하게 조종해 상호 균세를 노리고, 내정에서는 권신 간 권세 쟁탈을 조종하여 권력을 유지한다는 것이다. 이때 외교의 목적은 국가의 보전, 내정의 목적은 권력의 유지이며, 양자는 상호 연결되어 있다. '국가 독립'과 '황제 권력의 보존'이 나누어져 있는 것이 아니라 동전의 양면과 같다고 보았다. 그렇기 때문에 고종의 배일주의가 비판의 대상이 될 수 있다. 국가 독립이라는 지향 자체를 문제삼기 보다는 구래의 권력욕으로 치환시켜 비난했던 것이다. 한 마디로 고종은 '군주독재'를 버리지 못하고 있고, 이는 극복해야 할 구시대의 유물이다.

고종이 이이제이(以夷制夷) 외교 정책을 국내 정치에도 활용하여 자신의 권력을 강화시키는 데에 비상한 능력을 보였다는 점은 후대의 국내 연구자들도 지적하는 바다. 특히 군주권에 대한 위협을 외세와 연결시키고 있었다는 점에 주목할 필요가 있다.[117] 달리 해석하면 군주권을 공고히 하는 것이 외세로부터의 자주성 확립과 연결된다고 볼 여지가 있기 때문이다. 그러나 '황제권 강

---

116 『일한외교자료집성 5권(일로전쟁)』, 1904년 9월 23일, 290쪽.
117 김성혜, 「고종시대 군주권 위협 사건에 대한 일고찰」, 157쪽; 김성혜, 「1890년대 고종의 통치권력 강화 논리에 대한 일고찰-君父論과 君師論을 중심으로-」, 301쪽.

회'의 '국가 독립 보존'의 평가에 대해서는 현 시점에도 여전히 논란 중이다. 당시 '국가 독립 보존'을 위해 '황제권 강화'가 어쩔 수 없었다고 보는 입장에서는, 식민사관의 영향으로 고종의 업적들이 가려져 왔다고 비판한다.[118]

그러나 근대국가에 대한 뚜렷한 지향 없이 권력 유지를 위해 한 행동들이 '반일적'이라는 이유로 정당화될 수 있는지는 의문이다. 고종은 인재 등용에서 귀천을 가리지 않아야 한다고 하는 등 민 상호 간 차별을 없애야 한다는 인식을 가지고 있었다. 광무개혁에서도 일정하게 근대적 부국강병책을 추진했다. 그러나 '근대 국민국가'의 개념을 명확히 가지고 있었다고 하기에는 부족한 부분들이 많다. 반일의 필요성 또는 근대화라는 강박관념으로부터의 탈피라는 명제가 고종의 행위를 선험적으로 정당화시키는 것은 경계해야 한다.

고종의 배일주의가 군주독재의 미봉에서 나온 산물임을 적극 표방한 단체가 바로 일진회다. 특히 송병준 등 상층부는 사실상 일본의 논리를 그대로 따랐다. 그러나 다양한 배경을 가진 일진회 회원들의 생각이 모두 그러하지는 않았다. 실제로 1907년 이후 일진회의 친일 종속적 행동들이 가속화되자 지도부를 비난하며 탈회하는 사례들이 계속 나타났다.[119] 즉, 다수 일진회 회원들은 '인민의 생명재산 보호'라는 구조 하에 '군주독재'를 비판했지만 그렇다고 '국가의 독립'을 포기한 것은 아니었다. 오히려 '군주독재'의 폐기가 '국권 회복'으로 이어진다는 주장을 옹호한 점에

---

118 이태진, 『고종시대의 재조명』, 8, 81쪽.
119 김종준, 『일진회의 문명화론과 친일활동』, 217~218쪽.

서 일본의 관점과는 구분된다. 다만 이들에게는 '국권 회복'보다 자신들의 '정치·경제적 권리'가 더 중요했고, 현재의 정치체제가 이를 보장해주지 못한다면 일본의 보호도 받아들일 수 있었다.

이처럼 일진회의 군주권 인식은 기본적으로 일본과 대동소이했으나, 자신만의 독자적인 입장도 있었다. 특히 일본 외무성, 통감부 계열과는 다른 대륙낭인들의 군주관도 일진회에 영향을 끼친다. 1907년 이후 일진회에 가장 큰 영향을 끼친 대륙낭인은 우치다 료헤(內田良平)다. 대륙낭인은 본래 자유민권운동가에서 출발했으나 일본 군부와 결탁하며 강력한 국권론자로 변모했다. 이들은 한국과 일본의 '합방'을 적극 추진하면서 이토와 대립 구도를 형성했다. 송병준의 입각을 추천하고 고종의 강제 폐위에 앞장서도록 압력을 가한 것도 이들이다. 기본적으로 군주권을 약화시키고 한국 인민의 지지를 받기 위해 일진회를 이용해야 한다는 입장은 통감부와 유사했다. 이들이 지은 『일한합방비사』를 보면 일진회를 중심으로 황제를 폐위시켜 일한 연방을 조직해야 한다거나 공화정으로 하자는 이들을 지원해 한국인들의 민심을 얻어야 한다고 보았다. 일진회로 하여금 황제에게 정사(政事) 개혁을 요구케 하고, 파란이 일어난 틈을 타 통감부가 그 중재의 위치에 서서 간접적으로 황제, 대신 등을 압박해야 한다는 것이다. 이용구도 일진회는 동학의 변형으로, 동학의 목적은 민(民)이지, 군(君)에 있지 않았다며 이에 호응했다.[120]

고종 폐위 후 낭인들은 한국인의 황제 관념에 관심을 갖기 시작했다. 현재의 황제가 무기력하긴 하지만 완전한 병합으로 가기

120 『일한합방비사』상, 40~43쪽.

일진회 회장 이용구(위),
송병준(아래 오른쪽)과 우치다 료헤(아래 왼쪽)

위해서는 황제 자체를 없앨 필요가 있었고, 이럴 경우 황제 개인
이 아니라 일반인들의 황제에 대한 인식이 문제가 되었다. 황제
에 관한 처우를 둘러싸고 낭인들은 이용구와도 의견 조율을 했고,
이토 통감의 정책에 반발을 하기도 했다. 그런데 우치다 등 낭
인들이 보기에 한국인의 황제 관념은 좀 애매했다. 먼저 '한인은
군(君)을 주(主)로 하지 않는 것은 아니지만 중시하는 바는 민에
있다'고 했다. 즉, 예전 보부상단과 독립협회와의 싸움에서 관헌
의 힘으로 이를 진압할 수 없자 황제가 친히 민중을 타일러 겨우
해산이 가능했는 데 이는 민론의 중심됨을 반증하는 것이다.[121]
민론을 대변하는 일진회를 통해 황제의 완전한 폐위를 도모하려
는 입장에서 편의적인 해석이다.[122]

　우치다가 군주에 대한 입장을 두고 이토에 반대하게 되는 직
접적 계기는 1909년 순종의 순행이었다.[123] 우치다는 왜 황제
를 순행시켜서 한국 인민들의 충군애국심을 환기시키는지 이해
할 수 없다고 주장했다. 한국에서 왕과 일반 인민은 전혀 교섭
이 없고 오직 양반이 왕의 권위를 끼고 포학한 정치를 행해 인민
들의 미움을 받았다. 그런데 양반 계급이 파괴되고, 왕의 얼굴도
볼 수 없던 백성이 재주만 있으면 총리대신이 될 수 있고, 백성
들의 신교육 요구를 일본이 해결해 준다면, 양국의 합방은 손쉬
운 일이라고 주장했다. 즉, 본래 왕실은 양반의 군주이지 인민의
군주가 아니며, 양반 20만 명 중에도 진짜 왕실을 존숭하는 자는

---

121 『일한합방비사』 상, 389쪽.
122 김종준, 『일진회의 문명화론과 친일활동』, 235~237쪽.
123 순종의 순행과 충군애국론의 성격에 대해서는 김소영, 「순종황제의 남·서순행
　　　 과 충군애국론」 참조.

바두 되지 않고, 관료들도 권력 생날에만 매달리고 있었다. 또한 이 악제도를 파괴하려는 한국 인민들의 희망에 부응한 것이 일진회라고 보았다.

앞서 본 대로 이토 역시 고종을 압박하기 위해 일진회를 활용해야 한다는 입장이었다. 그러나 1909년 시점에서 군주권을 공격하고 일진회를 이용해 인민을 포섭하기는 커녕 인민의 충군애국 관념을 고취시킨다는 비판을 받았다. 본래 이토의 군주관은 어떠했으며, 고종 폐위 전후 이토의 군주관은 어떤 변화가 생긴 것일까?

이토는 자국에서 입헌정체를 추진할 때 의식적으로 천황의 입장을 옹호하고 배려함으로써 천황이 자신에게 정치적으로 의존하게 만들었다. 한국의 유교적 정치 질서와 양반 유생들에 대한 인식도 부정적이지 않았다. 다만 어디까지나 문명과 국가에 종속된 요소임을 분명히 했다. 이토는 한국 황실이 유림과 강한 연대감을 가진 것을 크게 우려하여 양자를 단절시키는 것이야말로 한국 통치의 핵심이라고 보았다. 고종이 유생 의병들과 결탁하여 '일본의 국가 이익'과 '한국의 문명화'를 방해할 때 군주권은 견제의 대상이었지만, 일본에 협조적인 순종과 양반유생들은 양국의 국가 이익과 문명화에 도움을 주는 존재였던 것이다. 이처럼 일본이 식민지화에 군주권을 이용하면서, 반대로 한국인들은 군(君)과 국(國)을 의식적으로 구분하기 시작했다. 고종의 자주독립 지향을 옹호하던 『대한매일신보』에 '군(君)과 국(國)'의 분리를 내세운 신채호의 글이 실렸고, 반대쪽의 이완용 역시 군(君)보다 국가, 사직이 중요하다는 인식을 나타냈다. 이완용의 경우 중화의 대상을 중국 황제에서 일본 천황으로 바꾸는 소국

표 11 1904~1907년 각 세력의 군주권 인식

세력	표면적 인식	실질적 의도
고종과 근왕 세력[124]	군주권 = 국권	자파 세력 유지
일본 외무성, 이토, 통감부	문명화 위해 군주권 존중	식민지화라는 자국 이익에 종속
일본 군부, 우치다, 대륙낭인	한국 인민 포섭 위해 군주권 약화	일진회 이용해 식민지화의 주도권 획득
일진회	국가 주권 = 군주권(정부) + 민권(사회)	정치·경제적 이권 획득, 친일

의식에 거부감이 없었다. 이때부터 한국인들의 군주 숭배가 약해지는 데에는 일진회의 역할도 적지 않았다.[125] 이상 각 세력의 군주권에 대한 인식을 표면적인 것과 실질적인 것으로 나누어 정리하면 〈표 11〉과 같다.

〈표 11〉에서 보듯이 고종과 일진회는 지향하는 근대국가의 모습은 물론 실질적인 권력 행사의 주체를 둘러싸고도 대립했다. 이 엇갈림은 식민지화 과정에서 역시 주도권 싸움을 하던 일본 각 세력도 얽혀 있었다. 물론 이 시기 행위 주체로 고종과 일진회만 있었던 것은 아니다. 오히려 개화지식인들과 의병 세력, 그 사이에 자리잡고 있던 수많은 인민들의 생각이 더 중요하다. 그러나 분명한 것은 이들에게 군주는 여전히 무시할 수 없는 존재

---

124 '근왕 세력'이란 표현은 서영희, 『대한제국 정치사 연구』에 따른다.
125 坂本一登, 『伊藤博文と明治國家形成 -「宮中」の制度化と立憲制の導入-』, 170~171쪽; 최재목, 「이토 히로부미의 한국 유교관」, 88~89쪽; 기무라 간, 『조선/한국의 내셔널리즘과 소국의식』, 307쪽; 小川原宏幸, 「一進會の日韓合邦請願運動と韓國併合 -「政合邦」構想と天皇制國家原理との相克-」, 192쪽; Yumi Moon, *Populist Collaborators: The Ilchinhoe and the Japanese Colonization of Korea, 1896~1910*, p.14.

였다는 점, 일진회의 극단적 행동들이 강렬한 인상을 주었다는 점, 그래서 고종과 일진회의 관계가 관심의 대상이 되었다는 점 등이다. 아마도 당대 많은 이들이 이 시기 고종과 일진회의 엇갈린 행보를 바라보면서 자주독립과 문명화로 상징되는 근대국가에 대한 모습을 제각기 정립시켜 나갔을 것이다.

『한성신보』의 고종 및 군주권 인식[126]

한편 한국에 와 있던 일본 민간인들의 한국 군주권 및 민권에 대한 인식은 어떠했을까? 1895년 일본 낭인들이 한성에서 발간한 일본 관변 언론인 『한성신보(漢城新報)』를 통해 살펴보자. 여기서 관변 언론이라 함은 일본 정부의 재정적 지원을 받았을 뿐 아니라, 논조에서도 일본 외무대신의 지시를 받은 것을 말한다. 이전 언론학계 연구들은 특히 『한성신보』 발간을 주도했던 낭인들이 명성황후 시해 사건에 직접 참여했다는 점을 들어 '침략성'을 강조했다.[127] 그러나 근래 『한성신보』 자료가 영인·출간되어[128] 전체적으로 살펴볼 수 있게 되면서 이와는 다른 시각의 연구도 등장했다.[129] 개화·개혁론에 입각하여 한국 정치 현실을 비판하고, 근대적 교육관에 입각하여 한국의 교육 상황에 대해 발언했

---

126 「『한성신보』의 한국 민권 운동에 대한 인식」(『사학연구』 126, 2017)을 수정·보완한 것임.

127 최준, 「日人系 國文版紙의 類型攷-韓帝國時代의 신문의 一形態-」; 채백, 「『한성신보』의 창간과 운영에 관한 연구」; 박용규, 「구한말 일본의 침략적 언론활동-《한성신보》(1895~1906)를 중심으로-」 참조.

128 연세대학교 근대한국학연구소, 『漢城新報: 1895~1905』 1~4책, 소명출판, 2014. 1897년부터 1902년 7월까지는 대부분 결호이고, 1895년과 1896년, 1902년부터 1905년까지가 영인되었다.

129 김종준, 「『한성신보』의 한국 정치 및 사회에 대한 인식」 참조.

는데, 이는 당대 개화 지식인들의 주장과 유사하거나 오히려 선도한 것으로 보았다. 즉 보편적 성격의 문명론을 가지고 있었다는 것이다. 그렇지만 한편으로 이 문명론은 자국의 이익을 앞세우는 정치적 성격 또한 띠고 있었다. 일본 정부의 정책에 동조하면서 객관적 사실 보도라는 언론의 의무조차 외면할 때, 이를 '정치적 편향'으로 규정할 수 있다. 보편적 성격의 문명론과 자국 우선의 정치적 편향이 공존했다.

예를 들어 『한성신보』는 일본어 학교 및 상업 활동, 1896년 의병 운동, 1904년 한국 외교 등에 대해서는 매우 자의적으로 해석했다. 그러나 개화 지식인들에게 설득력을 갖는 논지들도 있었다. 민인이 자유권을 가지고 정부의 잘못을 비판하는 것, 중간에서 그러한 역할을 하는 언론이 존재하는 것이야말로 개화의 핵심이다. 그러한 문명화론에 입각해 볼 때 1896년 이후 한국 정부의 개화 정책이 후퇴하고 있다고 보았다. 갑오개혁 이후 신식 학교 설립에도 큰 관심을 보였는데 1896년 이후 정부의 보수화에 맞서 신식 학교 학생들이 반발한 일과 성균관을 후대하는 것에 대해 자신들의 견해를 밝혔다. 이처럼 『한성신보』가 정부 정책을 비판하는 언론으로서의 역할을 수행하는 모습 자체가 당대 개화 지식인들에게 자극을 주었다. 명성황후 시해 사건 전에 『한성신보』 구독자수는 한국인 400명, 일본인 174명이었다가, 사건 후 한국인 450명, 일본인 186명으로 늘었다. 그러나 한국 정부와의 불편한 관계 속에 한국인 구독자 수는 100명으로 줄었다.[130] 바로 그 시기 창간한 『독립신문』은 『한성신보』를 견제하려는 한

---

130 채백, 「『한성신보』의 창간과 운영에 관한 연구」, 122~123쪽.

국 정부의 후원을 받기노 했나. 그렇시반『녹립신분』에서 행한 정부 비판 기능 자체는『한성신보』의 그것과 유사했다.『한성신보』는 여러 측면에서 당대 개화지식인들에게 영향을 주었으나 보편적 문명화론 속에서도 정치적 편향성은 발견된다. 예를 들어 한국인들이 전통에 바탕하여 신식 고등교육기관을 수립할 가능성을 무시한 점, 일본에 적대적인 정치 세력을 비난하는 데에 이용한 점에서 그러하다.

『한성신보』는 한국 정치 및 사회에 대한 이 같은 인식 하에 민권에 바탕한 새로운 정치체제 수립을 기대했다. 본 장은 바로 이 부분에 대한 것이다.『한성신보』는 군(君)과 국(國)을 구분해 군주권을 인식하고, 독립협회에 대해 일정한 기대와 실망을 토로했다. 그런 점에서 일진회 활동은『한성신보』의 큰 관심을 끌었다. 왕실(황실), 정부, 지배 세력과 마찰을 빚는 민인들이 존재했기 때문이다. 한국에 영향을 미치는 일본의 입장에서 지배 세력과 갈등 관계에 있는 민인들을 적절하게 이용하는 것은 명분과 실리에 모두 부합했다. 특히 일진회는 문명화, 민권과 아울러 친일을 표방했기 때문에 매우 상세하게 관찰하고 나름의 관점으로 기록했다.

먼저『한성신보』의 군주권 인식은 일본에서의 경험, 청과 서구 국가들에 대한 지식과의 대비를 통해 드러난다. 예를 들어 1895년 9월 13일 고종 탄신일을 기념한 만수절(萬壽節)을 소개하면서 국군(國君)의 탄신을 국민들이 송축하는 것은 각국이 모두 같다고 했다. 고종의 생일은 양력 9월 8일, 음력 7월 25일이다. 관 주도로 기념하기 시작한 것은 1897년 대한제국 선포 이후다. 그 전까지 국왕의 탄신일을 국가적 기념일로 치켜세운 것은 외국인들이었다. 특히 장로교 선교사 언더우드(Horace Grant Underwood) 주도로 기독교인들은 1896년부터 적극적으로 축하 행사를 열었다.[131] 일본에서는 '천황'의 탄신일을 천장절(天長節)이라고 하는데 일년 중 가장 큰 축일(祝日)이고, 미국에서도 축일에는 일을 하지 않고 경범죄자를 풀어 주며 거리에 국기를 달아 기념한다고 소개했다. 또한 군주의 호칭에 대해서도 논했다. 일본과 청은 황제라고 하는데 왜 엄연한 독립국인 조선만 국왕이라고 하느냐는 것이다. 근래 한국에서도 황제 존호(尊號) 논의가 있다며 환영했다.[132] 일본처럼 독자적 연호를 써야 하는 이유에 대해서도 언급했다. 일본이 청과 조선을 분리시키려고 강화도조약부터 갑오개혁까지 일관되게 '자주독립국' 선언을 요구했음은 잘 알려진 사실인데[133] 그 같은 논리가 신문을 통해 일반 대중에게 전파되고 있었음을 보여 준다. 일본 '천황' 탄생일 축하연이 열리니 한국인들에게 구경하러 오라는 내용에서도 '일본적 충군애국'을 직접 체감케 하려는 의도가 엿보인다.

1902년 들어 군주권에 대한 인식은 이전보다 정밀해진다. 이는 '충군애국' 관념이 세밀해지고 구체화된 것으로 볼 수 있다. 막연하게 군주권 존숭을 애국과 연결시키는 것이 아니라, 국가의 상징으로서 군주는 떠받들되 군주를 둘러싼 신하들의 부패와 무능함을 부각시키고, 이를 민권의 성장과 연계지음으로써 '군(君)'과 '국(國)'의 구분에까지 이르는 방식이다. 사실 1896년 시

---

131 한규무, 「초기 한국교회의 만수성절 기념식 자료」, 19쪽.
132 『한성신보』, 1895년 10월 17일.
133 최덕수, 「강화도조약과 개항」, 246~247쪽.

섬에서 『한성신보』는 고종 및 한국 정부와 매우 불편한 관계를 유지했다. 아관파천 직후 한국 정부는 외교 경로를 통해『한성신보』가 무례하다고 항의했으나, 『한성신보』는 오히려 아관파천을 빗대어 모독하는 동요를 실었다. 그러자 일반인들이 『한성신보』의 구독을 거부하는 사태가 벌어졌고, 한국 정부도 조선인 구독 금지 명령을 내렸다. 그 결과 일본은 『한성신보』 개량안을 제시했다.[134]

그러나『한성신보』는 1902년 이후 고종의 치적을 매우 높게 평가했다. 필진인 기쿠치 겐조(菊池謙讓)의 성향을 반영하여 대한제국 정부의 개혁책을 긍정적으로 평가했다. 기쿠치 겐조는 50년 이상 한국에서 활동한 '조선통'으로 '극우낭인'이자 언론인 출신의 재야사학자였다. 그는 명성황후 시해 사건을 전후하여 한성신보사 운영진과 친분을 유지했고, 1898년 『한성신보』 주필, 1900년 사장에 취임한 후 1903년 물러났다. 기쿠치가『한성신보』에서 활동하던 시기와『한성신보』의 고종 평가가 긍정적이었던 시기가 일치한다. 식민사학의 틀에서 벗어나 있지 않았지만 고종에 대한 기쿠치의 평가는 다른 일본인 학자들과 좀 달랐다. 그는 병합을 전후하여 쓴 일련의 저서에서 고종이 외교에 능했고 총명했으며, 대한제국기가 황금시대였다고 묘사했다.[135] 나중에 대한제국 정책에 대해서도 은행 등의 재정기구 정비, 군사력 확장, 교통·통신의 발달, 생산력 증대, 배외적인 민론 등에

---

134 채백,「한국 근대신문 형성과정에 있어서 일본의 역할에 관한 연구」, 201~204쪽.
135 김종준,「『한성신보』의 한국 정치 및 사회에 대한 인식」, 269~270쪽; 하지연, 『기쿠치 겐조, 한국사를 유린하다』, 123~125쪽; 김종준,「식민사학의 '한국근대사' 서술과 '한국병합' 인식」, 259~260쪽.

대해 좋은 평가를 내렸다.[136]

주몽과 위만을 언급하며 한국에서 제왕의 존(尊)이 어떻게 면면히 계승되어 왔는지 밝히고, 고종이 40년 간 내외의 변란(變亂)을 잘 평정해 왔다고 평가했다. 심지어 땅이 풍요롭고 이원(利源)이 많은데다 국경이 대륙에 접해 '옛날의 소위 로마대제국'을 백두산(長白山) 동쪽에 건설할 수 있을 것이라고까지 했다.[137] 그럼에도 불구하고 한국 정치 현실이 녹록치 않은 이유로 군주 주변 신하들의 부패와 무능함을 꼽았고, 대표적인 이가 바로 이용익이다. 출신이 미천한 이용익이 군주의 총애를 이용해 부귀와 권세를 탐한 결과 백동화의 폐해가 범람하고 국가 재정의 위기가 다가왔다는 것이다.[138] 이용익이 일본과 대립하는 외국의 비호를 받는 점도 문제였다. 러일전쟁 발발 직전『한성신보』는 이용익에 대한 탄핵이 인민과 관인들로부터 대대적인 환영을 받았다고 전했다.

실제로 한국 정부 내에 이용익을 비난하는 흐름이 있었다. 1902년 이용익은 흉악한 말을 했다고 성토당했는데, 신분배경이 낮은 근왕세력에 대한 양반관료들과 정적(政敵)들의 견제, 일본의 은근한 지원 속에서 탄핵당한 것이다. 나중의 일이지만 1905년 8월, 일진회 역시 무례입궐(無禮入闕), 사설전화(私設電話), 주폐해민(鑄幣害民)을 들어 이용익에게 자진(自盡)하라고 비난한 적이 있었고,『대한매일신보』도 이러한 견해에 동의했다. 이처럼『한

136『한성신보』, 1903년 2월 18일.
137『한성신보』, 1902년 12월 5일.
138『한성신보』, 1902년 11월 30일.

『한성신보』는 한국 사회 내부의 이용익에 대한 비판을 직질하게 이용했는데, 이는 일본 정부의 대한 정책과도 맞물려 있다. 일본은 이용익이 개혁사업을 방해했고, 러일전쟁 직후에는 의정서 체결을 받아들인 고종의 마음을 돌려놓을 우려가 있다는 이유로 이용익을 일본으로 납치했다.[139] 일본은 친개화·친일 여부를 떠나서 이용익에 반대하는 세력을 적극 활용했고, 『한성신보』가 그 역할을 수행했다. 『한성신보』는 고종이 총명하고 명성황후의 내조가 위대함에도 불구하고 구래의 당쟁이 여전해서 외환(外患)을 불러냈다고 조언하면서 이용익의 죄상을 다루기도 했다.[140]

이처럼 군주의 독재권, 전제적 통치권을 인정하면서도 신권의 문제를 언급하며 군주권 견제의 필요성을 끄집어 냈다.

> 무릇 군주는 독재하는 주권이오, 전제(專制)의 통치하는 자니 세상에 가히 의심하지 못하고, 다만 능히 그 현인(賢人)과 충사(忠士)를 써야 광휘(光輝)가 더욱 있을 터인 고로, 왈 천하는 일인(一人)의 천하가 아니오 천하의 천하라.[141]

나아가 다음과 같이 '군(君)'과 '국(國)'을 구분했다.

> 충군의 지성(至誠)은 없으나 자기 일신상의 안전과 영화를 바라는 사욕(私慾)으로 다른 범죄자 즉 소위 역적을 자살(刺殺)하면 제군은 이를

---

139 서영희, 『대한제국 정치사 연구』, 98~99, 198~199쪽.
140 『한성신보』, 1902년 12월 10일.
141 『한성신보』, 1902년 12월 17일.

보고 충신이라 하겠느뇨, 혹 간신이라 하겠느뇨. 충군애국의 지성(至誠)은 없어도 군주의 악혐(惡嫌)한 자를 죽이면 즉시 이를 충신이라 하겠느뇨. 또 다시 묻노니 어떠한 자를 충신이라 하고 어떠한 자를 충신이 아니라고 하는고. 과연 충신의 정의가 무엇이오. 왈(曰) 열성(熱誠)으로써 국과 군을 사랑하는 자라. 그런즉 충, 불충은 마음에 있고 형(形)에 있지 않나니…… 바야흐로 이 때에 한 사람이 일어나 열국의 사이를 분주하여 종모입책(縱模立策)하는 자가 없는가. 또 한사람이 분(奮)하여 내정(內政)을 요리하여 구관(舊慣)을 타파하고 참된 실업(實業)을 흥하여 국부민강(國富民强)을 도모하는 진충진정(眞忠眞正)의 사(士)가 없는가. 오호라 한국에는 어찌 자객적(刺客的) 충신이 많고 흥국적(興國的) 불충신(不忠臣)이 희소한고.[142]

'국'을 위하는 것이 '불충'일 수 있다는 명제에서 '불충'의 대상은 '군(君)'이 된다. 따라서 전통적 방식의 '충군'과 이 시대의 '애국'은 서로 어긋날 가능성이 생겨나며, 그렇기 때문에 양자는 구분되는 것이다. 이러한 방식의 '군(君)'과 '국(國)'의 구분법을 당대 개화 지식인들의 사고와 비교해 보면 어떠할까?『대한매일신보』는 1908년 7월경 군과 국을 명확하게 구분해서 이해했다고 한다.[143] 이때 군주권과 국권이 분리되기 위해 민권이라는 새로운 개념이 필요하다.『대한매일신보』가 민권의 중요성을 부정한 것은 아니지만, '민권-국권'을 순환적으로 언급한다는 점에서 '국권 종속형 민권론'에 가깝다고 할 수 있다. 군주권과 국권

---

142 『한성신보』, 1903년 12월 15일.
143 백동현, 「신채호와 '國'의 재인식」, 225쪽.

이 구분되었지만, 국권이 여전히 절대적·무한적·본질적 권력으로 상정되는 이유다. 반면 독립협회, 일진회, 대한협회 등의 정치 단체는 '관권 저항형 민권론'에 입각하여 '군주권 – 민권 – 국권'의 상호 관계를 논했다.

일본인이나 한국인에게 군주권과 신권의 관계가 낯선 개념은 아니었다. 전통 시대부터 존재해 왔던 정치 구도 위에서 군주권과 민권의 관계를 전통적인 군주권과 신권의 관계로 해석할 수도 있다. 그러나 차이도 존재한다. 바로 민의 존재다. 잠재적으로 정치 권력에도 참여할 수 있는 민의 존재가 언급되고 있다. 그 결과 이전과는 다른 방식으로 군주권의 절대성에 균열이 생긴다. 『한성신보』는 '인민(人民)'이나 '시민(市民)'으로 지칭되는 세력에 대해 관심을 보였다. 왕실 행사를 축하하는 모임을 만든 것을 보면서 '인민의 세력을 스스로 깨달으며 시민의 지위를 스스로 가졌다'고 평했다.[144] 왕세자 경절(慶節)을 축하하는 시민의 애국심을 기리면서도 타인의 선동으로 정치운동을 하면 '무뢰배'이지만 '시민'은 '품격이 고상하고 지각이 발달한' 이들이라고 격상시켜 표현했다.[145] 이때 '인민'과 '시민'이 구체적으로 어떠한 이들을 가리키는지 알 수 없지만, 아마도 독립협회 활동 후반기에 적극적으로 참여한 하층 양반, 중인층, 평민층을 떠올릴 수 있다. 특히 중인층 중에서도 겸인층에 해당한다.[146] 이들이 대신들의 정치 운동에 단순 동원되면 '무뢰배'에 그치지만, 문명화·애국

---

144 『한성신보』, 1902년 9월 7일.
145 『한성신보』, 1903년 3월 6일.
146 주진오, 「19세기 후반 개화 개혁론의 구조와 전개-독립협회를 중심으로-」, 135~136쪽.

을 지향하며 정치 참여를 추구하게 되면 '시민'으로 격상되는 것이다. 그러한 '인민'과 '시민'은 개화 지식인들이 추진한 민권운동의 기반이기도 하다. 간신들이 궁중을 사유(私有)하고 주권자의 이름을 빌려 국가의 파멸을 초래하는 상황에서 이를 견제할 수 있는 새로운 정치 세력으로 부상한 것이 '민'이다. 그 '민'들의 새로운 정치 행위가 이루어진 무대가 독립협회였다. 그렇기 때문에 독립협회와 독립협회에서 발간된 『독립신문』에 대한 『한성신보』의 관심 역시 지대했다.

『한성신보』의 일진회 및 민권 인식

1896년 4월 9일, 『한성신보』는 『독립신문』의 발간을 축하했다. 축하의 내용은 일문판에 자세하다. 신문 발간 자체가 사회진보의 한 조짐이라고 전제한 후, 『독립신문』이 상의(上意)는 하달(下達)하고 하의(下意)는 상달(上達)하겠으며 특히 정부의 실정(失政)을 비난함에 꺼려하지 않겠다고 한 데에 높은 점수를 주었다. 『한성신보』는 언론의 발달과 정부 정책에 대한 비판을 문명화의 핵심으로 간주한 바 있다. 『한성신보』는 『독립신문』의 목표가 자신들의 것과 일치한다면서 '좋은 양우(良友)'를 얻어 기쁘다고 밝혔다. 『한성신보』는 1896년 1월 19일, 남별궁에서 열린 서재필의 연설이 조선에서 행해진 최초의 공개연설이라고 한 바 있다. 이 시기 새로 들어선 정부와 갈등 관계인 상황에서 정부 비판의 언동들이 부각되었고, 그 과정에서 내세워진 명분이 문명·진보였다.

그러나 두 신문의 실제 관계는 그리 우호적이지 않았다. 먼저 『한성신보』는 『독립신문』이 예상보다 일본인들에 대해 부정적인 보도를 한다며 실망을 나타냈다. 1896년 5월, 일본인의 전당물 이자가 너무 비싸다는『독립신문』의 보도에 대해 반론을 제기했다.『한성신보』는 한국인의 전당물이 위태하기 때문에 위험부담이 크다는 논리를 내세웠고, 한편으로 조선인끼리의 이자율을 따랐을 뿐이니 일본인의 이자가 더 비싸면 한국인이 빌리겠냐고 반문했다.[147] 이 문제는 일본인 전(前) 군부 고문 오카모토 류노스케(岡本柳之助)가 한국 정부로부터 받은 집을 내놓지 않은 것이 발단이었다.

기쿠치 겐조는 오카모토를 도야마 미치루(頭山滿), 오이 겐타로(大井憲太郞)와 함께 메이지 시기 3대 낭인으로 치켜세웠다. 오카모토는 김옥균이 암살되자 상하이로 달려갔다가 한국으로 건너와 명성황후 시해 사건에 주도적으로 참여한 인물이다. 자세한 내막은 알 수 없으나 일본인과 한국인, 한국 정부 사이에 담보물인 건물을 두고 논란이 있었다. 또한 한국인 절도가 이어지기 때문에 일본인이 한국인을 대함에 불미스런 일이 생긴다면서『독립신문』이 일종의 악의를 가지고 일본인을 중상(中傷)하는 것 아니냐고 불만을 제기했다.[148] 일본인 집 토벽 널판지를 훔쳐갔다는 명목으로 어린아이가 일본 순사에게 잡혀갈 뻔 했던 사건에 대해서도, 의심받을 만한 이유가 있었고 한국 순검에게 넘겨졌다고 해명했다.

이처럼『독립신문』기사와 독립협회 활동에 대한 부정적인 언사는 계속되었다. 그러한 태도는 독립문 건립 계획에 대한 논평

---

147 『한성신보』, 1896년 5월 15일.
148 『한성신보』, 1896년 6월 20일.

에서도 나타난다. 중국 사신을 영접하던 영은문과 모화관을 허물고 독립문과 공원을 만든다는 이야기에 청국인이 '겉으로는 독립이라고 하되 속으로는 우리 중화의 은혜를 잊어버리지 못하여서 추모하는 것인즉 우리 청인의 눈으로 보면 참 불쌍하다'고 했다는 것이다. 『한성신보』는 이 이야기를 전하면서 공원 만들 의연금으로 폭도를 진정시키는 데나 쓰면 좋겠다고 평했다.[149] 그러나 독립협회에 대한 기대감이 완전히 사라진 것은 아니어서, 독립협회의 토론과 연설에서 등장하는 정부 비판이 충군애국에 입각한 것이라고 보았다.

1898년 11월, 독립협회와 대한제국 정부 간의 갈등이 고조되었을 때, 『한성신보』 역시 관련 기사들을 쏟아냈다. 이때 『한성신보』의 입장은 크게 두 가지로 나뉜다. 첫째, 독립협회 활동을 민권운동의 차원에서 정당화시키는 것이다. 만민공동회 총대위원과 정부 대신 간의 문답을 전하는 기사에 황제는 인민의 뜻을 따르려 하나 간세배가 중간에서 방해한다는 문구가 등장한다.[150] 간신들을 배제하고 군주와 민이 직접 연결되는 것에서 민권운동의 의의를 찾으려는 논리이다. 또한 상소를 통하여 민의 뜻이 군주에게 닿게 되므로 '전제(專制)의 나라가 오히려 입헌자유보다 낫다'면서 상소를 입헌국의 청원, 상주(上奏), 탄핵, 나아가 국회에 비견했다. 만민공동회, 즉 민회의 활동이 입헌군주제 하의 국회 역할과 같다는 관점이다. 민의 정치 참여를 적극적으로 독려하는 주장으로써, 이후 일진회 등 정치 단체의 국회 자임을 연상

---

149 『한성신보』, 1896년 7월 6일.
150 『한성신보』, 1898년 11월 25일.

시킨다.

둘째, 만민공동회 활동과 해산 과정의 혼란을 열강의 관여와 연결시켰다. 일본 국민으로서의 관점을 보여주는 대목이다. 유럽과 청국의 사례를 들어 정부가 민회를 진정시키지 못하면 열국의 간여(干與)가 있을 것이라고 경고했다.[151] 종로에 회집한 민인들 사이에서 정부와 자신들 간의 시시비비를 각국 사신이 판단함이 어떻겠느냐는 의견이 있다고 전하기도 했다. 이러한 논리들은 다음과 같이 도식화되었다. 즉, '현재 한국은 무정부 상태임'→'무정부 상태는 통치권을 방기한 것이므로 주권의 존재가 불확실함'→'국가가 진보하는 것은 세계가 공통되므로 민심이 나아갈 바를 막지 못할 것'→'한국의 상태가 진정되지 못하면 열국이 자국에 해를 끼칠까 염려하여 나서게 될 것'이라는 도식이다.[152] 주권, 진보, 민심, 세계의 대세 등을 언급하며 내정 간섭의 가능성을 떠본 것으로도 풀이할 수 있다. 독립협회 활동에 대한 『한성신보』의 입장을 보면 '시대적 흐름'에 관한 객관적 관찰자인 양 발언하다가도 곧이어 일본인의 시선으로 사태의 진전을 해석하는 양면성을 보여준다. 이후 실제 일본의 내정 간섭이 본격화된 상황에서 문명·진보·민권 등을 주창하며 등장한 단체가 바로 일진회다. 다음에는 『한성신보』가 일진회 활동을 어떻게 인식했는지 살펴보도록 하겠다.

당시 일진회 관련 기록은 크게 정부, 언론, 일진회 측, 일본 측 자료로 구분할 수 있다. 이 중 정부 기록과 언론 보도, 일진회 측

---

151 『한성신보』, 1898년 11월 23일.
152 『한성신보』, 1898년 11월 27일.

기록은 주로 지방관의 보고서에 기반하며 상호 검증이 가능하다. 그러나 일본 측 기록은 공사관이나 군부, 민간인들이 각각의 정보원(情報員)을 통해 수집한 것이라는 점에서 구별된다. 물론 일본 측 기록은 '일본 정부의 한국 침략'이라는 구도를 염두에 두고 있다는 점에서 정치적으로 편향되어 있다. 하지만 다른 한편으로 문명·개혁·민권·지역·계층 등의 측면에서 일진회 활동의 의미를 관찰하고 있다는 점에서 독특하다. 일본 측 기록을 통해 반대로 한국인들이 일진회 활동에 대해 어떠한 선입견을 가지고, 어떠한 부분을 외면했는지 확인할 수 있다.

『한성신보』에 실린 일진회 관련 보도의 자료적 가치 역시 이와 흡사하다. 일본인들은 일진회를 어떠한 시각으로 보았을까? 일본 정부의 시선과 구별되는 부분이 존재했을까? 그러한 시선은 당대 한국 언론의 그것과 얼마나 달랐을까? 먼저 『한성신보』는 일진회 창립 개회식을 다른 자료들보다 매우 생생하게 묘사하고 있다는 점에서 흥미롭다. 일진회는 1904년 8월 20일 종로 지전(紙廛)에서 개회식을 갖고 창립했다. 창립 전까지는 유신회(維新會)라고 했다가 창립 당일에 일진회(一進會)라는 이름을 사용했다. 이때는 아직 동학 계열의 진보회는 참여하지 않았고, 독립협회 계열 인사들과 일본에서 건너온 송병준이 결합하여 만든 단체다. 진보회와 통합해서 (합동)일진회를 만드는 것은 1904년 12월 1일의 일이지만 양자는 통합 이전에도 대동소이한 강령 아래 서로 기맥을 통하고 있었다.[153]

『한성신보』의 보도는 당시 일진회에 관심을 갖고 있던 『황성

---

153 林雄介,「一進會の前半期に關する基礎的研究-1906年8月まで-」, 496쪽.

신문』은 물론이고, 일진회 자체 기록보다도 더 자세하다.[154] 큰 줄거리에서는 세 자료(『한성신보』, 『황성신문』, 일진회 측 기록)가 공통된다. 창립식이 열리려고 하자 한국 순검이 위협적 분위기를 연출했고, 일본 헌병이 와서 이를 막았으며, 임시 회장 윤시병(尹始炳)이 강령을 발표했다는 것이다. 그러나 세부적인 묘사에서는 다른 점이 발견된다.

한국 순검과 일본 헌병, 그리고 일진회 회원 등이 모임 장소에 들어가는 문제로 실랑이를 벌이는 장면을 보자(〈표 12〉). 『황성신문』과 『한성신보』는 한국 순검이 상부의 명령을 받고 왔다는 점과 일본 헌병이 잠시 지켜보자고 하여 물러났다는 점을 밝혔으나 일진회 기록에는 그런 내용이 빠져 있다. 일진회 기록은 회집을 금지한 것이 오히려 일본 헌병이라고 되어 있다. 그런데 회원들의 설명을 듣고 난 일본 헌병이 '인민사회는 세계통행의 규(規)'라며 한국 순검을 책망했다는 것이다. 반면 『한성신보』는 일진회 회원 유학주(俞鶴柱)가 등장하여 상당히 길게 한국 순검과

154 『황성신문』이 일진회에 관심을 가진 이유에 대해서는 다음과 같이 이해할 수 있다. 『황성신문』은 일진회 창립 초기 일진회의 연설을 실어주며 기대감을 보였다. '현세계의 부강제국을 보면 모두 민지가 발달하고 민권이 충족함으로 말미암은 것'(『황성신문』, 1905년 8월 30일)이라는 인식은 일진회의 그것과 큰 차이가 없었다. 『황성신문』은 『한성신보』가 자신에 대하여 배일과 운운한 것에 대응하면서 '사람이 각각 그 나라를 위함은 한가지라 한성보 기자가 일본혈성(日本血性)을 위하는 것은 또한 우리가 한국혈성(韓國血性)을 위하는 것과 동일한 의무'(『황성신문』, 1905년 3월 22, 23일)라는 입장을 보이기도 했다. 『제국신문』 역시 인민의 공론에 기반한 민회의 역할에 큰 기대를 갖고 있었다(『제국신문』, 1906년 11월 23일). 두 신문은 1906년 이후 일진회의 친일 행위가 노골화되고 '작폐'가 부각되며, 대체재로 대한자강회가 떠오르자 일진회와 거리를 두기 시작했다. 1905년까지는 일진회와 『한성신보』에 대해 보편적 문명화론에 대한 호응과 침략 정책 편승에 대한 우려라는 양면적 정서를 지녔을 가능성이 크다. 반면 『대한매일신보』는 1904년부터 일관되게 일진회에 비판적이었다. '작폐'로 인해 인민들의 보복을 받을 것이고, 일본도 비호해주지 않으리라고 전망했다(『대한매일신보』, 1905년 11월 15일, 1906년 9월 11일).

표 12 일진회 창립개회식 상황에 대한 언론의 보도 비교

신문	내용
『황성신문』 1904년 8월 22일	경무청에서 칙명(勅命)을 봉승(奉承)ᄒ고 총순과 순검을 파송ᄒ야 해산함을 효유ᄒ엇더니 일본 헌병이 불가ᄒ 왈 "이 회(會) 인원의 언유(言諭)가 불가한 즉 귀순검의 착거(捉去)를 기다리지 않고 일본사령부로 모두 잡아 갈터이니 회답을 기다려도 늦지 않을 것"이라ᄒ기로 순검이 금령을 늦춤이
『원한국일진회역사』 1권, 1904년 8월 20일	다수의 군경(軍警)이 총과 검을 차고 광통교(廣通橋) 상하 천변에 파주(把住)하고 사무소를 둘러싸 회원 집합을 금축(禁逐)할 때 일본헌병대가 지나가다가 길 위 취중(聚衆)을 금한지라. 회원이 통역을 소개하여 사실을 상세히 알린즉 일헌병이 우리 나라 군경(軍警)을 크게 책망하며 왈 "인민사회는 세계통행의 규(規)라. 그 주지(主旨)를 보아 목적이 양호(良好)하지 않으면 해산케 하려니와 인민사회를 이와같이 박축(迫逐)함은 불가하다."고 하고 나무라며 길을 열거늘 중회원(衆會員)이 일제히 사무소에 들어가 개회할 새 인원이 답지(遝至)하여 처소가 협착함으로 순서를 준비(准備)할 수 없어 다만 회명만 일진(一進)이라 개정하고…
『한성신보』 1904년 8월 23일	앞서 경무사 신태휴(申泰休)씨는 칙명(勅命)을 봉승(奉承)했다 하여 미리 순검 50명을 해당 장소에 보내 계비(戒備)케 한지라. 정기(定期)에 이르러 회원 유학주씨가 우선 장내에 들어가고저 함에 순검 등이 이를 막아 왈 "우리는 칙명을 받아 이 회(會)를 해산케 하고저 하여 옴이니 입장을 불허하노라." 하거늘 유씨는 저 비대한 신체를 세 번 흔들고 금테 서양 안경을 통하여 순검을 흘겨보며 왈 "칙명을 존중함은 그대와 나 동일이나 대저 칙명 주지(主旨)의 소재는 회집을 해산하라 함이니 아직 회집한 일이 없거늘 어찌 해산이라 하나뇨. 칙명은 유신회에 대함이오, 유학주 일개인에 대함이 아닌즉 회집 후 해산을 명할지언정 회집 전에 유학주 일개인을 금하는 이유가 어디 있느냐. 하물며 우리의 주지(主旨)는 황실을 존중할 사(事)와 인민의 생명재산을 보호할 사(事) 등이니 대한신민이 된 자 누가 능히 반대하리오? 그대도 역시 대한인이니 우리와 동감(同感)이 아니리오." 하고 독립협회 이래로 쌓아왔던 웅변이 거침없으며, 논(論)이 오감에 그 순검 등은 아연히 듣다가 다시 신 경무사의 엄한 명령을 생각하여 시종 따르지 않을 새 일본 헌병이 와서 "해당 회(會)의 주의(主意)가 보안회와 같이 안태(安泰)를 지키지 못할진대 우리는 사령관의 명령을 받아 해산케 하고저 하여 옴이나, 아직 개회도 아니하고 주지(主旨)의 소재도 듣지 않고 해산케 함은 극히 심함이라." 함에 한국 순검도 동의하여 개회를 허락함에 오백여명의 회원이 일시에 입장하여 즉시 개회했는데…

내화를 주고받은 것으로 되어 있다. 그는 법리적으로 회집 전이
기 때문에 막을 수 없다고 논박한 후 황실 존중과 인민의 생명재
산 보호를 내세우며 반대할 명분이 있냐고 따져 물었다. 이에 한
국 순검은 독립협회 때를 떠올리며 놀랐으나 경무사의 지시가 생
각나 망설이고 있는 것으로 그려진다. 큰 줄거리에서 세 자료가
다르지 않기 때문에 사실 관계에서의 왜곡은 없다고 여겨진다.
다만 세부 묘사에서의 차이는 서술 주체의 관심사를 반영한다.
즉,『황성신문』이 사실 관계만을 건조하게 전달하고, 일진회 기
록이 일본의 개입을 명확하게 서술하고 있는 데 반해,『한성신
보』는 일본의 개입을 최소화하고 일진회 회원이 스스로 한국 순
검과 논박하여 창립의 당위성을 얻어냈다는 점을 강조했다. 친
일 혐의를 받는 정치 단체의 설립이라는 민감한 사안에 대한『한
성신보』의 입장이 엿보이는 대목이다.

　그런데『한성신보』의 일진회 기록이 중요한 것은 일본인들의
독특한 입장을 엿볼 수 있기 때문이다. 일진회 창립 과정과 조직
에 대한 기사 중 그러한 시선을 찾아 보면 다음과 같다. 먼저 일
진회 창립을 전후해서 일진회와 일정하게 거리를 두는 듯한 기사
를 내보내고 있다. 취지를 듣고 한국에 대호걸이 있는가 해서 기
뻐했는데 윤길병(尹吉炳)이란 이름을 듣고 낙담했다며 세상 사람
들에게 비웃음을 당할 것이라고 조롱했다.[155] 윤길병은 겸인(중
인의 한 부류) 출신으로 독립협회에 뒤늦게 합류한 인물인데, 일
진회 구성원들의 출신이 미천하다는 사실에 대해서는 당대인들
이 공통적으로 동의했다.『한성신보』는 친일을 표방했다고 해서

155　『한성신보』, 1904년 8월 22일.

무조건 옹호한 것이 아니라 믿을 수 있는 이들인지 의구심을 품고 있었을 뿐만 아니라, 이를 적나라하게 표현했다. 당대 한국인 신문들 못지 않게 냉소적인 표현들도 보인다. 젊은 일진회 총대위원이 노정치가인 심상훈(沈相薰) 대신을 만나러 간 일 자체는 칭찬할 만하지만 회원이 들은 답변 중 들을 만한 것이 없었다는 평을 전했다.[156] 한국 유지자들이 관망만 하고 있는 가운데, 일진회 관련자가 엽관파에 불과해서 진보하기 어렵다는 견해도 내놓았다.[157] 사방의 압박을 받고 있으니 '진(進)'자를 '퇴(退)'자로 바꾸라고 조롱하기도 했다.[158]

사실 초창기 일진회의 정체성과 지향에 대한 의구심은 일본 정부 역시 갖고 있었기 때문에 이상한 반응이 아니다. 『한성신보』는 일진회에 불량한 무리가 입회하여 사단(事端)을 일으키지 않도록 극히 신중해야 한다는 입장을 보였다.[159] 일반적인 상식과 달리 일진회가 일본의 전폭적인 지지를 받지 못했음을 보여준다.

『한성신보』는 일진회 창립식 직후 일본 헌병이 일진회를 보호해 준다는 풍설도 부정했다. 보안회 때 해산을 강행한 것은 불온한 면이 있었기 때문이고, 일진회는 미리 그 취지를 신고했기 때문에 회합을 허용했다는 것이다.[160] 일진회 배후설을 부인한 것이다. 누가 일진회 창립을 허가했고, 외국 병사가 왜 일

---

156 『한성신보』, 1904년 8월 25일.
157 『한성신보』, 1904년 8월 30일.
158 『한성신보』, 1904년 10월 12일.
159 『한성신보』, 1904년 9월 2일.
160 『한성신보』, 1904년 8월 24일.

진회를 보호하느냐는 실문에, 일진회 총대위원은 인민 설회(設會)에 허가가 필요없음은 만국통행의 규칙이고, 외국 병사는 경찰 업무로 왔을 뿐이라고 답했다.[161] 『한성신보』는 일진회의 목소리를 빌려 일병(日兵)이 보호함에 문제가 없음을 재차 강조했다.[162]

그러나 '치안 방해' 여부에 대한 판단 기준이 모호하다는 점은 이 기사에 그대로 드러난다. '불온함'의 기준이 명확하지 않기 때문이다. 그럼에도 일본인들이 한국인 단체 설립과 활동에 대해 외형상으로 '형평성'을 견지하고 있었다. 적어도 1904, 1905년 시점에서 일진회는 대한제국 정부와 지방관에게 박해를 당해 생명의 위협을 느끼는 형편이었다. 이때 일본의 일진회 보호 활동은 지역에 따라 제한적이었다. 러일전쟁의 무대였던 함경도와 평안도에서는 일본 헌병이 일진회 회원을 체포하고 문초하는 일노 있었다.[163]

1904년 9월부터는 전국 각지에서 동학당이 다시 일어나 서울로 모여들고 있다는 소식을 연이어 전했다. 당대 한국 신문은 지방관의 탐학이 동학당의 재기(再起)로 이어지는 현상을 우려섞인 목소리로 전달했다. 이 사안에 관한 『한성신보』의 보도에서는 두 가지 특징을 발견할 수 있다. 하나는 정부의 일진회(진보회) 탄압에 주목한 것이고, 다른 하나는 민권운동의 관점에서 해석하려고 한 것이다. 민권운동 관점에서의 해석은 다음에 다

161 『한성신보』, 1904년 8월 25일.
162 『한성신보』, 1904년 9월 2일.
163 『한성신보』, 1904년 10월 14일, 1904년 10월 20일.

루기로 하고, 여기서는 정부 탄압 문제를 보도록 하겠다. 먼저 1904년 9월 15일에 의정부 참찬 허위(許蔿)와 내장원 감독 김영진(金永振)이 동학당 상경과 관련하여 음모를 꾸민다고 했다가 헛소문이라고 정정했다.[164] 음모의 구체적 내용은 전혀 없기 때문에 선정적이고 무책임한 기사라고 할 수 있다. 그런데 정부 고위 대신들의 움직임에 대한 관심은 이후로도 계속되었다.

이 시점에서 주목받은 인물이 현영운이다.[165] 반(反)일진회파가 현영운을 참모장으로 삼아 황제의 해산 조칙을 이끌어냈다는 것이다. 현영운의 지시로 일진회 회원을 포박하자 경무청 순검과 일본 헌병 사이에 마찰이 있기도 했는데 일본 헌병은 '사람마다 각기 자유언권(自由言權)이 있다'고 항의했다고 한다. 현영운은 회명(會名) 일시 중지에 불과하므로 일진회를 근원에서 박멸하고자 하였으나,[166] 성공하지 못했다.[167] 사실 여부를 확인하기 어렵지만 『한성신보』는 며칠 후, 일진회 체포령을 주도한 것은 고종이고, 현영운은 오히려 반대의 직언을 올렸다고 보도했다.[168] 그러나 황제와 그 측근 세력들이 독립협회와 동학당 계승을 주창한 이들의 정치 활동을 방해했다는 주장은 개연성이 있다.

한국인들의 기록에도 유사한 풍문들이 보인다. 황무지 개척권을 얻어내기 위해 하야시 공사가 고종에게 일진회 탄압을 약속한

---

164 『한성신보』, 1904년 9월 15일.
165 당시 현영운은 元帥府 檢査局 總長과 參謀府 一局長을 맡고 있었다(『고종실록』, 1904년 9월 23일, 1904년 9월 27일).
166 『한성신보』, 1904년 10월 1일.
167 『한성신보』, 1904년 10월 2일.
168 『한성신보』, 1904년 10월 14일.

후 실제 일진회 보호를 철회했다는 설이 있었다.[169]『대한매일신보』는 이 거래(일진회 탄압과 황무지 개척권)가 현영운의 중재로 이루어지고 있다고 보았다.[170] 당시 현영운은 황제 측근이면서 일본 측과도 손을 잡고 있었다. 그런데 1905년 9월 현영운은 고종의 의사에 따라 일본군 헌병대에 체포된 일이 있었다. 이는 이용익 망명 후 측근 세력 간의 다툼 끝에 현영운이 숙청된 것으로 해석된다.[171] 현영운은 고종과 일본 측에 모두 선을 대고 있었기 때문에 일진회 탄압을 거래 조건으로 내걸 수 있었고, 고종과 일본 측은 현영운을 이용하여 심리전을 펼쳤던 것이다.

1904년 10월 초, 수많은 지역민들이 서울로 몰려들어 일진회에 가입했고 경무청은 이를 단속했다. 지방과 달리 서울에서는 단발자를 처벌하지 않는 것이 상경 이유이기도 했다.[172] 한국 대신이 하세가와 요시미치(長谷川好道) 주차사령관에게 일진회를 일망타진해달라고 애걸복걸했다거나, 신기선이 신태휴(申泰休)에게 일진회 타파를 조건으로 경무사 임명을 제시했지만 시정개선이나 하라는 답을 들었다거나, 내부대신 이용태가 인재등용을 위해 일진회 회원 8명을 주임관으로 임용하여 해산시킴이 상책(上策)이라고 했다는 소식[173] 등도 전해졌다. 모두 진위 여부를 파악하기 어려운 내용들인데, 일진회에 대한 한국 정부의 반응 및 대응을 바라보는 일본인들의 시선으로 이해할 수 있다. 한편

---

169 『윤치호일기』 6권, 1904년 9월 27일, 1904년 9월 30일, 1904년 11월 1일.
170 『대한매일신보』, 1904년 9월 29일, 1904년 10월 5일.
171 서영희, 『대한제국정치사연구』, 312~313쪽.
172 『한성신보』, 1904년 10월 5일, 1904년 10월 7일, 1904년 10월 22일.
173 『한성신보』, 1904년 10월 7일, 1904년 10월 12일.

10월 12일, 처음으로 동학당의 회(會) 이름이 '진보회(進步會)'라고 보도되었다. 동학이라 칭하기도 하고 진보라 칭하기도 하면서 지방의 불온함이 계속된다는 것이다.[174] 동학교단의 재건 운동은 대동회, 중립회를 거쳐 진보회로 이어졌다. 진보회라는 명칭을 처음 사용한 것은 10월 8일이고, 『황성신문』, 『대한매일신보』에 그 명칭이 나타나는 것은 10월 12일의 일이다.[175] 당시 언론이 명칭을 혼용할 정도로 진보회와 일진회 간의 유사성이 강했지만 기원과 조직 구성 면에서는 분명히 구분된다.

다른 한편으로 진보회의 문명화 지향이 주목받기 시작하는 것도 이 시점이다. 갑오년과 달리 인민이 자의(自意)로 단발(斷髮)했다는 점에서 문명진보할 전조(前兆)라고 평가했다.[176] 1904년 10월 22일 「진보회표치(進步會標幟)」라는 기사는 민권운동의 차원에서 진보회 활동을 바라보는 『한성신보』의 입장을 잘 보여준다. '독립협회 잔당'으로 구성된 일진회에 대한 냉소적 시선과는 다르다. 당시 일진회와 진보회의 지향점이 같고, 통합을 향해 가고 있다는 점은 인지되고 있었을 것이다. 따라서 지방 진보회의 참여를 지켜보면서 일진회에 대한 인식 자체가 달라진 것으로 볼 수 있다.

> 지금 진보회의 표치(標幟)를 관찰하니
>
> 왈(曰) 황실의 안녕을 기할 사(事)

---

174 『한성신보』, 1904년 10월 12일, 1904년 10월 16일, 1904년 10월 20일.
175 이용창, 「동학교단의 민회설립운동과 진보회」, 369~371쪽.
176 『한성신보』, 1904년 10월 20일.

『한성신보』, 1904년 10월 22일자, 「진보회표치(進步會標幟)」

왈(曰) 시정의 개선을 기할 사(事)

왈(曰) 생명재산의 안고(安固)를 기할 사(事)

이 3개조는 저 진보회가 도처에 창도하여 그 필히 이루어짐을 기도하니, 우리는 오직 이 3강령이 우리의 평소 뜻을 먼저 얻었다 말할지라. 왈 황실안녕이며 왈 시정개선이라 이 2조는 근래 정객의 구두(口頭) 항어(恒語)라 족히 신기하지 않거니와, 제3조 생명재산 안고의 논(論)에 이르러는 정(正)히 한국 오백년 폐두(弊竇)를 설파(說破)함이요, 한국 개혁의 대요(大要)를 지거(指擧)함이니, 우리는 오직 이 1조에 진보회를 한층 중시하노라.[177]

---

177 『한성신보』, 1904년 10월 22일.

『한성신보』는 위 기사에서 두 가지 사항을 전제했다. 첫째, 다른 회들처럼 진보회 역시 금방 무너질 것이라는 세론이 있지만 자신들은 다르게 생각한다는 점, 둘째, 이들이 누구의 지도로 일어난 것인지는 모른다는 점이다. 그럼에도 그들의 주장에서 논평할 만한 가치가 있는 것들을 찾아냈다고 하면서 설명을 덧붙였다. 황실 안녕과 시정 개선은 대부분의 정치인들이 하는 이야기지만, 특히 3조 생명재산 안고(安固) 조항이야말로 자신들이 진보회를 중시하는 이유라고 적시했다. 인민의 생명과 재산을 보호한다는 구호는 진보회와 일진회의 공통 분모이자 민권에 기반한 정치 운동으로 일진회 운동을 평가할 수 있는 근거가 된다. 『한성신보』는 이 지점에 주목했고 더 나아가 진보회의 계층적 속성을 간파했다. 생명재산 안고론(安固論)이 실행되면 양반의 이익은 줄어들고 중인 이하는 해(害)가 없다고 했다. 양반 이상이 참여하는 한국 정치가 실제적인 개혁을 하지 못하는 이유가 여기에 있다. 진보회는 중하층민으로 구성되어 있기 때문에 한국 개혁의 주도 세력으로 격상된다.[178] 진보회의 정치 참여를 '개혁' 명목으로 정당화시킨 것이다. 인민의 생명재산 안고(安固)는 옛부터 인의(仁義)로운 군주의 급무이고, 금일 문명국의 정규(定規)라고 표현하기도 했다.[179] 중하층민 중심의 진보회는 개혁의 구심점이자 문명의 상징으로 평가되었다.

이제 『한성신보』의 관심사는 진보회 운동이 한국 정치판을 어떻게 흔드는가에 있었다. 함경도에서 민의 정부 불복종 운동을

---

178 『한성신보』, 1904년 10월 23일.
179 『한성신보』, 1904년 10월 27일.

통제하지 못하면 일본과 군사·외교상 문제가 발생할 것이라고 경고하고, 일진회에는 신중한 태도로 경거망동하지 말라고 요구했다. 그런데 『한성신보』는 민의 불복종 운동을 진압하지 못하는 이유를 구조적으로 설명했다. 먼저 궁중은 내탕금으로 일진회·진보회를 소멸하려 하고,[180] 일진회 해산 방략만 있으면 경무사에 임명하려 하며, 부아당(附俄黨)인 현 정부가 민회를 압제하기만 한다[181]는 소식들을 전하면서 정부 대응의 문제점을 지적했다.

더 근본적으로는 일진회·진보회의 주장이 '천하 공론(公論)'인데 한국 정부가 시정개선에 나서지 않으므로 해결되지 않는다고 평했다.[182] 일진회·진보회 운동을 빌미로 한국 정부에 개혁을 요구하면서 사실상 내정 간섭을 정당화하는 논리를 만든 것이다. 일진회를 진압하는 방식은 두 가지인데 하나는 인심을 포용하여 시정개선을 단행하는 것이고, 두 번째는 관권을 발휘하여 민회 전횡을 진압하는 것이다. 그런데 군사력과 행정력을 동원한 강제 진압이 오히려 회세(會勢)를 확장시키고 있는 형편이므로 남은 길은 시정개선 단행밖에 없다고 주장했다.[183] 인민을 몰아 진보회에 들인 자가 내부대신 이용태라며 반어적으로 일진회 영수(領袖)인 이용태를 제거하면 회가 해산될 것이라고 했다.[184]

1904년 11월 5일, 『한성신보』는 일진회 회장 윤시병의 투고문

180 『한성신보』, 1904년 10월 28일.
181 『한성신보』, 1904년 10월 29일.
182 『한성신보』, 1904년 10월 29일.
183 『한성신보』, 1904년 10월 30일.
184 『한성신보』, 1904년 11월 2일.

을 실었다.[185] 당시 일진회는 일종의 여론전을 벌이고 있었다. 일
진회 활동을 가짜 개명으로 규정하고 비판하는 글들이 신문에 실
렸기 때문에[186] 일진회는 이에 대응해야 했다. 더욱이 일본인 신
문인 『대동신보(大東新報)』가 연달아 단발이 개명의 요로(要路)
가 아니며, 지방의 소위 진보회라 칭하는 자들이 상경하여 일진
회 회원이 되는데 비도(匪徒), 무뢰배에 불과하다며 관계를 끊고
진압에 협조하라고 촉구하는 기사를 내보냈다. 일진회는 맹랑
한 이야기라고 반박했다. 『대동신보』는 1903년까지 『한성신보』
에 있던 기쿠치 겐조가 따로 나와 1904년 만든 신문으로, 1906년
『한성신보』에서 다시 『경성일보』로 통폐합된다. 그러한 『대동신
보』에서 일진회를 비난하는 기사를 실었고, 그에 반박하는 글이
『한성신보』에 실렸다는 점에서 기쿠치 겐조의 독특한 관점이 다
시 한번 확인된다.

같은 시기 『한성신보』는 일진회를 진압하려는 한국 정부의 '꼼
수'를 폭로했다. 먼저 1904년 11월 초 있었다는 민회 해산 보도
를 들 수 있다. 고종은 1904년 9월 24일 민회를 해산시키라는
조칙을 공식적으로 내린 바 있다.[187] 그런데 『한성신보』는 11월
1일 고종이 민회 해산 조칙을 내렸다가 환수하고, 다시 내리려고
했다가 환수했다고 전했다.[188] 『한성신보』는 실제로는 진보회 진
압을 위해 친위대를 보내놓고 방심케 하려고 조칙은 내리지 않

---

185 『한성신보』, 1904년 11월 5일. 일진회는 『황성신문』에도 비슷한 취지로 투고문
   을 보냈다(『황성신문』, 1904년 11월 4~5일).
186 『황성신문』, 1904년 11월 1일, 1904년 11월 2일.
187 『고종실록』, 1904년 9월 24일.
188 『한성신보』, 1904년 11월 3일, 1904년 11월 5일.

았다고 해서했다.[189] 『대한매일신보』도 민회 해산 소직이 환수되었다고 보도했다. 그러나 이를 정부의 음모로 보지는 않았다. 오히려 주차일본군사령부에서 회원을 보호하라고 지시했기 때문에 정부의 명령이 지켜지지 않은 것으로 파악했다.[190]

『한성신보』는 계속해서 정부의 음모를 폭로했다. 용산 등지에서 보부상과 부랑인을 모집하여 단발시키고 가짜 일진회 문적(文蹟)을 가지고 다니며 무리에 섞여 들어가 거리를 돌아다니면서 군인이나 경리(警吏)들과 충돌시켜 치안을 방해하면 일본 헌병이 진압·해산할거라는 방안이 있다고 보도했다. 일진회에서 이를 미리 알고 비밀 표를 만들었기 때문에 성공하지 못했는데 정부는 또 유사한 계획을 추진 중이라는 것이다.[191] 사실 여부는 확인되지 않지만 '일진회원의 작폐'를 바라보는 하나의 시선으로 해석하는 것은 가능하다.

지방에서 일진회는 '개혁'과 '문명화'를 내세워 여러 활동을 펼쳤다. 그러나 지역민들은 일진회가 인민의 생명재산을 보호한다면서 실제로는 이작(移作)과 탈경(奪耕) 등 불법행위를 저지른다고 반발했고, 당대 언론은 이를 '작폐'로 규정했다. 그러한 시선에는 신분제적 질서에 대한 도전, 타지역민의 개입 등에 대한 거부감도 내포되어 있었다.[192] 『한성신보』는 기존 질서에 대한 도전이 '작폐'로 여겨지는 과정에 뭔가 음모가 숨어 있다고 의심했다. 『한성신보』가 한국 지방 사회의 실정을 좀 더 깊게 알고

---

189 『한성신보』, 1904년 11월 5일.
190 『대한매일신보』, 1904년 11월 5일, 1904년 11월 7일.
191 『한성신보』, 1904년 11월 1일, 1904년 11월 5일.
192 김종준, 『일진회의 문명화론과 친일활동』, 197~214쪽.

오랜 기간 발간되었다면, 한국 언론과는 다른 방식으로 일진회 '작폐'를 논하지 않았을까 생각된다.

　이상 일진회의 국가 인식에서 바라본 군주권의 위상과 실상, 고종의 입장에서 일진회가 갖는 문제점, 일본의 시각에서 일진회의 효용 가치와 군주에 대한 요구 사항 등을 살펴보았다. 먼저 고종과 일진회가 각각 가지고 있었던 국가 인식 자체의 차이점이 존재했다. 이들은 당대 지식인들이 대개 그러했듯 새로 만들어질 국가는 이전의 전통국가와는 달라야 한다고 생각했다. 그 '다름'을 어떻게 규정하느냐에 따라 국가의 '근대성'에 대한 인식 차이가 나타났다. 전통을 어느 정도 유지할 것인지, 인민의 정치 참여를 어디까지 허용할 것인지, 일본의 간섭을 어느 선까지 수용할 것인지 등등을 두고 의견이 갈라졌다.

　이들의 차이는 특히 '군주권'에 대한 인식에서 크게 벌어진다. 고종은 전통유학에 기반하여 군주권을 강화한 상태에서 개혁 사업에 나서려고 했고, 일진회는 인민의 정치 참여를 위해 군주권을 상징적인 자리에 묶어 두려고 했다. 일본 역시 고종을 반일 운동의 구심점으로 파악하고 일진회라는 대중 조직을 이용하여 압박을 가하려고 했다. 즉, 국내 정치 세력 간의 갈등과 대립이 일본 제국주의라는 외부 세력의 등장으로 인해 굴절되어 버렸고, 결국 식민지화로 귀결되면서 고종도 일진회도 힘을 상실했다. 그러나 그 과정에서 내부적으로 어떠한 갈등과 봉합, 그리고 엇갈림이 있었는지를 살펴보는 것은 이후 한국 정치사를 이해하는 데에 도움이 된다.

3) 일진회와의 대립과 고종의 국정 운영

한 조직의 지도자가 가지고 있는 무언가가 바로 리더십이다. 리더십이 필요한 이유는 사람 간에 갈등이 존재하기 때문이며, 갈등이 발생하는 근본적인 원인은 권력의 불균등성 때문이다. 즉, 리더는 끊임없이 무리 내 권력 관계 변화를 살피고 조율해야 한다. 그것이 곧 리더가 리더로서의 권력을 지키는 길이다. 왜냐하면 무리 내 권력 갈등은 결국 최종적으로 리더를 향하게 마련이기 때문이다.

일진회는 한국인 집단 내에 구축되어 있던 권력 관계에 매우 독특한 방식으로 균열을 일으켰다. 거의 전무후무할 정도로 급진적이고 충격적인 행태를 일삼았다. 일진회가 주로 활동하던 시기의 최고 권력자가 고종이다. 일진회와의 관계에서 고종의 국정 운영 리더십을 어떻게 해석할 수 있을까? 지금까지 보아 온 것처럼 고종이 일진회를 어떻게 생각하고 행동했는지 직접적으로 보여주는 자료는 많지 않으나 유추할 수 있는 기록이 일부 있다. 다만 몇몇 단편적인 자료만으로 고종의 입장을 단순화하기 보다는, 보다 거시적인 흐름 속에서 고종의 국정 운영 방식을 엿보는 것이 더 적절하다.

즉, 일진회와 같이 상대적 비기득권층이 기존의 권력 질서에 균열을 일으켰을 때, 고종은 그러한 난국을 어떻게 헤쳐 나갔는지 질문을 던져보는 것이다. 일진회와 유사한 사례로 동학농민운동과 독립협회 활동을 꼽을 수 있다. 일진회 자체가 두 운동을 함께 계승한 단체이기도 하다. 여기에서는 일진회를 포함하여 세 가지 사안에 대한 고종의 대응 방식을 간략히 정리하고 분석해 보겠다.

1893년 2월 동학도들이 대궐 문 앞에서 복합 상소를 올렸을 때, 고종은 전교(傳敎)에서 '감히 사악하고 편벽된 설을 가지고 방자하게 궐문 앞에서 부르짖다니, 지극히 무엄하고 지극히 겁이 없는 놈들'이라고 꾸짖었다. 그리고 우두머리를 잡아오라고 엄명을 내렸다. 그리고 3월 보은 장내리 집회에 대한 대책 회의에서 중요한 발언들이 나온다. 좌의정 조병세(趙秉世)와 우의정 정범조(鄭範朝)가 관리들의 침탈을 집회 원인으로 짚었으나, 고종은 강경한 진압만을 강조했다. 논의는 자연스럽게 군사 동원과 재정 문제로 넘어갔는데, 고종이 외국 군대 차용 가능성을 다음과 같이 밝혔다.

하교하기를,

"다른 나라의 군사를 빌려 쓰는 경우도 각 나라마다 있는 전례이다. 그러나 어찌 꼭 군사를 빌려야겠는가."

하니, 심순택이 아뢰기를,

"군사를 빌리는 것은 안 되는 일입니다. 만약 빌려 쓰면 군량을 부득이 우리나라에서 갖다 바쳐야 합니다."

하고, 조병세가 아뢰기를,

"굳이 군사를 빌릴 필요는 없습니다."

하고, 정범조가 아뢰기를,

"군사를 빌리는 문제를 어찌 갑자기 의논할 것 있겠습니까."

했다. 상이 이르기를,

"중국에서는 전에 영국(英國) 군사를 빌려 쓴 일이 있었다."

하니, 정범조가 아뢰기를,

"이것이 어찌 중국의 일을 본받아야 할 일이겠습니까."

하자, 상이 이르기를,

"여러 나라에서 빌려 쓰려는 것이 아니라, 청(淸)나라 군사를 쓸 수 있기 때문에 말한 것이다."

하니, 정범조가 아뢰기를,

"청나라 군사를 빌려 쓰는 것은 비록 다른 여러 나라와는 다르다고 해도 어찌 애초에 빌려 쓰지 않는 것보다 더 나을 수야 있겠습니까."

했다. 상이 이르기를,

"선유한 뒤에도 흩어지지 않는다면 소탕할 자들은 소탕하고, 집으로 돌려보낼 자들은 집으로 돌려보내되, 묘당에서 의논하고 또한 시원임 장신(時原任將臣)과도 협의하라. 그 자리에 원임 대신은 당연히 입참해야 한다."

하니, 심순택이 아뢰기를,

"시원임 대신은 당연히 함께 회의해야 합니다."

했다. 정범조가 아뢰기를,

"만약 소탕하려면 어떻게 해야 합니까?"

하니, 상이 이르기를,

"그들의 괴수를 죽이면 자연 해산될 것이다."[193]

1894년 동학농민운동 발발 후 정부가 진압에만 급급하여 청의 군대까지 요청하게 되는 일의 단초가 여기에 이미 있었던 셈이다. 대신들의 반대에도 불구하고 고종은 자신의 통치권에 대한 도전을 제압하는 데에 최우선 순위를 둔 채 모든 수단을 동원

『승정원일기』, 1893년 3월 25일.

하려 했다. 따라서 1894년 고부 봉기 후 청군 차병안(借兵案)을 낸 것은 현지에 파견된 홍계훈(洪啟薰)이었지만, 고종의 의중에서 나온 것이라고 볼 수밖에 없다.[194]

이와는 대조적으로 이 시기 고종의 '민국' 이념을 높게 평가하는 견해도 있다. 동학농민군의 무장현 포고문에서 '민(民)이 국본(國本)'이라고 한 것은 유교 본래의 민본과는 달리 '신성한 인민'의 탄생을 의미하며, 새로운 국가로 거듭나기 위해 신분제에서 벗어나려는 고종 역시 이에 화답했다는 것이다. 1895년 2월 교육 입국 조서에서 모든 신민에 대한 차별 없는 교육을 선언한 것이 그 증거라고 주장한다.[195]

고종의 '민국' 이념이 구래의 '민본'과 다르고, 고종이 신분제 해체와 인민 교육에 대해 전향적인 생각을 갖고 있었다는 점은 필자도 인정한다. 그러나 더 중요한 것은 개별적인 사안마다 고종이 실제로 취한 행동이 무엇인가 하는 점이다. '민국' 이념으로 설명될 수 없는 지점이 존재한다면, 그것은 바로 고종에게 '민국' 이념보다 더 중요한 무언가가 있었음을 의미한다.[196]

고종은 일관되게 '민'의 역동성을 받아들이지 않았다. 여기에

---

194 신영우, 「1894년 왕조정부의 동학농민군 인식과 대응」, 26쪽. 조선 정부의 청군 출병 자진 요청설은 고종에 대한 편견에서 나온 것이고, 실제로는 위안 스카이(袁世凱)에 의해 강요되었을 뿐이라는 주장도 있다(이태진, 「1894년 6월 청군 조선 출병 결정 과정의 진상」, 318쪽).

195 이태진, 「고종시대의 '민국' 이념의 전개」, 74~78쪽.

196 오인환은 고종이 시민 사회의 성장과 형성이라는 대세를 수용해 가는 전향적 모습을 보였음에도 불구하고 독립협회를 탄압하는 등 황제권 강화에만 매달린 이유를 두 가지로 들었다. 하나는 황제를 구심점으로 나라를 끌어가는 것이 부국 강병으로 가는 지름길이라고 생각했다는 점, 둘째는 군주의 권력이 약화될지 모른다는 우려와 불안이 깊이 깔려있었기 때문이라는 점이다(오인환, 『위기관리의 관점에서 본 고종시대의 리더십』, 363쪽).

서는 '민'의 역동성을 인정하지 않았다는 사실 자체를 문제 삼고자 한다. 이를테면 궁극적으로 국권 강화를 위해 군주권 강화가 필요하고, 그러기 위해서는 민의 역동성은 제한돼야 한다고 판단할 수 있다. 문제는 고종의 말과 행동 속에 그러한 사고의 흐름이 전혀 보이지 않는다는 점이다. 오로지 군주권 강화라는 목적을 위해 수단과 방법을 가리지 않는 모양새를 취한다. 그리고 민은 자신의 지시에 순응해야만 하는 존재일 뿐이다. 그럴 경우 군주권 강화를 통한 국권 강화라는 국정 운영 방침에 대해 민의 동의를 받기가 더 어려워진다. 반대로 이야기하면 민의 역동성을 조금이라도 인정한 채로 자신의 권력 강화를 추구했다면, 리더십이 발휘될 수 있는 여지가 그나마 더 컸을 것이라는 뜻이다. 이상과 같은 고종의 태도는 독립협회와 갈등을 빚는 과정에서 다시 드러난다.

근래 고종에 대한 연구결과가 공통적으로 지적하는 사실이 하나 있다. 고종이 측근 신하들 간의 경쟁 구도를 만들어 충성을 유도했다는 점이다. 이때 그 대상 인물이 이념적으로 보수파인가 개화파인가는 부차적인 문제였다. 고종은 1899년 유교의 종교화를 선언했고 군주권과 국권의 위기가 겹쳐 일어날 때마다 보수 유생들의 궐기를 종용했지만, 보수 유학 이데올로기에 매여 있지도 않았다. 예를 들어 성균관을 최고의 고등교육기관으로 만들겠다는 뜻을 내비치면서도 실제로는 별다른 지원책을 쓰지 않았다.[197] 개화파 관료들이 제안했더라도 수용할 수 있는 개

---

197 성균관의 고등교육기관화와 관련해서는 김종준, 「대한제국기 성균관의 고등교육기관화를 둘러싼 담론」, 「대한제국기 성균관 정책과 재정 및 운영 실태」 참조.

혁 사업의 경우에는 선뜻 지원했다. 그러나 자신의 권력에 위협이 된다고 여길 때는 집요하게 제거하려고 시도했다.

그러면 독립협회 활동에 대해 고종이 취한 태도는 무엇이었을까? 앞서 고종과 독립협회와의 갈등 구도 속에 군주권과 민권을 둘러싼 논쟁이 어떻게 진행되었는지는 정리한 바 있다. 여기서는 그러한 갈등이 절정에 이르렀던 만민공동회 시기, 고종의 국정 운영 방식에 대해 논하고자 한다. 전제할 것은 고종과 독립협회가 항상 갈등·대립 관계에 있었던 건 아니라는 점이다. 독립협회 창립 후 대한제국이 성립될 때까지 양자는 협력 관계를 유지했다.

일단 서재필이 한국에 돌아와 『독립신문』을 창간하는 과정 자체가 고종의 호의 없이는 이루어지기 어려웠다. 서재필의 귀국을 설득한 것은 미국에서 망명 중이었던 박영효였지만, 실제 귀국해서 활동하던 시기에는 정부의 협조가 필요했다. 정부는 『독립신문』 창간 자금 3,000원과 가옥 구입비 1,400원을 지원했다.[198] 고종은 서재필의 『독립신문』 창간을 왜 도왔을까? 당대 서울에서 발행되던 일본인 신문 『한성신보』의 존재를 고려하지 않을 수 없다. 을미사변에 대한 왜곡 보도를 일삼던 『한성신보』에 대응할 수 있는 민간 신문이 필요했을 것이다. 더군다나 미국 국적의 서재필이 그러한 역할을 해준다면 고종의 입장에서 나쁠 것이 없었다. 실제로 『독립신문』과 『한성신보』는 간간히 논쟁을 벌였고, 그 과정에서 감정적 대립을 드러내곤 했다.

잘 알려진 대로 고종과 정부가 독립문 건립을 지원했고, 고종이 원구단에서 대한제국을 선포할 때는 『독립신문』이 축하를 아

---

198 『신편 한국사』 41, 177, 193쪽; 정진석, 『한국언론사』, 162쪽.

만민공동회

끼지 않았다. 조선이 '자주 독립국'이 된 10월 12일은 '조선 역사에 몇 만 년을 지나더라도 제일 빛나고 영화로운 날이 될 것'이라고까지 했다. 그러던 고종과 독립협회의 사이가 벌어진 것은 1898년 몇 차례의 만민공동회를 거치면서부터다. 사실 만민공동회 때도 갈등과 대립만 있었던 것은 아니다. 고종은 나름대로 독립협회의 요구를 들어주면서 문제를 해결하려 했고, 그 과정에서 리더십을 발휘할 여지도 있었다. 또한 결과론이지만 고종 리더십의 한계 역시 그 지점에서 드러났다.

시기별 만민공동회의 요구 조건과 요구 방식, 고종의 대응을 정리하면 〈표 13, 14〉와 같다. 〈표 13, 14〉에서 일단 확인할 수 있는 것은 최고권력자로서 고종이 고심하고 있었던 지점들이다. 고종이 일관되게 만민공동회 활동을 탄압만 한 것은 아니었다.

표 13 주요 만민공동회 개최 양상과 요구 조건[199]

차수	일시	장소	요구 조건	참석자 규모
1차	1898년 3월 10일, 12일	종로	러시아의 이권 침탈 · 간섭 정책 규탄	1만 여 명
2차	1898년 10월 1일~12일	중추원 문 앞, 고등재판소 문 앞, 인화문 앞	노륙법 및 연좌법 부활 저지, 친러보수파 대신들 해임	1만 여 명, 시전 상인들 철시, 소학교 학생들 참가
3차	1898년 10월 28일~11월 2일	종로	관 · 민 간 합의된 의회 설립과 국정개혁 추진을 위한 관민공동회 실시	독립협회 회원 4,000명, 황국협회까지 참석, 시민, 지식인, 학생, 노동자, 상인, 승려, 백정 등 각계각층 1만 여 명
4차	1898년 11월 5일~12월 23일	경무청 문 앞, 종로, 인화문	이상재 등 체포된 독립협회 지도자 17명 석방 요구, 보수파 정부 재수립 규탄	수만 명

표 14 만민공동회 요구사항에 대한 고종의 대응[200]

차수	고종의 대응
1차	원로대신들의 권유에 따라 러시아공사관에 군사교관과 재정고문의 철수 요청.
2차	– 노륙법 및 연좌법 부활 문제는 정부에서 마땅한 것을 제정하는 것이니 백성들이 아래에서 함부로 의논할 일이 아니다(10월 7일). – 백성들이 대궐 문 바로 곁에서 오래도록 물러가지 아니하며 즉각 시행을 청함은 일의 이치에 어긋나는 일(10월 11일). – 보수파 7대신 모두 면직 처리(10월 12일).
3차	– 독립협회의 토론은 정치 문제 이외의 것만 한정하며 그 집회는 독립관에서만 허가한다(10월 20일). – 무릇 신민의 도리에 폐막이 있으면 교정코자 하는 것이 있어 스스로 반드시 언론을 아뢰는 의리가 있다고 생각하니 다시 번거롭게 하지 말라(10월 25일). – 중추원의 의회 개편을 승인(10월 30일).
4차	– 공화정 추진 익명서 음모를 듣고 독립협회 간부들 긴급 체포 명령(11월 4일). – 독립협회가 취당해서 방자하게 조정을 꾸짖고 대신을 핍박했으니 혁파함(11월 5일). – 독립협회 지도자 처형 건의 거절하고, 백성들의 소원을 장차 들어줄 터이니 소요하지 말 것을 당부(11월 8일). – 조병식, 민종묵 해임. 독립협회 지도자들 석방(11월 10일). – 조병식 재판, 홍종우, 길영수 유배, 독립협회 복설 승인(11월 22일).

차수	고종의 대응
4차	- 군신 상하가 신의(信義)를 지킬 것. 민회와 보부상의 양민이 모두 짐의 적자이므로 서로 돕고 친해져 돌아가 각기 그 생업을 편안히 할 것. 보부상 혁파와 헌의6조 실시 재확인(11월 26일). - 중추원 개원 준비 지시(12월 14일). - 고종은 박영효를 소환하여 만민공동회를 진무하고 신정부 수립의 뜻도 있었으나 민영기 등과 일본 특명전권공사 가토 마스오(加藤增雄)의 권고에 따라 해산 추진. 　해산 이유: 금지령에도 불구하고 집단 취회. 독립협회를 이미 준허했는데 '만민공동'이라 하여 함부로 명목 세움. 칙어와 비지로써 퇴거하라고 지시했으나 항명. 대관을 능욕함이 다반사. 임금의 과오를 들어내는 것은 사람이 감히 못할 바이거늘 외국공사관에 투서하여 잘못 말하기를 도모. 민이 관과 체모가 서로 다르거늘 관인을 위협하여 억지로 회에 나오게 함(12월 25일).

특히 1차 때는 러시아 이권 침탈 배척 요구를 상대적으로 쉽게 받아들였고, 2차 때에도 보수파 대신들을 퇴진시키는 결단을 내렸다. 2차 만민공동회 때는 노륙법 및 연좌법 부활 저지가 자신을 독살하려 한 김홍륙을 옹호하는 것처럼 여겨졌을 터인데도 요구를 수용했다. 그 결과 3차 관민공동회가 열렸고, 중추원의 의회 전환을 인정하는 관제까지 제정되기에 이르렀다. 그런데 그 시점에서 보수파들이 꾸민 공화정 추진 익명서 모함을 받아들였고, 결국 무력을 동원하기에 이른다. 이때의 모함은 고종이 만민공동회를 탄압하는 구실이 되었다. 내심 만민공동회의 행동들을 못마땅하게 여겨 왔기 때문에 그러한 선택을 했을 것이다.

　그러나 이 모든 과정이 자신의 권력을 지키고자 한 고종의 눈속임에 불과했다고 말하기는 어렵다. 앞서 본대로 고종은 일정

---

199 『신편 한국사』 41권의 내용을 재구성함.

200 『신편 한국사』 41권의 내용을 재구성함.

한 범위 안에서 민들의 요구를 들어 주었기 때문이다. 최고통치 권자로서 고종이 민감하게 반응했던 부분, 즉 넘지 말아야 할 선은 무엇이었을까? 고종의 표현들을 통해 볼 때 민의 '태도'가 중시되었음을 알 수 있다. 이를테면 고종이 정해 놓은 '장소'를 벗어나는가 여부가 중요했다. 종로를 벗어나 고종이 머무르고 있는 경운궁 바로 주변에서 수만 명이 집회를 여는 상황에 매우 당황했던 것으로 보인다. 또한 자신이 이미 해결하겠다고 밝혔는데도 더 확실한 보장을 요구할 경우, 군신 상하의 신의나 적자의 도리를 운운하며 강하게 압박했다. 즉, 수평적 의사 소통보다는 여전히 전통 유학적인 명분론에 기반하고 있었다.

사실 독립협회나 고종 모두 대외적 위기 속에서 강한 나라를 만들고자 했던 바는 같다. 그러기 위해서는 조선 후기 이래 성장하던 백성, 즉 민의 역동성을 이용해야 한다는 생각 또한 동일했다. 조선 후기 이래 상품화폐 경제가 발달하고 신분제 해체가 진행되면서, 부농, 중인, 상인 등이 성장하고 있었다. 여기에 개항 이후 무역이 활발해지고 광산 개발 등이 이루어지며 노동자층도 성장했고, 신식 학교를 다닌 신지식인층도 등장했다. 이러한 경향은 1894년 갑오개혁 때 신분제 혁파로 반영되었고, 동학농민운동으로 농민층의 각성이 이루어지며 더 심화되었다. 독립협회 운동의 지지 기반이 된 것이 바로 이들의 역동적인 힘이다. 물론 이 역동성은 어느 방향으로든 향할 수 있는 것이었다. 나중에 일진회에 참여하게 되는 중인(겸인) 출신 독립협회 회원들이 주로 전면에 나선 때도 1898년 만민공동회였다.

그런데 고종은 여전히 민을 자신의 지시에 무조건 순응해야하는 존재로 여겼고, 독립협회 인사들 역시 민을 계몽과 정치적 동원의 내정으로 인식한 점은 만세나. 이 시기 선세군주세 강화가 전통 시대 군주권과 다른 지점, 또한 이 시기 입헌군주제 주장이 오늘날 민주주의와 다른 지점이 바로 여기에 있다. 어찌 보면 한국 근현대사는 이처럼 순응이나 동원의 대상에 불과했던 민이 정치의 주체로 나서게 된 긴 장정이었는지도 모르겠다.

이미 살펴본 대로 고종은 진보회 활동의 경우 탄압으로 일관했다. 고종이 진보회를 탄압한 것은 외국 병사를 끌어들여서라도 동학농민운동을 진압하고자 했던 것과 상통한다. 반면 마지못해 일진회 활동을 허용한 것은 독립협회 및 만민공동회에 대해 일시적으로 관망한 것과 유사하다.

한편으로 일진회 탄압을 위해 일본과 거래하려고 했다는 소문과『대한매일신보』의 일관된 친황제, 반일진회 논조로 볼 때 대내적 여론과 대외적 역학관계에서 일진회를 압박하는 것이 고종에게 매우 중요한 문제였다고 추정할 수 있다. 군수권 강화가 가장 우선 순위였다는 점은 이전과 유사하지만, 외교 경로와 여론전을 적극적으로 이용했다는 점에서는 이전과 달라졌다. 좀 더 명백한 연결고리들이 필요하긴 하지만 고종의 권력 강화 방식이 나름 진화하고 있었다고도 볼 수 있다.

국내 세력은 물론 일본인들 중에도 반일진회 정서를 가진 이들이 많이 있었기 때문에 고종의 일진회 대응책은 어떤 의미에서는 성공적이었다. 그러나 계속 이야기했듯이, 민의 역동성을 전혀 인정하지 않았다는 점에서 근본적으로 국가적 위기를 극복하는 대안은 되지 못했다. 민 간의 갈등과 대립만 더 깊어졌을 뿐, 구성원 상호 간의 사상, 세계관, 경제적 이해관계의 차이를 넘어서 국가적 위기를 극복하려는 공감대를 형성하는 데에는 실패한

것이다. 적어도 대(對) 일진회 정책만 놓고 본다면, 고종의 리더
십은 분명한 한계를 드러냈다.

이상 고종과 일진회에 대한 이야기를 해보았다. 끝내기 전에 고종과 일진회의 관계를 좀 더 큰 맥락에서 살펴보려면 한국 역사학의 민족주의적 특성에 대해 짚고 넘어가지 않을 수 없다. 필자가 생각하는 역사학의 의미와 관련하여 몇 가지 말해보고자 한다.

'한국인'이라는 정체성과 '한국사'

한국사는 역사학에 포함되어 있고, 역사학은 인문학에 포함된다. 인문학은 다른 실용학문들에 비해 직접적으로 눈에 띄는 결과물을 산출해 내기 어렵다는 특성을 갖는다. 바꾸어 말하자면 학문의 존재 의의를 납득할 수 있게 내놓기가 쉽지 않다는 뜻이기도 하다. 역사학 일반, 그리고 한국사도 마찬가지다. 역사라고 하는 학문이 존재해야 하는 이유가 무엇일까? 물론 간단히 과거 인간의 생활에 대한 궁금증, 즉 지적 호기심이라고 할 수도 있다. 일종의 교양으로서의 앎인 것이다. 또는 과거의 잘못을 반복하지 않기 위해서라고 교훈적 기능을 강조할 수도 있다. 하지만 이것만으로는 고등학교 한국사 교육 시수를 둘러싼 복잡한 헤게모니 다툼을 설명하기 어렵다. 역사학 특히 그 중에서도 한국사 영역의 확장과 쇠퇴는 무언가 학문외적인 내막과 관련되어 있는 것으로 보인다.

실제로 현 시대에서 역사학의 존재는 교육 행위와 밀접히 관련되어 있다. 여기서 교육이라 함은 초·중·고등학교의 정규 교육은 물론이고, 일반인들에 대한 각종 전달 행위, 즉 언론과 출판 미디어를 통한 정보 전달 활동 역시 포함한다. 그렇다면 앞서의 질문은 약간 수정될 필요가 있다. '역사학이 왜 존재해야 하는가'가 아니라 '학생들에게 왜 역사를 가르쳐야 하는가'라는 질문으로 바꾸어 보자. 그렇지 않아도 대입 시험 준비로 부담이 많은 학생들에게 수많은 역사적 사건들과 인물들에 대한 정보를 주입시키는 목적은 무엇인가? 가만히 생각해보면 바쁜 학생들의 수업 시수를 쪼개서 가르치는 역사가 단지 호기심 충족을 위한 것만은 아닐 것이다. 분명히 거기에는 특정한 목적이 숨어 있다.

1980년대까지는 독재 정권이 애국을 강요하는 역사교육을 주도해 왔다. 그에 대한 반발로 1990년대 이래로는 '민주 시민의 자질 함양'이라는 사회과적 목표, '역사적 사고력 함양'이라는 역사교육론적 목표가 부각되고 있다. 그러나 지금 이 시점에도 여전히 국가가 한국사 교육에 깊은 관심을 갖는 이유를 이것만으로 설명할 수 없다. 진보와 보수를 막론하고 정부가 역사교육에 관심을 갖는 이유는 특정한 성격의 국민을 만들기 위해서다. 물론 어떠한 성격의 '국민'을 상정하는가는 다르겠지만, 포괄적으로 말하면 한국인으로서의 정체성 함양이다. 역사학은 정체성과 밀접한 관련을 갖는다는 것, 이것이 필자가 먼지 제시하고자 하는 명제이다.

그러면 정체성이란 무엇인가? 영어로 아이덴티티(identity)라고 하면 더 이해가 쉬울 지도 모르겠다. 우리가 어떤 웹사이트에 가입할 때 ID를 만드는데 이 아이디가 그 기능을 하기 위해서는 필수적으로 다른 ID와 구분되어야 한다. 만약 동일한 사이트에 동일한 아이디를 가진 사람이 둘 이상이라면 해당 아이디는 그 역할을 하지 못하는 것이다. 다른 존재와 구분되는 무언가가 바로 정체성이다. 이때 다른 존재를 '타자(他者)'라고 부른다. 타자를 전제해야만 정체성이 형성될 수 있다.

예를 들어 보자. 신문 사회면에 이런 기사가 났다. 시골 논두렁에 어떤 사람이 변사체로 발견되었는데 지갑 등의 소지품이 없어 신원 미상이라고 한다. 이때 가장 간단하게 이 사람의 정체성을 알려줄 수 있는 정보가 있는데 바로 남자냐, 여자냐 하는 구분이다. 이처럼 남자와 여자는 가장 간단한 정체성인데 여기서 남자와 여자는 각각 상대방의 정체성을 구성하는 데 필요한 타자의 역할을 한다. 다시 말해 인간이 모두 남자라면 남자라는 정체성은 성립될 수 없다. 남자라는 정체성은 남자가 아닌 그 무엇, 즉 여자가 있기 때문에 존재하는 것이다.

지역적 차원에서도 이러한 정체성은 구성될 수 있다. 만약 어떤 학생이 부산에서 태어나고 자라서 부산 지역 이외의 사람과는 전혀 만난 적이 없다면 이 학생에게 부산 지역민으로서의 정체성은 성립되지 못한다. 그러다가 대학을 서울로 와서 광주 출신 학

생도 만나고 하면서 자연스럽게 부산 사람들의 특징이 이런 것이
구나 느끼게 마련이다. 국가 차원에서도 그러하다. 조선 시대 때
평생 외국인을 만나본 적 없고, 알지도 못하는 시골 농부의 관점
에서 조선인이라고 하는 정체성은 국제화 시대인 오늘날 우리가
대한민국에 대해 갖는 그것과 동일할 수 없을 것이다. 지역적 정
체성은 국가 차원을 넘어서도 존재한다. 고전적인 오리엔탈리즘
의 문제의식도 따지고 보면 그러한 것인데 동양적이라는 것이 사
실은 동양인들 스스로 만들어낸 것이 아니라 서양인들이 동양인
들을 만나면서 자신들과 다른 것을 자신보다 뒤쳐진 것으로 인식
하여 형성되었다고 한다.

이와 같이 한 사람의 정체성은 다양하게 성립되며 동시에 존
재할 수 있다. 즉, 나는 남자이고 부산 사람이자 한국 사람이고
동양인이라는 정체성을 함께 가질 수 있다. 그런데 문제는 이들
정체성의 위상 역시 동일하냐는 것이다. 요즘 들어 정체성의 혼
란 때문에 발생하는 여러 문제에 대해 사람들의 관심이 하나둘
생겨나고 있다. 어떤 사람들에게는 너무나 당연한 것이 정체성
인데 그 당연하다는 사실이 또 다른 어떤 사람들에게는 더 큰 고
통을 주게 된다. 이를테면 남자로 태어났지만 여자로서의 정체
성을 갖는 사람들이 겪는 고통, 국제결혼을 통해 태어난 아이에
게 가해지는 편견 등이 그것이다.

한국사의 교육 목적과 관련해 살펴보아야 할 것은 한국인으
로서의 정체성이다. 국민으로서의 정체성은 다른 정체성들을 압
도한다.[1] 우리의 삶과 생활에 아무 변화가 없더라도 아니 오히

1   이진경 외, 『국가를 생각하다』, 29쪽.

려 경제적으로 더 잘살게 되더라도 만약 한국인으로서의 정체성을 부인당하고 하루아침에 일본인이나 미국인으로 살라고 한다면 우리는 이에 저항해야 한다고 누구나 생각한다. 이때 저항이란 목숨을 거는 것까지도 의미한다. 실제로 우리는 국방의 의무를 지고 있지 않은가? 그만큼 국민으로서의 정체성이란 숭고한 것이다.

그런데 이 같은 국민 정체성은 과연 태어날 때부터 자연스럽게 갖게 되는 것일까? 가만 생각해보면 그렇지 않다. 사실 십수 년간의 교육의 결과라고 하는 것이 맞다. 오랜 기간 학교에서 애국가를 부르고 국기에 대한 맹세를 하며, 국어, 국사, 국민윤리 등의 과목을 배우면서 자신도 모르게 몸에 배이게 되는 것이다. 이 같은 국민 정체성을 형성하는 데 있어 중요한 과목 중 하나가 바로 역사다. 역사는 곧 집단의 기억이며, 공통의 기억이 공통의 정체성을 낳게 된다. 1982년과 2017년에 개봉한 〈블레이드 러너〉 같은 공상과학영화를 보면 기억이 이식된 로봇들이 스스로 인간이라고 믿는 장면이 나온다. 약간 섬뜩한 설정인데 그만큼 기억은 정체성 형성에 중요한 역할을 한다. 내가 누구인가, 우리가 누구인가라는 질문에 답하기 위해 과거에 대한 기억이 필요한 것이다.

앞서 정체성은 다양하지만 국민으로서의 정체성이 압도적 위상을 갖는다고 말한 바 있다. 이 같은 구도는 기억에 있어서도 마찬가지이다. 기억 역시 정체성의 단위에 따라 다양할 수 있다. 즉 개인의 기억, 가족의 기억, 지역민의 기억, 국가의 기억이 다를 수 있다. 그러면 여기서도 국가의 기억이 다른 기억들을 압도하게 되는 것일까? 사실은 압도의 차원이 아니다. 다른 기억들은 아예 부정당하고, 국가의 기억만이 공식적으로 인정받게 된다. 그 공식적인 기억이 바로 역사다. 무슨 말인가? 공식적으로 인정받지 못하는 기억은 역사가 아니라는 뜻이다. 우리 할아버지가 한국전쟁 때 특출한 경험을 했을지라도 그것 자체는 역사가 아니다. 국가의 역사만이 진정한 역사라는 것, 이것이 바로 근대역사학의 특징 중 가장 중요한 사항이다. 근대역사학은 민족-국가의 역사이고, 한국사도 마찬가지이다.

한국 근대 민족주의역사학의 등장

한국 근대 민족주의역사학의 출발은 신채호부터다. 그동안 신채호의 항일 언론과 민족주의사관은 '근대역사학을 체계화'한 것으로 높이 평가받아 왔다. 여타 연구자들은 기본적으로 그런 의의를 인정하면서도 다른 한편으로 한계도 지적했다. 요약하자면 '민족주의적 특수성에 매몰'되었고, '근대 사상'으로서 미흡한 면이 있으며, '목적론적'으로 서술되고 있다는 점 등이다. 한편 신채호가 '근대적 애국론'으로 전환해 갔지만 여전히 '유교적 대의명분'의 관점을 벗어나지 못했다는 점도 논란의 대상이다.

신채호는 1908년 『대한매일신보』에 연재된 기사를 통해 '국가의 역사는 민족 소장성쇠의 상태를 쭉 서술하는 것이다. 민족을 버리면 역사가 없을지며'라고 썼다. 이것이 바로 한국 근대역사학 서술의 기원이 되는 『독사신론(讀史新論)』의 제일 첫 구절이다. 단적으로 이제부터 민족의 역사를 쓰겠으며, 민족이 없으면 역사도 없다며 역사는 곧 민족의 역사라고 선언하고 있다. 민족 소장성쇠라는 표현에서 진보사관이 맞냐는 의문이 제기되기도 한다. 이러한 한계는 이후 역사학자들에 의해 조금씩 극복되어 간다.

그런데 우리는 당대 지식인 사회에서 신채호가 갖는 독특한 위상에 주목해야 한다. 먼저 신채호는 연배가 상당히 젊은 축에 속했다. 1880년 출생으로 이제 서른도 안 된 나이에 『대한매일신보』에 쓴 논설들이 대중적 인기를 크게 얻었다. 유학을 공부했고 점차 신문물을 습득했다는 점에서 개신유학자 그룹에 포함될 수 있지만, 박은식 등이 유교구신론을 주창한 데 반해 신채호는 유교 역시 비판의 대상으로 삼았고 국수보전론으로 나아갔다.

신채호가 말하는 국수(國粹)란 '역사적으로 전래하는 풍속, 습관, 법률, 제도 등의 정신'을 의미한다. 『대한매일신보』는 주체성의 내용을 국수로 정의내렸으며, 국수 없이 외국문명을 수입하면 그 나라의 노예가 된다고 했다. 어쩌면 신채호는 당대 개화 지식인들의 동도서기(東道西器)에서 동도의 내용을 유교에서 국수로 바꾸어 사고한 셈이다. 신채호의 입장에서 국가의식이 결여되어 있다면 개화파나 보수파나 똑같이 매국노로 전락할 가능성이 있었다. 근대 국민국가 건설을 계획하고 동일한 형태의 계몽운동을 하더라도 올바른 국가의식, 민족의식이 없으면 매국노로 전락하게 된다. 문제는 올바름의 기준이 무엇이냐는 것이다. 신채호는 사리(私利), 사욕(私慾)과 대비되는 공덕(公德)을 그 기준으로 내세웠는데 실제로는 전통적 윤리관과 근대적 애국론이 절묘하게 결합되어 있었다.

망국의 상황 속에서 민족의 단결 환기라는 뚜렷한 목적을 가졌기 때문에 사료가 부족한 고대사는 오히려 역사학적 상상력을 넓힐 수 있다는 점에서 좋은 소재였으나 그만큼 실증 면에서 문제를 낳을 수밖에 없었다. 이러한 한계들은 일제 시기 민족사학을 통해 조금씩 극복되어 갔다. 그러나 신채호의 민족사가 갖는 근본적인 한계들은 일제 시기 민족사학에도 이어졌고, 어쩌면 오늘날의 한국사학계에도 일정하게 계승되고 있는지 모른다.

'국민' 창출의 폭력성

학파 간 차이는 있지만 크게 보면 한국사학은 식민주의 역사학에 대응하면서 근대 국민국가를 창설하고 국민 정체성을 만들어 나가야 한다는 목적성을 강하게 지니고 있었다.[2] 사실 한국사라는 분야는 단순히 학문 분과 안에서 논쟁이 발생하고 진행된 것이 아니라 학문 외적인 여러 요소가 개입되어 왔다. 과거 문헌고증사학자들의 주장처럼 오늘날에도 학자의 정치적 편향성에 대해 우려하는 목소리가 존재한다.

하지만 역사란 단순히 실증만으로 구성되는 것이 아니라 역사가의 관점이 동반될 수밖에 없으며 관점이란 곧 그의 세계관이자 정치적 판단이라는 사실을 인정한다면, 정치적 성향 자체가 공격의 대상이 될 수는 없다. 물론 정치적 성향이 너무 지나쳐 역사적 사실을 왜곡할 가능성이 있으므로 항상 조심해야 한다. 또한 역사가의 정치적 목적이 얼마나 합당한지도 계속해서 검증할

---

2   '식민주의 역사학'은 식민지 조선만을 대상으로 하지 않고 근대주의와도 결합 가능하다는 면에서 '식민사학'이란 용어와 구분된다(윤해동, 「식민주의 역사학 연구 시론」, 24쪽).

필요가 있다. 결국 한국 근대 민족주의역사학의 성립은 근대적인 민족국가, 국민국가의 형성 과정과 맞물려 있으므로 그 과정의 정당성을 생각해보아야 한다.

서구나 동아시아나 근대국가의 형성은 곧 가장 상위의 정체성인 국민의 창출을 필요로 했다. 이 같은 창출 과정에서 '국민'과 '비국민'을 가르는 각종 물리적 폭력, 내전, 강압, 배제 등이 발생했다. 미국의 남북전쟁도 그러한 의미에서 근대국가 건설과 관련된 내전이었고, 1950년 한국전쟁도 그러했다.

그런데 서구와 일본, 중국의 경우 일정하게 애국심 논쟁이나, 민권운동 등이 존재했다. 18세기 영국에서 애국주의는 배타적인 종족 보호의 관념이 아니라 국가를 자유의 공동체로 상상하는 것이었다. 우리에게 큰 영향을 준 중국 량치차오의 경우도 애국을 최고선으로 하는 국가주의를 주장했지만 애국의 근본 전제는 개인의 이익 보장이었다. 하지만 1900년대 한국에서 국가 구성원의 평등을 고려하는 '애국심' 논의는 잘 보이지 않는다. 그저 국가의 생존과 구성원의 생존을 동일 차원의 것으로 일치시키는 강압적인 '애국심'이 주류였다. 개인주의와 이기주의를 국가주의와의 대비 속에서 비판하는 집단주의적 심성은 좌파와 우파를 막론하고 동아시아 3국 지식인들이 공유하는 것이었다.[3] 그 중 한국은 특수한 시대적 상황을 겪으면서 그러한 양상이 더 심화되었다.

즉, 우리의 경우 망국의 위기감과 극심한 이데올로기 대립 속

---

3   조승래, 「애국주의 Patriotism」, 288쪽; 이혜경, 『천하관과 근대화론: 양계초를 중심으로』, 231쪽; 김정현, 「동아시아 公 개념의 전통과 근대 공동체의식」, 57~66쪽.

에서 국가가 개인 위에 신성시되는 방식으로 관계가 설정되었다는 점이 문제다. 앞서도 보았듯이 한말의 위기 상황은 국민 대신 민족이라는 공동체를 강력하게 불러들였다. 이때 한국의 민족 담론은 유기체적, 배타적 성격을 띠었다. 근대 역사학이 그러했던 것처럼 근대 민족 담론 역시 서구로부터 영향을 많이 받았는데 특히 독일, 일본 계통의 민족 담론이 유기체적 성격을 지녔다. 반면 영국이나 프랑스의 경우 구성원들의 자발적 선택을 통한 민족 담론이라고 할 수 있다. 그렇다고 해서 영국이나 프랑스의 민족 담론이 혈연에 바탕한 인종주의와는 완전히 구분되는 이상적 형태라고 할 수는 없다. 그렇기는 하지만 오늘날에도 한국이 폐쇄적 민족주의를 버리고 열린 민족주의, 시민적 민족주의로 나아가야 한다는 주장 정도는 일반적으로 받아들여지고 있다.[4]

2018년 2월 평창 동계올림픽 개최를 앞두고, 남북 여자 아이스하키 단일팀이 급하게 구성되었다. 그 과정에서 손해를 보는 한국 선수들이 생겼고, 공정성 논란이 불거졌다.[5] 그러자 모 야당 대표가 정부에 대해 개인의 희생을 강요하는 '좌파 국가주의'라고 비판하는 일도 있었다. 필자는 '좌파 국가주의'라는 용어가

---

4   에르네스트 르낭, 『민족이란 무엇인가』, 81쪽; 임지현, 『민족주의는 반역이다-신화와 허무의 민족주의 담론을 넘어서-』, 82~84쪽.

5   올림픽에서 그러한 사례는 더 있었다. 한 빙상 경기에서 특정 선수에게 금메달을 따게 하기 위해, 다른 선수들을 페이스메이커로 훈련시켰다는 보도가 나왔다. 해당 선수들의 부모는 억울함을 호소하면서, 지시를 거부하면 출전을 시키지 않았다고 주장했다. 해당 선수들은 물론이고 이 상황을 지켜보는 우리들도 당연히 다음과 같은 질문을 던져야 한다. '올림픽에서 메달은 국가에 수여되는 것인가, 개인에게 수여되는 것인가?' 올림픽헌장 6조에도 '올림픽에서의 경쟁은 개인이나 팀의 경쟁이지 국가 간의 경쟁이 아니다'라고 되어 있다.

절반은 맞고 절반은 틀리다고 생각한다. '국가주의'인 것은 맞지만, '좌파'라기보다는 '우파적' 성격이 강하기 때문이다. 당시의 정부를 비난하는 야당이야말로 과거에 그러한 '우파 국가주의'를 앞세웠었던 정파였다. 국가와 개인의 관계만을 놓고 보면, 우리 사회에서 좌파와 우파의 구분이 무의미함을 보여준다. 그만큼 개인에 대한 국가의 우위는 우리 근현대사에서 깊숙하게 자리잡아 왔다.

2019년 여름 한국 사회를 달군 강제징용 판결, 일본의 경제보복, 이에 대응한 불매운동, 『반일종족주의』 논란 등은 그러한 양상을 더 명확히 보여주었다. 『반일종족주의』의 진짜 문제는, 그 책이 보여주는 강자의 논리, 가진 자의 논리, 힘 있는 자의 논리, 즉 기득권 세력의 논리로부터 우리 사회가 자유롭지 못하다는 점에 있다. 그래서 친일적인 행동이나 사고방식이 잘못되었다는 것을 그저 도덕과 당위로 배운 학생들이 졸업 후 사회에 나가 (힘의 논리가 여지없이 적용되는) '헬조선'의 실체를 맛본 후, 객관적인 듯한 자료를 내세운 식민지근대화론의 주장을 처음 듣고 현혹되는 일이 발생한다. 『반일종족주의』의 논지를 경멸하는 '좌파 민족주의'가 과연 『반일종족주의』의 우파적 발전주의 및 국가주의로부터 자유로운지 강하게 의문이 든다. 그동안 우리는 국가를 위하는 것이 곧 개인에게도 이익이 된다며 적당히 얼버무려 온 것은 아닐까? 이제는 개인의 이익과 국가의 이익이 충돌하면 어떻게 해야 할 것인가에 대해 진지하게 생각을 해보아야 한다는 뜻이다.

해방 이후 좌우 대립도 이러한 상황에 일조했다. 그토록 바라던 국민국가를 건설하게 되었지만, 남과 북으로 갈라졌고 그 과

정 역시 순탄치 않았다. 국민이라고 호명되었지만 국가의 구성
원으로 권리와 의무를 다하기만 하면 되는 존재는 아니었다. 극
단적으로 말해 살아남기 위해 내가 국민의 일원임을, 이적(利敵)
행위자가 아님을 국가에 증명해야만 하는 문제였다. 우리 편인
국민에 포함되지 못하면 격리·박멸의 대상이 될 뿐으로, 중간
영역은 존재하지 않았다. 그러한 상황에서 개인의 자유와 권리
를 지켜주는 국가를 만나기는 요원한 일이었다.[6]

1960, 1970년대 산업화, 1980년대 민주화를 거치면서 한국
사회도 점차 자유주의, 민주주의가 그 형태를 갖추기 시작했고,
이제는 쉽게 무너지지 않는 가치가 되었다. 100여 년 전 개화지식
인들이 애타게 바라던 국민 정체성도 거의 정상적으로 형성된 것
처럼 보이며, 한국사가 일정한 역할을 하고 있다고 생각된다. 그
러나 여전히 한국사는 안팎으로부터 여러 도전을 받고 있다. 혹자
는 한국사가 좀 더 근대적이고 민족적 성격을 가져야 한다고 말하
고, 혹자는 반대로 근대성과 민족성을 탈피해야 한다고 주장한다.

근대와 민족이란 가치를 부정하지 않는다 해도 그 내용을 어
떻게 구성할 것인가를 둘러싸고 한국사 내부와 외부에서 역시 여
러 논쟁들이 진행 중이다. 논쟁 자체는 학문 발전에 분명 도움을
준다. 문제는 논쟁을 대하는 태도다. 논쟁이 소모적인 감정싸움
으로 바뀌지 않으려면 한국사가 가지고 있는 근대성과 민족성의
성격을 제대로 이해할 필요가 있다. 곧 한국사가 근대민족주의
역사학으로 성립되어 계승되어 왔다는 점과 그것이 내포하고 있
는 역사적 배경 등을 인식해야만 왜 그러한 논쟁이 벌어지고 있

---

6   유시민, 『국가란 무엇인가』, 38~40쪽; 윤해동 외, 『근대를 다시 읽는다』 참조.

는지 알 수 있다. 논쟁의 표피가 아니라 그 기저를 이해하려는 노력, 이는 역사학의 생산자들인 역사학자들뿐만 아니라 소비자들인 학생과 일반인에게도 요구되는 바이다.

고종과 일진회에 대한 감정이입

역사교육의 방법론 중 감정이입이란 것이 있다. 감정이입은 다른 사람이나 집단을 '이해'하는 데에 과학적 '설명'보다 더 효과적인 수단이다. 때때로 자신을 다른 사람의 처지에 투사하는 동일시나 다른 사람의 생각이나 감정에 동감을 표하는 공감과 혼동되지만 엄격히 말하면 구분 가능하다. 누군가의 입장을 '이해'하지만 '공감'까지는 가지 않고, 역사학적 '판단'으로 돌아오면 되기 때문이다.

또한 역사적 감정이입에는 단계가 있다. 예를 들어 과거 사람들이 기우제를 지내는 상황을 생각해 보자. 첫 번째 단계는 아예 감정이입적 이해를 하려고 하지 않는 것으로, '과거 사람들이 어리석거나', '미신을 믿어서'라고 해석하는 경우다. 두 번째 단계는 '고정관념에 의한 감정이입'으로, '신분제 사회여서', '하늘을 두려워해서' 기우제를 지낸다고 생각하는 것이고, 세 번째 단계는 '일상적 감정이입'으로, '민심을 수습하려고' 기우제를 지낸다고 생각하는 것이다. 네 번째 단계와 다섯 번째 단계는 '제한적 역사적 감정이입'과 '맥락적 역사적 감정이입'으로, '농업사회', '재난 대책', '풍수지리설과 민간신앙', '국왕과 관리들의 업무' 등의 요소를 한 가지만 떠올리거나 종합적으로 이해하는 것이다.[7] 즉, 가장 좋은 것은 '맥락적 역사적 감정이입'인데 그렇게 하기 위해서는 고정관념을 버리고 당대의 시대적 맥락을 고려하며 여러 가지 요인들을 복합적으로 감안해야 한다.

감정이입은 역사 수업을 담당하는 교사들만 하는 것이 아니라, 전문 역사학자들도 종종 한다. 역사학자는 수많은 역사적 사건들에 의미를 부여해야만 하는데, 이때 행위 주체의 '선택'이야말로 역사학자들이 뭔가 발언할 수 있는 좋은 요소가 된다. 문제는 그 '선택'의 표면적 이유가 너무 단순한 경우가 많다는 것이다. 따라서 역사학자는 '그(그녀)가 왜 그랬을까' 자문하지 않을 수 없다. 그 과정에서 자연스럽게 감정이입이 일어난다. 역사 논문 자체는 얼핏 과학적 설명으로 채워져 있지만, 표면 아래에는 역사학자의 감정이입적 이해가 깔려 있다. 그런데 이 과정에서 연구 대상과 적절한 거리를 유지하는 것이 쉽지 않다.

역사적으로뿐만 아니라 윤리적으로 이미 단죄의 대상으로 결정된 친일 행위자들을 연구할 때 특히 그러한 현상이 발생한다. 그 때문에 학계에는 아예 친일 행위자들에 대한 '이해'를 금기시하는 연구 분위기가 형성되어 있다. 마치 독립운동가를 연구하면 독립운동을 계승하는 것이고, 친일 행위자를 연구하면 친일 행위를 옹호하는 것으로 여기기도 한다. 이는 연구자들 스스로 감정이입과 공감을 구분하지 못한다고 자인하는 것과 다름없다. 그래서 일제 시기 자료 중 1920년대 『동아일보』와 『조선일보』는 많이 이용하지만, 『매일신보』나 1930년대 이후 『동아일보』, 『조선일보』 활용은 꺼린다. 기본적인 사료 비판조차 제대로 되지 못

---

7   김한종 외, 『역사교육의 이론』, 204~209쪽.

하고 있는 것이다. '친일했기 때문에 나쁜 놈들이고', '나쁜 놈들이기 때문에 친일했다'는 동어반복적 고정관념에서 벗어나, 시대적 맥락적 감정이입을 통해 그들의 선택을 이해하고, '역사적 판단'에 필요한 논거를 제시하는 것이 친일 행위자 연구의 출발점이 되어야 할 것이다.

그런데 위와 같은 역사학 연구가 현실적으로 쉽지 않은 것은 학계 내부의 분위기 때문만은 아니다. 일반 대중들의 과도한 민족의식 또한 영향을 끼친다. 물론 일반 대중들의 역사의식이 저절로 생겨난 것은 아니다. 학계 분위기를 반영한 역사 교과서로 공부한 이들이 다시 특정한 역사의식을 형성하여 학계에 영향력을 행사하게 되는 메커니즘이 발생하여 반복하다 보면 어느 시점에서 구조화된다. 예를 들어 2016년판 초등학교 6학년 1학기 국정 사회과 교과서 76쪽부터 101쪽까지 보면 '우리 민족은 나라를 지키기 위하여 어떤 노력을 기울였을까?', '나라를 빼앗긴 후 우리 민족이 겪은 고통을 알아봅시다.', '민족정신을 지키기 위한 우리 민족의 노력을 알아봅시다.' 등의 구절이 계속해서 나온다.

이 책을 읽는 독자들 중 필자가 제시한 구절들에 전혀 문제점을 느끼지 못한다면, 필자가 지금까지 이 책에서 제기한 문제들 역시 하찮게 여기고 있으리라 생각된다. 물론 식민지배로 인해 고통받은 사람들이 있고, 맞서 싸운 사람들도 많이 있다. 그들이 왜 그러한 선택을 했을까 생각해 보고, 계승할 부분도 찾아내야 할 것이다. 그러나 이들을 한데 모아 '우리 민족'이라고 해버리면, 그렇게 하지 않(았다고 알려진)은 이들은 그 범주에서 아예 제외되어 버린다. 혈연적 요소를 중시하는 우리 민족 개념 속에서는 친일 행위자들도 당연히 우리 민족에 포함된다. 초등 역사

교과서는 실제로는 특정 행위자들에게 감정이입을 하고 있으면서, 겉으로는 그것이 마치 객관적인 역사 사실인양 학생들을 기만하고 있는 것이다. 역사 서술의 주체와 단위를 개인이 아니라, 민족(국가)이라는 집단으로 획일화시킴으로써 발생되는 필연적인 오류이기도 하다.

동질적일 수 없는 광범위한 집단에 감정이입을 하게 되면 매우 폭력적인 당위로 귀결될 수밖에 없다. 수많은 허위와 빈틈으로 가득한 역사 서사가 나오기 마련이다. 우리 사회의 민족(국가) 의식이 겉만 번드르르할 뿐 내부는 부실하기 짝이 없는 이유다. 관념적인 집단의식과 극단적인 가족·지역 이기주의가 병존하는 이유다. 맹목적 반일주의와 공허한 '헬조선'의 자괴감이 함께 가는 이유이기도 하다.

마지막으로 고종과 일진회의 입장에서 역사적 맥락적 감정이입을 해보려고 한다. 이 책에서 필자는 고종이 서구 정치체제의 장점을 알고 있었고 일정하게 받아들였으나 근본적으로 자신의 권력 유지를 최우선 순위에 두는 한계를 가지고 있었다고 반복해서 말했다. 일진회를 두고도 '교안' 사건과 비교하며 그들이 왜 그렇게 하는지에 대해 고민하기보다는 질서와 권위에 도전하는 세력으로 몰아붙여 비난만 하고 있다고 평했다. 여기서 '권력 유지에 급급했다'는 해석이 바로 감정이입적 이해에 해당한다. 또한 '그렇게 해서는 안 되었다'는 의견을 내포한 것이기 때문에 '역사적 판단'이 개입된 것이기도 하다. 그런데 맥락적 감정이입을 위해서는 이 두 단계를 구분할 필요가 있다.

'다른 선택지가 있었다'는 판단을 하기에 앞서, '권력 유지'가 고종만의 특성이었는지, 당대 상황에서 '어쩔 수 없는' 측면이 있

표 15 일진회의 시기별 특징

분류	시기	구성원의 특징	주요 활동	일본과의 관계	여론의 반응
창립기	1904년 8월~12월	독립협회 계열+송병준	독립협회 계승	일부 낭인과 연결	언론의 관망+유생들의 비난
통합기	1904년 12월~1905년 11월	동학 계열 합류	정부 탄핵+일본군 부역	군부와 연결	
개혁 활동기	1905년 11월~1906년 말	개혁 요구하는 지역민들 합류	개혁 요구+외교권 위임 선언	통감부의 탄압	반(反)일진회 정서 확산
중앙정치 진출기	1907년 초~1909년 12월	천도교 계열 탈퇴+기득권층 합류	관직 진출+산업 활동	우치다 료헤(內田良平) 등 대륙낭인에 예속	의병과 충돌
해체기	1909년 12월~1910년 9월	탈퇴자 증가	합방 성명서 발표		매국적(賣國賊)으로 규탄

었는지 이해해 보려는 시도가 있어야 하는 것이다. '권력 유지'에 대한 집착은 모든 최고통치권자들이 갖는 것이지만, 고종 자신의 개인적 경험도 영향을 주었을 것이다. 특정 시점에서는 인민 사이의 차별을 없애고자 했고, 교육을 통해 국민 만들기에 나서기도 했다. 일진회에 대한 부정적 시각도 군주권 약화가 일제의 침탈을 용이하게 해 나라의 존망을 위태롭게 하리라는 우려에서 나온 것이라고 추정할 수 있다. 고종의 관점에서 보면 '이해'할 수 있는 일이다.

그러나 고종에 대한 '이해'를 넘어 역사학적 '판단'을 하기 위해서는 반대쪽에 있던 일진회의 입장도 함께 살펴보아야 한다. 사실 일진회는 동질적인 단일 집단이 아니다. 일진회라는 조직에 대해 대략적으로 살펴보기 위해 창립부터 해체까지 시기별 특징을 정리하면 〈표 15〉와 같다.

먼저 1904년 8월부터 1905년 11월까지는 창립 후 통합 과정을 거쳐 조직이 완성되어 가는 과정이다. 통합은 독립협회 계열과 동학 계열 사이에 이루어졌고, 어느 계열에도 속하지 않는 송병준이 합류하여 일본과의 연결 통로 역할을 담당했다. 즉, 중앙의 독립협회 계열, 지방의 동학 계열이라는 기반을 가지고 있었으나, 이 두 계열은 본래 탄압의 대상이었다는 점에서 별도의 생존 전략이 필요했다. 그것이 바로 일본의 후원이었다. 창립 과정에서 일부 낭인들의 지원을 받은 것이 확인되지만, 일본 정부나 외무성, 공사관의 공식적인 후원은 없었다. 오히려 일본 공사관은 정국의 안정이라는 관점에서 조심스러운 입장이었고, 이용 가치를 저울질하고 있었다.

세인(世人)은 왕왕 이 회를 가리켜 배일당(排日黨)이라고 한다. 그들은 원래 일본인의 침입, 철도공사의 진척(進捗)에 분개해 일어난 것으로 본래부터 일본에 반항하는 의사가 있었음에도 지금 그 의사를 나타낼 때는 바로 일본 군대에게 박멸(撲滅)당할 것을 고려해서 일시 일본군의 호의를 얻으려고 힘쓴다. 이것이 동정을 얻어 세력을 증가시켜 기회가 무르익었다. 처음에 그 의사를 관철시킬 일을 기망(企望)했다고 말해도 이것은 상상에 지나지 않는다고 말할 수 있다.[8]

이 같은 상황에서 일진회는 러일전쟁에 참전한 일본군 부역 활동에 적극적으로 나서면서 일본 군부의 지지를 얻게 된다. 이용 가치가 있음을 증명한 것이다.

8   『주한일본공사관기록』21책, 484쪽.

그러나 국내 정치적으로 일진회는 여전히 비주류였다. 일진회가 정부를 비판하고 대신들을 탄핵하는 활동에 치중한 이유가 여기에 있다. 오늘날 야당의 역할을 자처한 것이다. 그러면서 '인민의 생명재산 보전→민권→애국→문명화'의 논리를 내세워 일반 인민과 개혁 세력의 지지를 이끌어 내었다. 그러다 보니 언론도 관망의 자세를 취했다. 일본과의 관계만 주목하여 처음부터 비판 논조를 유지했던 『대한매일신보』와 달리 『황성신문』과 『제국신문』은 일진회 연설문 등을 게재하며 동조의 뜻을 표하기도 했다. 물론 『황성신문』은 균형을 잃지 않았다. 독립협회는 물론 동학 계열에도 부정적일 수밖에 없었던 유생들의 투고문도 동시에 실어 주었고, 대한자강회가 설립되자 그쪽으로 관심을 돌렸다.

언론의 관망 자세는 1905년 11월 일진회가 외교권 위임 선언을 발표할 때까지 유지되었다. 이후로는 반(反)일진회 정서가 더 커져갔다. 그러나 아직까지 일진회가 친일매국 조직으로 완전히 낙인찍힌 것은 아니었다. 적어도 1906년 말까지 일진회의 개혁적 성격은 계속되었다. 오히려 지역 사회에서는 내장원(경리원)의 공유 재산 독점 행위에 반발하는 민들이 대거 일진회 활동에 참여하는 일도 일어났다. 당시 지역 사회에서 일어난 일진회 돌풍은 역둔토 관련 자료로 증명할 수 있다. 반일진회 정서와 지역민들의 합류가 얽히는 가운데 정작 일진회를 힘들게 한 것은 일본과의 관계가 악화되었다는 점이다. 러일전쟁이 끝났기 때문에 효용 가치도 사라진 상태에서 지역 사회의 안정을 중시하는 이토 히로부미가 통감으로 부임하면서 일진회는 탄압의 대상으로 전락했다. 1906년 8월 송병준이 통감부에 체포된 사건은 그러한 현실을 단적으로 보여준다.

1907년 이후 일진회의 위상은 극적으로 바뀐다. 일본의 후원을 되찾아 조직을 재생시키는 한편, 개혁적 성격을 상실해 가는 과정이기도 했다. 우치다 료헤 등 대륙낭인과 손잡은 일진회는 송병준이 농상공부 대신으로 진출하고 대거 지방관 임명을 얻어내며 사실상 기득권이 되었다. 정부 대신들을 탄핵하는 입장이었다가 자신들이 직접 정부 대신이 되는 상황을 맞게 된 것이다. 그러다 보니 이전처럼 정치·경제적 비기득권층이 회원으로 들어오기 보다는 구래의 기득권층을 받아들였고, 그럼으로써 개혁적 성격도 상실했다. 새롭게 들어온 기득권 세력은 손병희를 따라 빠져 나간 천도교 세력을 대체했다. 활동 면에서도 더 이상 개혁이나 민권은 언급하지 않고, 산업 개발 등에 치중하는 모리배적 야욕을 드러냈다. 지역 사회에서도 이제 개혁자의 모습은 사라지고, 의병의 공격을 받는 공공의 적으로 묘사되기에 이르렀다.

　　반일진회 정서와 공격 활동은 1909년 12월 일진회의 합방 성명서 발표로 절정에 달했다. 신문에는 탈회 선언이 잇달았다. 『대한매일신보』와 달리 정치와 거리를 둔다며 일진회에 대한 비난을 삼갔던 『황성신문』조차 이때는 일진회의 망국적 행위를 한목소리로 규탄했다. 역으로 생각해 보면 이전까지 『황성신문』의 중립적 태도는 검열 때문이 아니었던 셈이다. 오늘날까지 이어지는 매국노의 상은 바로 이 시점에 결정되었다. 앞 시기 일진회가 나름대로 수행했던 민권운동과 개혁 활동은 많은 이들의 기억 속에서 사라져 버렸다. 필자는 일진회의 친일 행위는 창립 이래 목적이 아니라 수단이었다고 판단한다. 1909년 12월 일진회의 친일이 수단이 아니라 목적인 것처럼 보이는 이유는, 본래의 목적이 무엇이었는지를 일진회 스스로 망각했기 때문이다. 그리고 그 기원은 1907년 초로 거슬러 올라간다. 대륙낭인에 예속되고, 구성원의 성격이 변화하며, 활동의 내용이 변질되면서 일진회가 본래 추구했던 목적들의 의미가 상실된 것이다. 그러나 1906년 까지 일진회가 추구했던 목적들과 그를 위해 실행한 활동들은 분명히 역사적 의미가 있는 것들이다. 필자는 이 글에서 바로 그 부분에 주목하고자 했다.

아직 일진회의 개혁성이 인정되던 시기인 1906년 초 경기도 여주군 가서면(加西面)에서 충훈부 전답 자리를 빼앗았던 일진회 회원 이종수(李鍾秀)에게 감정이입을 해보자. 그는 해당 전답 마름에게 가서 '민 대표로 자주권리가 있다. 정부 훈령도 따르지 않을 것이다. 금년 훈전답 마름은 일진회 소관이다'라고 말했다. 마름 자리를 빼앗긴 이는 황당했을 것이다. 일진회의 '민 대표' 자리는 누가 인정해준 것인지, 설령 그렇다고 해도 그것이 자신의 마름 자리와 무슨 관계가 있는 것이지 알 수가 없었을 테니까 말이다.

그러나 일진회 회원 이종수가 그러한 행동을 한 데에는 나름의 근거가 있다. 이전 해인 1905년 9월 일진회는 '역둔토 봉세관이 도조를 함부로 거두어 자기 배를 채우므로 조금도 공익이 없어 경리원에 충고하여 봉조관 명색을 혁파시켰다'는 광고를 신문에 냈다.[9] 당시 경리원경 이종건(李鍾健)은 일진회 요구에 반박하면서도 작폐를 단속하겠다고 밝혔다.[10] 군주권 남용에 일진회가 도전하고 일정한 성과를 거두자 지역민의 호응이 일어났다는 이

9 『원한국일진회역사』권2.
10 『훈령조회존안』(규19143), 65쪽.

야기는 신문에도 실렸다.[11] 경리원 - 봉세관 - 마름으로 이어지는 수세 체계가 잘못되었으므로 시정해야 한다는 인식을 갖게 된 것이다. 물론 그렇다고 해서 마름을 일진회 회원이 차지해야 한다는 건 억지다. 그러나 애초에 이종수 역시 군주권에 의탁한 이들에 의해 마름 자리를 빼앗긴 것인지도 모른다. 자세한 내막은 사법 조사가 필요하다. 실제 이와 유사한 사건들이 통감부 시기와 일제 시기 초반까지 법률적 분쟁으로 많이 이어졌다.

중요한 것은 이때 일진회 회원이든 비일진회 지역민이든 잘못된 것을 바로잡아 나가겠다는 나름의 의지를 다졌을 것이라는 점이다. 비록 불안정하고 혼란스러운 상황이 초래되었지만, 다른 한편으로 이제까지 부당한 대우를 받았던 이들에게 바로잡을 수 있는 기회로 여겨졌을 가능성이 있다. 지금 시점에서 보면 동학 농민운동이나 의병 운동만큼 민족사적으로 중요하지도 않고 급진적인 방식도 아니었다. 하지만 그들 나름대로는 사회의 역동성을 체감할 수 있는 국면을 맞이했다고 느꼈을 것이다. 문제는 이 같은 역동성이 '친일', '무질서', '사적 이익' 등의 특정 개념으로 코드화되었다는 점이다. 지식인들은 당대의 혼란을 체계적으로 이해하려 했고, 그 속에서 몇몇 코드가 모든 것을 설명하게 되었다. 위 사건 자체에서는 일진회의 친일 여부나 동학여당 출신인 점 등이 아무런 문제가 되지 않았음에도 불구하고, 정형화된 이항대립 코드는 점차 힘을 발휘하게 되었다. 일진회 활동은 한국인들이 '국민'이기에 앞서 '개인'임을 자각할 수 있었던 기회였다. 그러나 일진회 역시 주어진 이항대립의 틀 속에서 '애국자'

---

11   『황성신문』, 1905년 6월 22일.

로 인정받기 위해 애쓰는 방향으로 나아갔다. 일반 대중들도 이 항대립적인 코드에 익숙해졌고, 그러한 역사의식이 후대까지 이어지게 된 것이다.

참고문헌

『고종실록』, 『일성록』, 『승정원일기』, 『관보』.

『한성순보』, 『독립신문』, 『황성신문』, 『제국신문』, 『대한매일신보』.

『공립신보』, 『신한민보』, 『대한민보』, 『매일신보』, 『한성신보』.

『기호흥학회월보』, 『대조선독립협회회보』, 『대한자강회월보』, 『대한협회회보』, 『서북학회월보』, 『서우』, 『태극학보』.

『대한계년사』, 『서유견문』, 『매천야록』, 『윤치호일기』, 『해학유서』, 『국민자유진보론』.

『元韓國一進會歷史』.

『訓令照會存案』(奎 19143), 『德孟隨抄』(奎古 4255.5 - 21).

「遣美使節 洪英植復命問答記」(『사학지』15, 1981).

『日本外交文書』, 『주한일본공사관기록』, 『日韓合邦秘史』.

『日韓外交資料集成 5券(日露戰爭)』(市川正明編, 『日韓外交史料』6권, 1980).

『日韓外交資料集成 6券(日韓併合編)』上(金正明 편, 1964, 巖南堂書店).

『日韓外交資料集成 6券(日韓併合編)』中(金正明 편, 1964, 巖南堂書店).

『東亞先覺志士記傳』, 『驛屯土實地調査槪要』.

E.H.카, 김택현 옮김, 『역사란 무엇인가』, 까치, 1997(원저 초판은 1961).

G.W.F.헤겔, 권기철 옮김, 『역사철학강의』, 동서문화사, 2008(원저는 1837).

강창일, 『근대 일본의 조선침략과 대아시아주의-우익 낭인의 행동과 사상을 중심으로-』, 역사비평사, 2002.

권태억, 『일제의 한국 식민지화와 문명화(1904~1919)』, 서울대학교출판문화원, 2014.

기무라 간(木村幹), 김세덕 옮김, 『조선/한국의 내셔널리즘과 소국의식』, 산처럼, 2007.

김상기, 『한말의병연구』, 일조각, 1997.

김양식, 『근대 권력과 토지-역둔토 조사에서 불하까지-』, 해남, 2000.

김영수, 『미쩰의 시기: 을미사변과 아관파천』, 경인문화사, 2012.

김육훈, 『살아있는 한국 근현대사 교과서』, 휴머니스트, 2011.

김정인, 『민주주의를 향한 역사: 시대의 건널목, 19세기 한국사의 재발견』, 책과 함께, 2015.

김종준, 『일진회의 문명화론과 친일활동』, 신구문화사, 2010.

김종준, 『식민사학과 민족사학의 관학아카데미즘』, 소명출판, 2013.

김종준, 『한국근대 민권운동과 지역민』, 유니스토리, 2015.

김태웅, 『뿌리깊은 한국사 샘이 깊은 이야기 ⑥근대』, 가람기획, 2013.

김현숙, 『근대한국의 서양인 고문관들』, 한국연구원, 2008.

김현식, 『포스트모던 시대의 '역사란 무엇인가'』, 휴머니스트, 2006.

김현주, 『사회의 발견: 식민지기 '사회'에 대한 이론과 상상, 그리고 실천(1910~1925)』, 소명출판, 2013.

나종석, 『차이와 연대-현대 세계와 헤겔의 사회·정치철학』, 길, 2007.

노버트 엘리아스, 유희수 옮김, 『매너의 역사-문명화 과정-』, 신서원, 1995(원저는 1939).

니콜로 마키아벨리, 강정인·김경희 옮김, 『군주론』, 까치, 2008(원저는 1532).

도면회, 『한국근대형사재판제도사』, 푸른역사, 2014.

稲葉繼雄, 『旧韓末「日語學校」の研究』, 九州大學出版會, 1997.

라나지트 구하, 이광수 옮김, 『역사 없는 사람들: 헤겔 역사철학 비판』, 삼천리, 2011.

라인홀드 니버, 이한우 옮김, 『도덕적 인간과 비도덕적 사회』, 문예출판사, 2004 (원저는 1932).

러셀 쇼토, 허형은 옮김, 『세상에서 가장 자유로운 도시, 암스테르담』, 책세상, 2016.

레오폴트 폰 랑케, 이상신 옮김, 『강대세력들·정치대담·자서전』, 신서원, 2014 (원저는 1832~1836).

루돌프 피어하우스(라인하르트 코젤렉, 오토 브루너, 베르너 콘체 엮음), 공진성 옮김, 『코젤렉의 개념사 사전 7, 자유주의』, 푸른역사, 2014.

뤼디거 자프란스키, 오윤희·육혜원 옮김, 『니체, 그의 사상의 전기』, 꿈결, 2017.

린다 심콕스·애리 윌셔트 엮음, 이길상·최정희 옮김, 『세계의 역사교육 논쟁』, 푸른역사, 2015.

몽테스키외, 이명성 옮김, 『법의 정신』, 홍신문화사, 1988(원저는 1748).

미조구치 유조(溝口雄三), 정태섭·김용천 옮김, 『중국의 공과 사』, 신서원, 2004.

베네딕트 데 스피노자, 김호경 옮김·해설, 『정치론(Tractatus politicus)』, 갈무리, 2008 (원저는 1677).

빌헬름 라이히, 황선길 옮김, 『파시즘의 대중심리』, 그린비, 2006(원저는 1942).

사이토 준이치(齋藤純一), 윤대석·류수연·윤미란 옮김, 『민주적 공공성-하버마스와 아렌트를 넘어서-』, 이음, 2009.

사이토 준이치, 이혜진·김수영·송미정 옮김, 『자유란 무엇인가-벌린, 아렌트, 푸코의 자유 개념을 넘어-』, 한울아카데미, 2011.

山邊健太郎, 『日本の韓國倂合』, 太平出版社, 1966.

서영희, 『대한제국정치사연구』, 서울대학교출판부, 2003.

서인한, 『대한제국의 군사제도』, 혜안, 2000.

송호근, 『인민의 탄생: 공론장의 구조 변동』, 민음사, 2011.

신승환, 『지금, 여기의 인문학』, 후마니타스, 2010.

신용하 외, 『신편 한국사』 41, 국사편찬위원회, 2002.

신용하, 『독립협회연구-독립신문·독립협회·만민공동회의 사상과 운동-』, 일조각, 1976.

앙드레 슈미드, 정여울 옮김, 『제국 그 사이의 한국 1895~1919』, 휴머니스트, 2007.

야나부 아키라, 서혜영 옮김, 『번역어 성립 사정』, 일빛, 2003.

양호환 외, 『역사교육의 이론』, 책과함께, 2009.

에르네스트 르낭, 신행선 옮김, 『민족이란 무엇인가』, 책세상, 2002.

역사학연구소, 『함께 보는 한국근현대사』, 서해문집, 2004.

오미일, 『한국근대자본가연구』, 한울아카데미, 2002.

오영섭, 『고종황제와 한말의병』, 선인, 2007.

오인환, 『위기관리의 관점에서 본 고종시대의 리더십』, 열린책들, 2008.

왕현종, 『한국 근대국가의 형성과 갑오개혁』, 역사비평사, 2003.

유영렬, 『대한제국기의 민족운동』, 일조각, 1997.

윤해동 외, 『근대를 다시 읽는다』, 역사비평사, 2006.

이기백, 『한국사신론』新修版, 일조각, 1990.

이나미, 『한국 자유주의의 기원』, 책세상, 2001.

이영훈 외, 『조선토지조사사업의 연구』, 민음사, 1997.

이영훈, 『'해방전후사의 재인식' 강의, 대한민국 이야기』, 기파랑, 2007.

이태진, 『고종시대의 재조명』, 태학사, 2000.

이혜경, 『천하관과 근대화론: 양계초를 중심으로』, 문학과지성사, 2002.

임지현, 『민족주의는 반역이다: 신화와 허무의 민족주의 담론을 넘어서』, 소나무, 1999.

장 자크 루소, 이재형 옮김, 『사회계약론』, 문예출판사, 2013(원저는 1762).

장영숙, 『고종의 정치사상과 정치개혁론』, 선인, 2010.

전복희, 『사회진화론과 국가사상-구한말을 중심으로-』, 한울아카데미, 1996.

정진석, 『한국언론사연구』, 일조각, 1983.

정진석, 『한국언론사』, 나남출판, 1990.

정진석, 『대한매일신보와 裵說-한국문제에 대한 영일외교와 민족언론의 항일』, 한국학술정보(주), 2002.

趙景達, 『異端の民衆反亂-東學と甲午農民戰爭』, 岩波書店, 1998.

조연순 외, 『한국 근대 초등교육의 발전』, 교육과학사, 2005.

조재곤, 『전쟁과 인간 그리고 '평화': 러일전쟁과 한국사회』, 일조각, 2017.

존 로크, 김현욱 옮김, 『통치론』, 동서문화사, 2008(원저는 1689).

존 스튜어트 밀, 김현욱 옮김, 『자유론』, 동서문화사, 2008(원저는 1859).

최기영, 『한국근대계몽운동연구』, 일조각, 1997.

최장집, 『민중에서 시민으로-한국 민주주의를 이해하는 하나의 방법』, 돌베개, 2009.

칼 포퍼, 이한구 옮김, 『열린사회와 그 적들 I』, 민음사, 2013(원저 초판은 1945).

칼 포퍼, 이명현 옮김, 『열린사회와 그 적들 II』, 민음사, 1997(원저 초판은 1945).

크로체, 이상신 역, 『역사의 이론과 역사』, 삼영사, 1978.

키쓰 바튼·린다 렙스틱, 김진아 옮김, 『역사는 왜 가르쳐야 하는가-민주시민을 키우는 새로운 역사교육-』, 역사비평사, 2017.

坂本一登, 『伊藤博文と明治國家形成-「宮中」の制度化と立憲制の導入-』, 吉川弘文館, 1991.

하라 다케시, 김익한·김민철 옮김, 『직소와 왕권-한국과 일본의 민본주의 사상사 비교-』, 지식산업사, 1998.

하지연, 『기쿠치 겐조, 한국사를 유린하다』, 서해문집, 2015.

한국근현대사학회, 『한국근현대사 강의』, 한울아카데미, 2013.

한국사특강편찬위원회, 『개정신판 한국사특강』, 서울대학교출판문화원, 2008.

한국역사연구회, 『한국역사』, 역사비평사, 1992.

한상철·이영복, 『내가 쓰는 한국 근현대사』, 우리교육, 2011.

한스 울리히 벨러, 이용일 옮김, 『허구의 민족주의』, 푸른역사, 2007.

한양대학교 비교역사문화연구소, 『식민주의 역사학과 제국: 탈식민주의 역사학 연구를 위하여』, 책과함께, 2016.

한양대학교 비교역사문화연구소, 『제국 일본의 역사학과 '조선': 식민주의 역사학과 제국 2』, 소명출판, 2018.

한영우, 『전면개정판, 다시찾는 우리 역사』, 경세원, 2003.

헬라만트, 심재우 옮김, 『폭정론과 저항권-19세기 독일 정치이론에 관한 연구-』, 민음사, 1994.

Moon, Yumi, *Populist Collaborators: The Ilchinhoe and the Japanese Colonization of Korea, 1896~1910*, Cornell University Press, 2013.

강정인, 「니콜로 마키아벨리-서양 근대 정치사상의 탄생」, 강정인·김용민·황태연 엮음, 『서양 근대 정치사상사-마키아벨리에서 니체까지-』, 책세상, 2007.

곽금선, 「1898년 독립협회의 정치기획과 '충군애국'」, 고려대학교 석사학위논문, 2017.

권태억, 「1904~1910년 일제의 한국 침략 구상과 '시정개선'」, 『한국사론』 31, 서울대학교 국사학과, 1994.

길현모, 「랑케사관의 성격과 위치」, 길현모 외 공저, 『역사의 이론과 서술』, 서강대학교 인문과학연구소, 1975.

김경애, 「민족주의와 다문화주의의 만남: 한국사 교사의 민족의식과 다문화의식을 중심으로-」, 성공회대학교 석사학위논문, 2010.

김경택, 「한말 동학교문의 정치개혁사상 연구」, 연세대학교 석사학위논문, 1990.

김기봉, 「역사교과서 논쟁 어떻게 할 것인가-'역사의 정치화'에서 '정치의 역사화'로의 전환을 위하여」, 『역사학보』 198, 2008.

김기봉, 「우리시대 역사주의란 무엇인가」, 『한국사학사학보』 23, 2011.

김도형, 「일제침략초기(1905~1919) 친일세력의 정치론 연구」, 『계명사학』 3, 1992.

김도형, 「대한제국 초기 문명개화론의 발전」, 『한국사연구』 121, 2003.

김동택, 「'국가론적 측면에서 본 대한제국의 성격'에 대한 토론문」, 한림대학교 한국학연구소 편, 『대한제국은 근대국가인가』, 푸른역사, 2006.

김명구, 「한말 대한협회계열의 정치사상의 성격」, 『부대사학』 21, 1997.

김민석, 「『독립신문』의 '독립'론과 '민권'론」, 한양대학교 석사학위논문, 2007.

김봉렬, 「유길준 개화사상에서의 전통인식」, 『경대사론』 7, 1994.

김석근, 「개화기 '자유주의' 수용과 기능 그리고 정치적 함의」, 『한국동양정치사상사연구』 10, 2011.

김성보, 「한국·일본 역사교과서의 현대사 서술 비교-냉전체제 인식과 내셔널리즘을 중심으로-」, 『화해와 반성을 위한 동아시아 역사인식』, 2002.

김성혜, 「고종시대 군주권 위협 사건에 대한 일고찰」, 『한국문화연구』18, 2010.

김성혜, 「1890년대 고종의 통치권력 강화 논리에 대한 일고찰-君父論과 君師論을 중심으로-」, 『역사와 경계』78, 2011.

김성혜, 「고종 즉위 초기 군주관 형성과 그 내용」, 『이화사학연구』42, 2011.

김소영, 「대한제국기 '국민' 형성론과 통합론 연구」, 고려대학교 박사학위논문, 2010.

김소영, 「순종황제의 남·서순행과 충군애국론」, 『한국사학보』39, 2010.

김신재, 「한국근대의 정치체제개혁론 연구」, 동국대학교 박사학위논문, 1994.

김신재, 「국가형태로 본 대한제국의 국가 성격」, 『경주사학』26, 2007.

김용민, 「루소의 정치철학에 있어서 일반의지와 애국심」, 『정치사상연구』8, 2003.

김용민, 「몽테스키외-삼권 분립과 법치주의의 완성자」, 강정인·김용민·황태연 엮음, 『서양 근대 정치사상사-마키아벨리에서 니체까지-』, 책세상, 2007.

김원모, 「하와이 한국 이민과 민족운동」, 『미국사연구』8, 1998.

김재호, 「대한제국에는 황제만 산다」, 교수신문 기획·엮음, 『고종황제역사청문회』, 푸른역사, 2005.

김정현, 「동아시아 公 개념의 전통과 근대 공동체의식」, 『민주사회와 정책연구』13, 2008.

김종준, 「일진회 지회의 활동과 향촌사회의 동향」, 서울대학교 석사학위논문, 2002.

김종준, 「진보회·일진지회의 활동과 향촌사회의 동향」, 『한국사론』48, 서울대학교 국사학과, 2002.

김종준, 「대한제국 말기(1904~1910) 일진회 연구」, 서울대학교 박사학위논문, 2008.

김종준, 「대한제국기 '학교비 분쟁'의 양상」, 『한국문화』46, 2009.

김종준, 「대한제국기 언론의 '종교사회' 인식」, 『역사교육』114, 2010.

김종준, 「국권상실에 대한 일진회의 인식-문명화론과 합방론의 관계를 중심으로-」,『한국독립운동사연구』40, 2011.

김종준, 「대한제국기 낙동강 원동 수세권의 향방」,『역사와 경계』79, 2011.

김종준, 「한말 '민권' 용례와 분기 양상」,『역사교육』121, 2012.

김종준, 「동아시아 3국 근대 민권운동의 보편성과 특수성」,『한국학연구』27, 2012.

김종준, 「대한제국기 언론의 '매국' 용법과 그 정치적 효과」,『역사와 현실』86, 2012.

김종준, 「일제 시기 '(일본)국사'의 '조선사' 포섭 논리」,『한국학연구』29, 2013.

김종준, 「대한제국기 민권운동 연구의 재인식」,『한국학연구』31, 2013.

김종준, 「식민사학의 '한국근대사' 서술과 '한국병합' 인식」,『역사학보』217, 2013.

김종준, 「개항기 일본 상인의 울릉도 침탈과 염상 김두원 사건」,『동북아역사논총』
42, 2013.

김종준, 「한국사학계 반식민 역사학 정립 과정에서 실증사학의 위상 변화」,『역사
문제연구』31, 2014.

김종준, 「랑케 역사주의 흐름으로 본 한국사학계 실증사학의 방법론」,『청주교육
대학교 논문집』51, 2015.

김종준, 「『한성신보』의 한국 정치 및 사회에 대한 인식」,『역사와현실』102, 2016.

김종준, 「대한제국기 성균관 정책과 재정 및 운영 실태」,『역사교육』137, 2016.

김종준, 「대한제국기 성균관의 고등교육기관화를 둘러싼 담론」,『역사문화연구』
57, 2016.

김종준, 「역사교육의 정치적 성격과 다양성 논의」,『역사교육논집』58, 2016.

김종준, 「『한성신보』의 한국 민권 운동에 대한 인식」,『사학연구』126, 2017.

김종준, 「대한제국기 입헌군주제 논의와 한국사 교과서 서술」,『역사교육』144,
2017.

김종준, 「식민주의 역사학, 극복의 대상인가, 성찰의 대상인가?-『제국 일본의
역사학과 '조선'』서평-」,『동북아역사논총』61, 2018.

김종준, 「1900년대 한국 언론의 '자유' 이해와 용법」,『인간연구』38, 2019.

김종준, 「고종과 일진회의 엇갈린 근대국가 인식」,『사학연구』133, 2019.

김종준, 「역사수업에서 일진회 다루기-역사적 사고력과 역사의식의 측면에서-」,
『역사교육논집』73, 2020.

김태웅, 「대한제국기의 법규 교정과 國制 제정」, 『한국 근현대의 민족문제와 신국가건설』, 1997.

김태웅, 「한국 근대개혁기 정부의 프랑스 정책과 천주교-왕실과 뮈텔의 관계를 중심으로-」, 『역사연구』 11, 2002.

김태웅, 「〈대한국국제〉의 역사적 맥락과 근대 주권국가 건설 문제」, 『역사연구』 24, 2013.

김학이, 「롤프 라이하르트의 개념사」, 박근갑 외, 『개념사의 지평과 전망』, 소화, 2015.

김한종, 「역사교육 개념어의 용례 검토-역사적 사고, 역사해석, 역사인식, 역사의식-」, 『역사교육』 2010.

김한종, 「시민 역사교육의 개념과 내용 구성 원리」, 『시민교육을 위한 역사교육의 이론과 실천』(김한종 외), 책과함께, 2019.

김현숙, 「문명담론과 독립협회의 정치체제, 그리고 러젠드르의 전제론」, 『한국사학보』 66, 2017.

김현정, 「대한제국기 정치적 결사에 관한 헌법사적 연구」, 서울대학교 박사학위논문, 2016.

김현철, 「박영효의 『1888년 상소문』에 나타난 민권론의 연구」, 『한국정치학회보』 33-4, 1999.

나인호, 「개념사는 어째서 새로운가」, 박근갑 외, 『개념사의 지평과 전망』, 소화, 2015.

남기호, 「헤겔 법철학에서의 군주의 역할-헤겔은 과연 왕정복고 철학자인가-」, 『사회와 철학』 23, 2012.

노대환, 「19세기 동도서기론 형성과정 연구」, 서울대학교 박사학위논문, 1999.

大木基子, 「自由と民權の思想」, 『自由民權と明治憲法』(江村榮一 編), 吉川弘文館, 1995.

도면회, 「황제권 중심 국민국가체제의 수립과 좌절」, 『역사와현실』 50, 2003.

도면회, 「자주적 근대와 식민지적 근대」, 임지현 외, 『국사의 신화를 넘어서』, 휴머니스트, 2004.

멜빈 릭터, 황정아 옮김, 「개념사, 번역, 그리고 상호 문화적 개념 전이」, 박근갑 외, 『개념사의 지평과 전망』, 소화, 2015.

문지영, 「존 로크-자유주의의 사상적 토대」, 강정인·김용민·황태연 엮음, 『서양 근대 정치사상사-마키아벨리에서 니체까지-』, 책세상, 2007.

박노자, 「'힘'으로서의 '자유': 양계초의 강권론적 '자유론'과 구한말의 지성계」, 『한국민족운동사연구』 39, 2004.

박보우, 「자유민권론에 있어서 天皇像과 대외의식」, 『계명사학』 8, 1997.

박수연, 「통감 이등박문의 對韓政策과 이에 대한 애국계몽파의 인식」, 『한국민족운동사연구』 20, 1998.

박영은, 「한국에서의 근대적 공개념의 형성과 성격」, 『사회사연구의 이론과 실제』, 한국정신문화연구원, 1998.

박용규, 「구한말 일본의 침략적 언론활동-《한성신보》(1895~1906)를 중심으로-」, 『한국언론학보』 43-1, 1998.

빅은빈, 「로크의 소유이론과 지적재산의 이해-이론의 탐구와 현대적 이해의 시도」, 고려대학교 석사학위논문, 2015.

박장배, 「근현대 중국의 역사교육과 중화민족 정체성 2-중화인민공화국 시대의 민족 통합문제를 중심으로-」, 『중국근현대사연구』 20, 2003.

박주원, 「「독립신문」과 근대적 '개인', '사회' 개념의 탄생」, 이화여자대학교 한국문화연구원 編, 『근대계몽기 지식 개념의 수용과 그 변용』, 소명출판, 2004.

박주원, 「『대한매일신보』에 나타난 '개인' 개념의 특성과 의미」, 이화여자대학교 한국문화연구원 編, 『근대계몽기 지식의 굴절과 현실적 심화』, 소명출판, 2007.

박준형, 「1890년대 후반 한국 언론의 '自主獨立'과 韓淸關係의 재정립」, 『한국사론』 54, 서울대학교 국사학과, 2008.

박찬식, 「한말 천주교회와 향촌사회-'敎案'의 사례 분석을 중심으로-」, 서강대학교 박사학위논문, 1996.

방지원, 「역사교육에서 '역사의식' 연구의 추이와 전망」, 『역사교육연구』 16, 2012.

백동현, 「신채호와 '國'의 재인식」, 『역사와 현실』 29, 1998.

백동현, 「대한제국기 민족인식과 국가구상」, 고려대학교 박사학위논문, 2004.

백은진, 「무엇을 위한 역사교육이어야 하는가?: 국가 교육과정, 정부의 역사교육 정책, '국가주의' 비판 담론에 대한 분석」, 『역사교육연구』 22, 2015.

서영희, 「국가론적 측면에서 본 대한제국의 성격」, 한림대학교 한국학연구소 편, 『대한제국은 근대국가인가』, 푸른역사, 2006.

서진교, 「대한제국기 고종의 황제권 강화책과 경위원」, 『한국근현대사연구』 9, 1998.

小川原宏幸, 「一進會の日韓合邦請願運動と韓國併合-「政合邦」構想と天皇制國家原理との相克-」, 『朝鮮史研究會論文集』 43, 2005.

신영우, 「1894년 일본군의 동학농민군 학살」, 『역사와 실학』 35, 2008.

신용하, 「구한말 보안회의 창립과 민족 운동」, 『사회와 역사』 44, 1994.

신우철, 「근대 입헌주의 성립사 연구: 입헌주의의 서구적 원형과 독일적 변용」, 『법학논문집』 31-1, 중앙대학교 법학연구소, 2007.

신채식, 「송 이후의 황제권」, 동양사학회 편, 『東亞史上의 王權』, 한울아카데미, 1993.

심성보, 「애국심과 민주주의가 결합된 민주시민 교육-애국주의 논쟁을 중심으로-」, 『초등도덕교육』 34, 2010.

양태근, 「소극적 민권론과 적극적 민권론을 통해 본 양계초 자유주의 사상과 도덕주의」, 『동방학지』 135, 2006.

양호환, 「역사서술의 주체와 관점-역사교과서 읽기와 관련하여」, 『역사교육』 68, 1998.

양호환, 「역사교육의 목적을 다시 묻는다」, 『역사교육』 99, 2006.

양호환, 「역사교육의 개념과 연구 영역」, 『역사교육의 이론』(양호환 외), 책과함께, 2009.

연갑수, 「대원군과 서양-대원군은 쇄국론자였는가-」, 『역사비평』 50, 2000.

오향미, 「헌정주의의 조건으로서의 주권과 헌법제정권력: 독일 헌정사를 중심으로」, 『한국정치학회보』 41-4, 2007.

왕현종, 「한말-일제하 경아전의 관료진출과 정치적 동향」, 『한국 근대이행기 중인연구』, 신서원, 1999.

왕현종, 「대한제국기 입헌논의와 근대국가론: 황제권과 권력구조의 변화를 중심으로」, 『한국문화』 29, 2002.

왕현종, 「신문 체제와 잡보기사」, 『한성신보』 영인본 해제, 2014.

우남숙, 「한국 근대 국가론의 이론적 원형에 관한 연구-블룬츨리와 양계초의 유기체 국가론을 중심으로-」, 『한국정치외교사논총』 22-1.

윤병석, 「일본인의 황무지개척권 요구에 대하여」, 『역사학보』 22, 1964.

윤세철, 「자국사, 그 당위와 실제」, 『역사교육』 69, 1999.

윤해동, 「식민지 근대와 공공성: 변용하는 공공성의 지평」, 윤해동 외, 『식민지 공공성: 실체와 은유의 거리』, 책과함께, 2010.

이나미, 「19세기 말 개화파의 자유주의 사상:『독립신문』을 중심으로」, 『한국정치학회보』 35-3, 2001.

이나미, 「'사민공치(士民共治)'로 본 한국 공화주의」, 『담론 201』 21-3, 2018.

이미미, 「교사가 파악하는 역사적 중요성과 교수·학습적 중요성」, 『역사교육』 139, 2016.

이방원, 「한말 정치변동과 중추원의 역할(1894~1910)」, 이화여자대학교 박사학위논문, 2005.

이상익·강정인, 「동서양 사상에 있어서 政治的 正當性의 비교-儒家의 공론론과 루소의 일반의지론을 중심으로-」, 『정치사상연구』 10, 2004.

이상찬, 「일제 침략과 「황실재정정리」(1)」, 『규장각』 15, 1992.

이승환, 「한국 및 동양의 公私觀과 근대적 변용」, 『정치사상연구』 6, 2002.

이승훈, 「근대와 공공성 딜레마-개념과 사상을 중심으로-」, 『민주사회와 정책연구』 13, 2008.

이신철, 「국사 교과서 정치도구화의 역사-이승만·박정희 독재정권을 중심으로-」, 『역사교육』 97, 2006.

이영재, 「조선시대 정치적 공공성의 성격 변화: '民'을 중심으로」, 『정치사상연구』 19집 1호, 2013.

이영훈, 「고종은 여전히 소중화적 세계관에서 헤엄친다」, 교수신문 엮음, 『고종

황제역사청문회』, 푸른역사, 2005.

이영훈, 「국사교과서에 그려진 일제의 수탈성과 그 신화성」, 『시대정신』 28, 2005.

이예안, 「개화기 루소 『사회계약론』 수용과 번역」, 『일본문화연구』 40, 2011.

이예안, 「근대일본의 '개명전제' 개념: 프리드리히대왕론의 전개와 관련하여」, 『인문사회 21』 9권 2호, 2018.

이용재, 「역사의 정치적 이용-사르코지 대통령과 '역사 만들기'-」, 『프랑스사 연구』 29, 2013.

이용창, 「동학교단의 민회설립운동과 진보회」, 『중앙사론』 21, 2005.

이윤상, 「대한제국기 황제 주도의 재정운영」, 『역사와현실』 26, 1997.

이은희, 「동학교단의 '갑진개화운동'(1904~1906)에 대한 연구」, 연세대학교 석사학위논문, 1990.

이인화, 「1876년 이후 근대 한국의 민권·민주사상의 발전과정: 동아시아 3국(한·중·일)과의 비교를 중심으로」, 성균관대학교 박사학위논문, 2016.

이춘복, 「청말 양계초의 정치사상에 대한 인식 변화-민주주의에서 국가주의로의 전환을 중심으로-」, 『한국사학사학보』 27, 2013.

이태진, 「1894년 6월 청군 조선 출병 결정 과정의 진상」, 『한국문화』 24, 1999.

이태훈, 「일진회의 '보호통치' 인식과 '합방'의 논리」, 『역사와현실』 78, 2010.

이택광, 「다시 파시즘을 생각하자」, 『지금, 여기의 극우주의』, 자음과모음, 2014.

이하경, 「대한제국 시기 군주권 강화와 민권 확대 논의의 전개: 주권론을 중심으로」, 『한국정치연구』 21-1, 2012.

임승휘, 「프랑스 구체제의 '절대'군주와 엘리트-국왕과 귀족의 역학관계 다시 읽기-」, 『서양사학연구』 18, 2008.

林雄介, 「一進會の前半期に關する基礎的研究-1906年8月まで-」, 『朝鮮社會の史的展開と東アジア』, 山川出版社, 1997.

林雄介, 「一進會の後半期に關する基礎的研究-1906年8月~解散-」, 『東洋文化研究』 1, 1999.

林雄介, 「運動団体としての一進会-民衆との接触様相を中心に-」, 『朝鮮学報』 172, 1999.

임지현, 「'국사'의 안과 밖-헤게모니와 '국사'의 대연쇄」, 『국사의 신화를 넘어서』, 휴머니스트, 2004.

장석만, 「'근대문명'이라는 이름의 개신교」, 『역사비평』 46, 1999.

장영숙, 「메이지유신 이후 천황제와 대한국국제의 비교-전제군주권적 측면에서-」, 『한국민족운동사연구』 89, 2015.

장준호, 「헤겔의 인륜적 애국심」, 곽준혁·조홍식 엮음, 『아직도 민족주의인가-우리시대 애국심의 지성사-』, 한길사, 2012.

장휘, 「박영효와 유길준의 개인의 권리(individual rights)와 시민의 권리(civic rights): 유교적 국가관과 서구적 인권 개념 수용」, 연세대학교 석사학위논문, 2002.

전동현, 「대한제국시기 중국 양계초를 통한 근대적 민권개념의 수용」, 『중국근현대사연구』 21, 2004, 128.

전복희, 「애국계몽기 계몽운동의 특성」, 『동양정치사상사』 제2권 1호, 2003.

전성규, 「『대한협회회보』의 국가관과 '복종'」, 『개념과 소통』 15, 2015.

정상우, 「개화기 군민동치 제도화 과정 및 입헌군주제 수용 유형 연구」, 『헌법학연구』 18-2, 2012.

정숭교, 「한말 민권론의 전개와 국수론의 대두」, 서울대학교 박사학위논문, 2004.

정용화, 「안과 밖의 정치학: 19세기 후반 개화개혁론에서 국권·민권·군권의 관계」, 『한국정치학회보』 34-2, 2000.

조계원, 「근대 전환기의 맥락에서 본 정치적 충성: 대한제국기의 정치·사회적 사건을 중심으로」, 고려대학교 박사학위논문, 2014.

조미영, 「해방 후 국사교과의 사회과화와 '국사과'의 置廢」, 『역사교육』 98, 2006.

조병한, 「양계초의 국민국가론과 민권·민족 관념」, 『서강인문논총』 22, 2007.

조승래, 「애국주의(Patriotism)」, 김영한 엮음, 『서양의 지적 운동 Ⅱ』, 지식산업사, 1998.

조재곤, 「『대한국국제』의 분석과 각국 헌법」, 『한국근현대사연구』 84, 2018.

조지선, 「교실 수업에 반영된 교사의 역사교육관과 학생의 수용」, 『역사교육연구』 27, 2017.

조진, 「근대 일본의 공민교육과 공민교육의 본질」, 이건상 외, 『일본의 근대화와

조선의 근대-서구근대사상의 수용과 근대교육의 성립을 중심으로-』, 모시는
사람들, 2013.

조항래, 「일진회연구」, 중앙대학교 박사학위논문, 1984.

주진오, 「19세기 후반 개화 개혁론의 구조와 전개-독립협회를 중심으로-」, 연세
대학교 박사학위논문, 1995.

주진오, 「사회사상사적 독립협회 연구의 확립과 문제점-신용하, 『독립협회 연
구』를 중심으로」, 『한국사연구』 149, 2010.

채백, 「한국 근대신문 형성과정에 있어서 일본의 역할에 관한 연구」, 서울대학교
박사학위논문, 1990.

채백, 「『한성신보』의 창간과 운영에 관한 연구」, 『신문연구소학보』 27, 서울대학
교 신문연구소, 1990.

최기영, 「『헌정연구회취지서 해제」』, 『한국근현대사연구』 5, 1996.

최기영, 「共進會와 反一進會 운동」, 『한국근대계몽운동연구』, 일조각, 1997.

최덕수, 「독립협회의 정체론 및 외교론연구-독립신문을 중심으로-」, 『민족문화연
구』 13, 1978.

최덕수, 「강화도조약과 개항」, 국사편찬위원회, 『한국사』 37, 2000.

최상훈, 「역사교육의 목표」, 『역사교육의 내용과 방법』(최상훈 외), 책과함께, 2007.

최성철, 「자유 개념의 역사적 변화와 현대적 의미」, 『한양대 사회과학논총』 13,
1994.

최영희, 「주한일본공사관기록 수록 『한말관인의 경력일반』」, 『사학연구』 21, 1969.

최장집, 「한국 민족주의의 다성적(polyphonic/多聲的) 성격에 관하여」, 한국국
제정치학회주최 3·1운동 100주년 기념 특별학술회의 라운드테이블 발표문,
2019년 3월 15일, 프레스센타 19층 기자회견장.

최재목, 「이토 히로부미의 한국 유교관」, 이성환·이토 유키오 편저, 『한국과 이
토 히로부미』, 선인, 2009.

최정욱, 「근대 한국에서의 '민주' 개념의 역사적 고찰」, 『한국정치학회보』 47-1,
2013.

최준, 「日人系 國文版紙의 類型攷-韓帝國時代의 신문의 一形態-」 『한국신문사논

고』, 일조각, 1976(원논문은 1969년 3월).

최현우, 「시민교육의 관점에 본 한국사 교과서의 사회 구성원 지칭 방식과 한국사 교육의 방향」, 『역사교육논집』 61, 2016.

한규무, 「초기 한국교회의 만수성절 기념식 자료」, 『한국기독교역사연구소소식』 27, 1997.

한상구, 「일제시기 지역주민의 집합행동과 '공공성'」, 『역사문제연구』 31, 2014.

허수, 「새로운 식민지 연구의 현주소-'식민지 근대'와 '민중사'를 중심으로-」, 윤해동·황병주 엮음, 『식민지 공공성-실체와 은유의 거리-』, 책과함께, 2010.

허영란, 「일제시기 지역사회와 식민지 공론장-장시갈등을 중심으로-」, 『한국사연구』 161, 2013.

홍태영, 「사라진 네이션(nation) 그리고 국민국가와 내셔널리즘의 전환」, 한국국제정치학회주최 3·1운동 100주년 기념 특별학술회의 발표문, 2019년 3월 15일(「신자유주의적 통치성과 한국 민족주의의 변환」, 『다문화사회연구』 12권 2호에 게재됨).

홍문기, 「1874~1894년 언관 및 언관언론의 변화」, 서울대학교 박사학위논문, 2019.

황병주, 「식민지 시기 '공' 개념의 확산과 재구성」, 윤해동 외, 『식민지 공공성: 실체와 은유의 거리』, 책과함께, 2010.

황태연, 「G.W.F.헤겔-민족 국가의 정치철학」, 강정인·김용민·황태연 엮음, 『서양 근대 정치사상사-마키아벨리에서 니체까지-』, 책세상, 2007.

Kim, Jong-Jun, "Book Review. Populist Collaborators: The Ilchinhoe and the Japanese Colonization of Korea, 1896~1910," *Korea Journal* Vol.54 No.1, 2014.

Moon, Yumi, "The Populist Contest: The Ilchinhoe Movement and the Japanese Colonization of Korea, 1896~1910," Ph.D., Harvard University, 2005.

찾아보기

고종과 일진회
고종시대 군주권과 민권의 관계

초판 1쇄 발행   2020년 10월 21일

지은이   김종준

펴낸이   주혜숙
펴낸곳   역사공간
등록   2003년 7월 22일 제6-510호
주소   04000 서울특별시 마포구 동교로 19길 52-7 PS빌딩 4층
전화   02-725-8806
팩스   02-725-8801
이메일   jhs8807@hanmail.net

ISBN   979-11-5707-415-0 93910

• 책값은 뒤표지에 있습니다. 잘못된 책은 바꾸어 드립니다.
• 이 도서의 국립중앙도서관 출판예정도서목록(CIP)은 서지정보유통지원시스템 홈페이지
  (http://seoji.nl.go.kr)와 국가자료공동목록시스템(http://www.nl.go.kr/kolisnet)에서
  이용하실 수 있습니다.(CIP제어번호: CIP2020042628)
• 이 저서는 2014년 대한민국 교육부와 한국학중앙연구원(한국학진흥사업단)의 한국학
  총서사업의 지원을 받아 수행된 연구임(AKS-2014-KSS-1230006).